Poe
Baudelaire

QUINZE

HISTOIRES

Cet ouvrage a été tiré à 115 exemplaires

(Numérotés à la presse)

JUSTIFICATION DU TIRAGE :

Nos 1 à 50. — Exemplaires imprimés pour les Membres titulaires de la Société des Amis des Livres.
Nos 51 à 75. — Exemplaires des Membres correspondants.
Nos 76 à 88. — Exemplaires offerts.
Nos 89 à 115. — Exemplaires portant seulement le numéro d'ordre.

N° 86

BIBLIOTHÈQUE NATIONALE

CHARLES BAUDELAIRE

QUINZE HISTOIRES D'EDGAR POË

Illustrations de LOUIS LEGRAND

PARIS

IMPRIMÉ POUR LES AMIS DES LIVRES

PAR CHAMEROT ET RENOUARD

19, rue des Saints-Pères, 19

1897

DOUBLE ASSASSINAT

DANS LA RUE MORGUE

DOUBLE ASSASSINAT

DANS LA RUE MORGUE

> Quelle chanson chantaient les Sirènes ? quel nom Achille avait-il pris, quand il se cachait parmi les femmes ? — questions embarrassantes, il est vrai, mais qui ne sont pas situées au delà de toute conjecture.
>
> Sir Thomas Browne.

Les facultés de l'esprit qu'on définit par le terme *analytiques* sont en elles-mêmes fort peu susceptibles d'analyse. Nous ne les apprécions que par leurs résultats. Ce que nous en savons, entre autres choses, c'est qu'elles sont pour celui qui les possède à un degré extraordinaire une source de jouissances des plus vives. De même que l'homme fort se réjouit dans son aptitude physique, se complaît dans les exercices qui provoquent les muscles à l'action, de même l'analyste prend sa gloire dans cette activité spirituelle dont la fonction est de débrouiller. Il tire du plaisir même des plus triviales occasions qui mettent ses talents en jeu. Il raffole des énigmes, des rébus, des hiéroglyphes; il déploie dans chacune des solutions une puissance de perspicacité qui, dans l'opinion vulgaire, prend un caractère surnaturel. Les résultats, habilement déduits par l'âme même et l'essence de sa méthode, ont réellement tout l'air d'une intuition.

Cette faculté de *résolution* tire peut-être une grande force de l'étude des mathématiques, et particulièrement de la très-haute branche de cette science, qui, fort improprement et simplement en raison de ses opérations rétrogrades, a été nommée l'analyse, comme si elle était l'analyse par excellence. Car, en somme, tout calcul n'est pas en soi une analyse. Un joueur d'échecs, par exemple, fait fort bien l'un sans l'autre. Il suit de là que le jeu d'échecs, dans ses effets sur la nature spirituelle, est fort mal apprécié. Je ne veux pas écrire ici un traité de l'analyse, mais simplement mettre en tête d'un récit passablement singulier quelques observations jetées tout à fait à l'abandon et qui lui serviront de préface.

Je prends donc cette occasion de proclamer que la haute puissance de la réflexion est bien plus activement et plus profitablement exploitée par le modeste jeu de dames que par toute la laborieuse futilité des échecs. Dans ce dernier jeu où les pièces sont douées de mouvements divers et bizarres, et représentent des valeurs diverses et variées, la complexité est prise, — erreur fort commune, — pour de la profondeur. L'attention y est puissamment mise en jeu. Si elle se relâche d'un instant, on commet une erreur, d'où il résulte une perte ou une défaite. Comme les mouvements possibles sont, non seulement variés, mais inégaux en *puissance*, les chances de pareilles erreurs sont très-multipliées ; et dans neuf cas sur dix, c'est le joueur le plus attentif qui gagne, et non pas le plus habile. Dans les dames, au contraire, où le mouvement est simple dans son espèce et ne subit que peu de variations, les probabilités d'inadvertance sont beaucoup moindres, et l'attention n'étant pas absolument et entièrement accaparée, tous les avantages remportés par chacun des joueurs ne peuvent être remportés que par une perspicacité supérieure.

Pour laisser là ces abstractions, supposons un jeu de dames où la totalité des pièces soit réduite à quatre *dames*, et où, naturellement, il n'y ait pas lieu de s'attendre à des étourderies. Il est évident qu'ici la victoire ne peut être décidée, — les deux parties étant absolument égales, — que par une tactique habile, résultat de quelque puissant effort de l'intellect. Privé des ressources ordinaires, l'analyste entre dans l'esprit de son adversaire, s'identifie avec lui, et souvent découvre d'un seul coup d'œil l'unique moyen — un moyen quelquefois absurdement simple — de l'attirer dans une faute ou de le précipiter dans un faux calcul.

On a longtemps cité le whist pour son action sur la faculté du calcul ; et on a connu des hommes d'une haute intelligence qui semblaient y prendre un plaisir incompréhensible et dédaignaient les échecs comme un jeu frivole. En effet, il n'y a aucun jeu analogue qui fasse plus travailler la faculté de l'analyse. Le meilleur joueur d'échecs de la chrétienté ne peut guère être autre chose que le meilleur joueur d'échecs; mais la force au whist implique la puissance de réussir dans toutes les spéculations bien autrement importantes où l'esprit lutte avec l'esprit.

Quand je dis la force, j'entends cette perfection dans le jeu qui comprend l'intelligence de tous les cas dont on peut légitimement faire son profit. Ils sont non seulement divers, mais complexes, et se dérobent souvent dans des profondeurs de la pensée absolument inaccessibles à une intelligence ordinaire.

Observer attentivement, c'est se rappeler distinctement; et, à ce point de vue, le joueur d'échecs capable d'une attention très-intense jouera fort bien au whist, puisque les règles de Hoyle, basées elles-mêmes sur le simple mécanisme du jeu, sont facilement et généralement intelligibles.

Aussi, avoir une mémoire fidèle et procéder d'après le livre sont des points qui constituent pour le vulgaire le *summum* du bien jouer. Mais c'est dans les cas situés au delà de la règle que le talent de l'analyste se manifeste; il fait en silence une foule d'observations et de déductions. Ses partenaires en font peut-être autant; et la différence d'étendue dans les renseignements ainsi acquis ne gît pas tant dans la validité de la déduction que dans la qualité de l'observation. L'important, le principal, est de savoir ce qu'il faut observer. Notre joueur ne se confine pas dans son jeu, et, bien que ce jeu soit l'objet actuel de son attention, il ne rejette pas pour cela les déductions qui naissent d'objets étrangers au jeu. Il examine la physionomie de son partenaire, il la compare soigneusement avec celle de chacun de ses adversaires. Il considère la manière dont chaque partenaire distribue ses cartes; il compte souvent, grâce aux regards que laissent échapper les joueurs satisfaits, les atouts et les *honneurs*, un à un. Il note chaque mouvement de la physionomie, à mesure que le jeu marche, et recueille un capital de pensées dans les expressions variées de certitude, de surprise, de triomphe ou de mauvaise humeur. A la manière de ramasser une levée, il devine si la même personne en peut faire une autre dans la suite. Il reconnaît ce qui est joué par feinte à l'air dont c'est jeté sur la table. Une parole accidentelle, involontaire, une carte qui tombe ou qu'on retourne par hasard, qu'on ramasse avec anxiété ou avec insouciance; le compte des levées et l'ordre dans lequel elles sont rangées; l'embarras, l'hésitation, la vivacité, la trépidation, — tout est pour lui symptôme, diagnostic, tout rend compte à cette perception, — intuitive en apparence, — du véritable état des choses. Quand les deux ou trois premiers tours ont été faits, il possède à fond le jeu qui est dans chaque main, et peut dès lors jouer ses cartes en parfaite connaissance de cause, comme si tous les autres joueurs avaient retourné les leurs.

La faculté d'analyse ne doit pas être confondue avec la simple ingéniosité; car, pendant que l'analyste est nécessairement ingénieux, il arrive souvent que l'homme ingénieux est absolument incapable d'analyse. La faculté de combinaison, ou constructivité, par laquelle se manifeste généralement cette ingéniosité, et à laquelle les phrénologues — ils ont tort, selon moi — assignent un organe à part, — en supposant qu'elle soit une faculté primordiale, a paru dans des êtres dont l'intelligence était limitrophe de l'idiotie, assez souvent pour attirer l'attention générale des écrivains psychologistes. Entre l'ingéniosité et l'aptitude analytique, il y a une différence beaucoup plus grande qu'entre l'imaginative et l'imagination, mais d'un caractère rigoureusement analogue. En somme, on verra que l'homme ingénieux est toujours plein d'imaginative, et que l'homme *vraiment* imaginatif n'est jamais autre chose qu'un analyste.

Le récit qui suit sera pour le lecteur un commentaire lumineux des propositions que je viens d'avancer.

Je demeurais à Paris, — pendant le printemps et une partie de l'été de 18.. — et j'y fis la connaissance d'un certain C. Auguste Dupin. Ce jeune gentleman appartenait à une excellente famille, une famille illustre même; mais par une série d'événements malencontreux, il se trouva réduit à une telle pauvreté que l'énergie de son caractère y succomba, et qu'il cessa de se pousser dans le monde et de s'occuper du rétablissement de sa fortune. Grâce à la courtoisie de ses créanciers, il resta en possession d'un petit reliquat de son patrimoine; et, sur la rente qu'il en tirait, il trouva moyen, par une économie rigoureuse, de subvenir aux nécessités de la vie, sans s'inquiéter autrement des superfluités. Les livres étaient véritablement son seul luxe, et à Paris on se les procure facilement.

Notre première connaissance se fit dans un obscur cabinet de lecture de la rue Montmartre, par ce fait fortuit que nous étions tous deux à la recherche d'un même livre, fort remarquable et fort rare; cette coïncidence nous rapprocha. Nous nous vîmes toujours de plus en plus. Je fus profondément intéressé par sa petite histoire de famille, qu'il me raconta minutieusement avec cette candeur et cet abandon, — ce sans façon du *moi*, — qui est le propre de tout Français quand il parle de ses propres affaires.

Je fus aussi fort étonné de la prodigieuse étendue de ses lectures, et par-dessus tout je me sentis l'âme prise par l'étrange chaleur et la vitale fraîcheur de son imagination. Cherchant dans Paris certains objets qui faisaient mon unique étude, je vis que la société d'un pareil homme serait pour moi un trésor inappréciable, et dès lors je me livrai franchement à lui. Nous décidâmes enfin que nous vivrions ensemble tout le temps de mon séjour dans cette ville ; et comme mes affaires étaient un peu moins embarrassées que les siennes, je me chargeai de louer et de meubler, dans un style approprié à la mélancolie fantasque de nos deux caractères, une maisonnette antique et bizarre que des superstitions dont nous ne daignâmes pas nous enquérir avaient fait déserter, — tombant presque en ruine, et située dans une partie reculée et solitaire du faubourg Saint-Germain.

Si la routine de notre vie dans ce lieu avait été connue du monde, nous eussions passé pour deux fous, — peut-être pour des fous d'un genre inoffensif. Notre réclusion était complète ; nous ne recevions aucune visite. Le lieu de notre retraite était resté un secret, — soigneusement gardé, — pour mes anciens camarades ; et il y avait plusieurs années que Dupin avait cessé de voir du monde et de se répandre dans Paris. Nous ne vivions qu'entre nous.

Mon ami avait une bizarrerie d'humeur, — car comment définir cela ? — c'était d'aimer la nuit pour l'amour de la nuit; la nuit était sa passion ; — et je tombai moi-même tranquillement dans cette bizarrerie, comme dans toutes les autres qui lui étaient propres, me laissant aller au courant de toutes ses étranges originalités avec un parfait abandon. La noire divinité ne pouvait pas toujours demeurer avec nous; mais nous en faisions la contrefaçon. Au premier point du jour, nous fermions tous les lourds volets de notre masure, nous allumions une couple de bougies fortement parfumées, qui ne jetaient que des rayons très-faibles et très-pâles. Au sein de cette débile clarté, nous livrions chacun notre âme à ses rêves, nous lisions, nous écrivions, ou nous causions, jusqu'à ce que la pendule nous avertît du retour de la véritable obscurité. Alors, nous nous échappions à travers les rues, bras dessus bras dessous, continuant la conversation du jour, rôdant au hasard jusqu'à une heure très-avancée, et cherchant à travers les lumières désordonnées et les ténèbres de la populeuse cité ces innombrables excitations spirituelles que l'étude paisible ne peut pas donner.

Dans ces circonstances, je ne pouvais m'empêcher de remarquer et d'admirer, — quoique la riche idéalité dont il était doué eût dû m'y préparer, — une aptitude analytique particulière chez Dupin. Il semblait prendre un délice âcre à l'exercer, — peut-être même à l'étaler, — et avouait sans façon tout le plaisir qu'il en tirait. Il me disait à moi, avec un petit rire tout épanoui, que bien des hommes avaient pour lui une fenêtre ouverte à l'endroit de leur cœur, et d'habitude il accompagnait une pareille assertion de preuves immédiates et des plus surprenantes, tirées d'une connaissance profonde de ma propre personne.

Dans ces moments-là ses manières étaient glaciales et distraites; ses yeux regardaient dans le vide, et sa voix, — une riche voix de ténor, habituellement, — montait jusqu'à la voix de tête; c'eût été de la pétulance, sans l'absolue délibération de son parler et la parfaite certitude de son accentuation. Je l'observais dans ces allures, et je rêvais souvent à la vieille philosophie de *l'âme double*, — je m'amusais de l'idée d'un Dupin double, — un Dupin créateur et un Dupin analyste.

Qu'on ne s'imagine pas, d'après ce que je viens de dire, que je vais dévoiler un grand mystère ou écrire un roman. Ce que j'ai remarqué dans ce singulier Français était simplement le résultat d'une intelligence surexcitée, — malade peut-être. Mais un exemple donnera une meilleure idée de la nature de ses observations à l'époque dont il s'agit.

Une nuit, nous flânions dans une longue rue sale, avoisinant le Palais-Royal. Nous étions plongés chacun dans nos propres pensées, en apparence du moins, et depuis près d'un quart d'heure, nous n'avions pas soufflé une syllabe. Tout à coup Dupin lâcha ces paroles :

— C'est un bien petit garçon, en vérité; et il serait mieux à sa place au théâtre des Variétés.

— Cela ne fait pas l'ombre d'un doute, — répliquai-je sans y penser et sans remarquer d'abord, — tant j'étais absorbé, — la singulière façon dont l'interrupteur adaptait sa parole à ma propre rêverie. Une minute après, je revins à moi, et mon étonnement fut profond.

— Dupin, — dis-je, très-gravement, — voilà qui passe mon intelligence. Je vous avoue, sans ambages, que j'en suis stupéfié, et que j'en peux à peine croire mes sens. Comment a-t-il pu se faire que vous ayez deviné que je pensais à …? — Mais je m'arrêtai pour m'assurer indubitablement qu'il avait réellement deviné à qui je pensais.

— A Chantilly? — dit-il; — pourquoi vous interrompre? Vous faisiez en vous-même la remarque que sa petite taille le rendait impropre à la tragédie.

C'était précisément ce qui faisait le sujet de mes réflexions. Chantilly était un ex-savetier de la rue Saint-Denis qui avait la rage du théâtre, et avait abordé le rôle de Xercès dans la tragédie de Crébillon; ses prétentions étaient dérisoires; on en faisait des gorges chaudes.

— Dites-moi, pour l'amour de Dieu! la méthode, — si méthode il y a, — à l'aide de laquelle vous avez pu pénétrer mon âme, dans le cas actuel!

En réalité, j'étais encore plus étonné que je n'aurais voulu le confesser.

— C'est le fruitier, — répliqua mon ami, — qui vous a amené à cette conclusion que le raccommodeur de semelles n'était pas de taille à jouer Xercès et tous les rôles de ce genre.

— Le fruitier! vous m'étonnez! je ne connais de fruitier d'aucune espèce.

— L'homme qui s'est jeté contre vous, quand nous sommes entrés dans la rue, — il y a peut-être un quart d'heure.

Je me rappelai alors qu'en effet un fruitier, portant sur sa tête un grand panier de pommes, m'avait presque jeté par terre par maladresse, comme nous passions de la rue C... dans l'artère principale où nous étions alors. Mais quel rapport cela avait-il avec Chantilly ? Il m'était impossible de m'en rendre compte.

Il n'y avait pas un atome de charlatanerie dans mon ami Dupin.

— Je vais vous expliquer cela, — dit-il, — et pour que vous puissiez comprendre tout très-clairement, nous allons d'abord reprendre la série de vos réflexions, depuis le moment dont je vous parle jusqu'à la rencontre du fruitier en question. Les anneaux principaux de la chaîne se suivent ainsi: *Chantilly, Orion, le docteur Nichols, Épicure, la stéréotomie, les pavés, le fruitier*.

Il est peu de personnes qui ne se soient amusées, à un moment quelconque de leur vie, à remonter le cours de leurs idées et à rechercher par quels chemins leur esprit était arrivé à de certaines conclusions. Souvent cette occupation est pleine d'intérêt, et celui qui l'essaie pour la première fois est étonné de l'incohérence et de la distance, immense en apparence, entre le point de départ et le point d'arrivée.

Qu'on juge donc de mon étonnement quand j'entendis mon Français parler comme il avait fait, et que je fus contraint de reconnaître qu'il avait dit la pure vérité.

Il continua:

— Nous causions de chevaux, — si ma mémoire ne me trompe pas, — juste avant de quitter la rue C..... Ce fut notre dernier thème de conversation. Comme nous passions dans cette rue-ci, un fruitier, avec un gros panier sur la tête, passa précipitamment devant nous, vous jeta sur un tas de pavés amoncelés dans un endroit où la voie est en réparation. Vous avez mis le pied sur une des pierres branlantes ; vous avez glissé, vous vous êtes légèrement foulé la cheville ; vous avez paru vexé, grognon ; vous avez marmotté quelques paroles ; vous vous êtes retourné pour regarder le tas, puis vous avez continué votre chemin en silence. Je n'étais pas absolument attentif à tout ce que vous faisiez ; mais pour moi l'observation est devenue, de vieille date, une espèce de nécessité.

Vos yeux sont restés attachés sur le sol, — surveillant avec une espèce d'irritation les trous et les ornières du pavé, (de façon que je voyais bien que vous pensiez toujours aux pierres), jusqu'à ce que nous eûmes atteint le petit passage qu'on nomme le passage Lamartine [1], où l'on vient de faire l'essai du pavé de bois, un système de blocs unis et solidement assemblés. Ici votre physionomie s'est éclaircie, j'ai vu vos lèvres remuer, et j'ai deviné, à n'en pas douter, que vous vous murmuriez le mot *stéréotomie*, un terme appliqué fort prétentieusement à ce genre de pavage. Je savais que vous ne pouviez pas dire stéréotomie sans être induit à penser aux atomes, et de là aux théories d'Épicure ; et, comme dans la discussion que nous eûmes, il n'y a pas longtemps, à ce sujet, je vous avais fait remarquer que les vagues conjectures de l'illustre Grec avaient été confirmées singulièrement, sans que personne y prît garde, par les dernières théories sur les nébuleuses et les récentes découvertes cosmogoniques, je sentis que

---

[1]. Ai-je besoin d'avertir à propos de la rue Morgue, du passage Lamartine, etc., qu'Edgar Poë n'est jamais venu à Paris ? — C. B.

vous ne pourriez pas empêcher vos yeux de se tourner vers la grande nébuleuse d'Orion ; je m'y attendais certainement. Vous n'y avez pas manqué, et je fus alors certain d'avoir strictement emboîté le pas de votre rêverie. Or, dans cette amère boutade sur Chantilly, qui a paru hier dans *le Musée*, l'écrivain satirique, en faisant des allusions désobligeantes au changement de nom du savetier quand il a chaussé le cothurne, citait un vers latin dont nous avons souvent causé. Je veux parler du vers :

Perdidit antiquum littera prima sonum.

Je vous avais dit qu'il avait trait à Orion, qui s'écrivait primitivement Urion ; et à cause d'une certaine acrimonie mêlée à cette discussion, j'étais sûr que vous ne l'aviez pas oubliée. Il était clair, dès lors, que vous ne pouviez pas manquer d'associer les deux idées d'Orion et de Chantilly. Cette association d'idées, je la vis au *style* du sourire qui traversa vos lèvres. Vous pensiez à l'immolation du pauvre savetier. Jusque-là, vous aviez marché courbé en deux, mais alors je vous vis vous redresser de toute votre hauteur. J'étais bien sûr que vous pensiez à la pauvre taille de Chantilly. C'est dans ce moment que j'interrompis vos réflexions pour vous faire remarquer que c'était vraiment un pauvre petit avorton que ce Chantilly, et qu'il serait bien mieux à sa place au théâtre des Variétés.

Peu de temps après cet entretien, nous parcourions l'édition du soir de la *Gazette des Tribunaux*, quand les paragraphes suivants attirèrent notre attention :

« Double assassinat des plus singuliers. — Ce matin, vers trois heures, les habitants du quartier Saint-Roch furent réveillés par une suite de cris effrayants, qui semblaient venir du quatrième étage d'une maison de la rue Morgue, que l'on savait occupée en totalité par une dame l'Espanaye et sa fille, mademoiselle Camille l'Espanaye. Après quelques retards causés par des efforts infructueux pour se faire ouvrir à l'amiable, la grande porte fut forcée avec une pince, et huit ou dix voisins entrèrent, accompagnés de deux gendarmes.

« Cependant les cris avaient cessé ; mais au moment où tout ce monde arrivait pêle-mêle au premier étage, on distingua deux fortes voix, peut-être plus, qui semblaient se disputer violemment, et venir de la partie supérieure de la maison. Quand on arriva au second palier, ces bruits avaient également cessé, et tout était parfaitement tranquille. Les voisins se répandirent de chambre en chambre. Arrivés à une vaste pièce située sur le derrière, au quatrième étage, et dont on força la porte qui était fermée, avec la clef en dedans, ils se trouvèrent en face d'un spectacle qui frappa tous les assistants d'une terreur non moins grande que leur étonnement.

« La chambre était dans le plus étrange désordre, — les meubles brisés et éparpillés dans tous les sens. Il n'y avait qu'un lit, les matelas en avaient été arrachés et jetés au milieu du parquet. Sur une chaise, on trouva un rasoir mouillé de sang ; dans l'âtre, trois longues et fortes boucles de cheveux gris, qui semblaient avoir été violemment arrachées avec leurs racines. Sur le parquet gisaient quatre napoléons, une boucle d'oreille ornée d'une topaze, trois grandes cuillers d'argent, trois plus petites en métal d'Alger, et deux sacs contenant environ quatre mille francs en or. Dans un coin, les tiroirs d'une commode étaient ouverts et avaient sans doute été mis au pillage, bien qu'on y ait trouvé plusieurs articles intacts. Un petit coffret de fer fut trouvé sous la literie (non pas sous le bois de lit) ; il était ouvert, avec la clef dans la serrure. Il ne contenait que quelques vieilles lettres et d'autres papiers sans importance.

« On ne trouva aucune trace de Mme l'Espanaye ; mais on remarqua une quantité extraordinaire de suie dans le foyer ; on fit une recherche dans la cheminée, et, — chose horrible à dire ! — on en tira le corps de la demoiselle, la tête en bas, qui avait été introduit de force et poussé par l'étroite ouverture jusqu'à une distance assez considérable. Le corps était tout chaud. En l'examinant on découvrit de nombreuses excoriations, occasionnées sans doute par la violence avec laquelle il y avait été fourré, et qu'il avait fallu employer pour le dégager. La figure portait quelques fortes égratignures, et la gorge était stigmatisée par des meurtrissures noires et de profondes traces d'ongles, comme si la mort avait eu lieu par strangulation.

« Après un examen minutieux de chaque partie de la maison, qui n'amena aucune découverte nouvelle, les voisins s'introduisirent dans une petite cour pavée, située sur les derrières du bâtiment. Là gisait le cadavre de la vieille dame, avec la gorge si parfaitement coupée, que, quand on essaya de le relever, la tête se détacha du tronc. Le corps, aussi bien que la tête, était terriblement mutilé, et celui-ci à ce point qu'il gardait à peine une apparence humaine.

« Toute cette affaire reste un horrible mystère, et jusqu'à présent on n'a pas encore découvert, que nous sachions, le moindre fil conducteur. »

Le numéro suivant portait ces détails additionnels :

« Le drame de la rue Morgue. — Bon nombre d'individus ont été interrogés relativement à ce terrible et extraordinaire événement, mais rien n'a transpiré qui puisse jeter quelque jour sur l'affaire. Nous donnons ci-dessous les dépositions obtenues :

« Pauline Dubourg, blanchisseuse, dépose qu'elle a connu les deux victimes pendant trois ans, et qu'elle a blanchi pour elles pendant tout ce temps. La vieille dame et sa fille semblaient en bonne intelligence, — très-affectueuses l'une envers l'autre. C'étaient de bonnes *payes*. Elle ne peut rien dire relativement à leur genre de vie et à leurs moyens d'existence. Elle croit que Mme l'Espanaye disait la bonne aventure pour vivre. Cette dame passait pour avoir de l'argent de côté. Elle n'a jamais rencontré personne dans la maison, quand elle venait rapporter ou prendre le linge. Elle est sûre que ces dames n'avaient aucun domestique à leur service. Il lui a semblé qu'il n'y avait de meubles dans aucune partie de la maison, excepté au quatrième étage.

« Pierre Moreau, marchand de tabac, dépose qu'il fournissait habituellement Mme l'Espanaye, et lui vendait de petites quantités de tabac, quelquefois en poudre. Il est né dans le quartier et y a toujours demeuré. La défunte et sa fille occupaient depuis plus de six ans la maison où l'on a trouvé leurs cadavres. Primitivement elle était habitée par un bijoutier, qui sous-louait les appartements supérieurs à différentes personnes. La maison appartenait à Mme l'Espanaye. Elle s'était montrée très-mécontente de son locataire qui endommageait les lieux; elle était venue habiter sa propre maison, refusant d'en louer une seule partie. La bonne dame était en enfance. Le témoin a vu la fille cinq ou six fois dans l'intervalle de ces six années. Elles menaient toutes deux une vie excessivement retirée; elles passaient pour avoir de quoi. Il a entendu dire chez les voisins que Mme l'Espanaye disait la bonne aventure; il ne le croit pas. Il n'a jamais vu personne franchir la porte, excepté la vieille dame et sa fille, un commissionnaire une ou deux fois, et un médecin huit ou dix.

« Plusieurs autres personnes du voisinage déposent dans le même sens. On ne cite personne comme ayant fréquenté la maison. On ne sait pas si la dame et sa fille avaient des parents vivants. Les volets des fenêtres de face s'ouvraient rarement. Ceux de derrière étaient toujours fermés, excepté aux fenêtres de la grande arrière-pièce du quatrième étage. La maison était une assez bonne maison, pas trop vieille.

« Isidore Muset, gendarme, dépose qu'il a été mis en réquisition, vers trois heures du matin, et qu'il a trouvé à la grande porte vingt ou trente personnes qui s'efforçaient de pénétrer dans la maison. Il l'a forcée avec une baïonnette et non pas avec une pince. Il n'a pas eu grand'peine à l'ouvrir, parce qu'elle était à deux battants, et n'était verrouillée ni par en haut, ni par en bas. Les cris ont continué jusqu'à ce que la porte fût enfoncée, puis ils ont soudainement cessé. On eût dit les cris d'une ou de plusieurs personnes en proie aux plus vives douleurs ; des cris très-hauts, très-prolongés, — non pas des cris brefs, ni précipités. Le témoin a grimpé l'escalier. En arrivant au premier palier, il a entendu deux voix qui se disputaient très-haut et très-aigrement ; — l'une, une voix rude, l'autre beaucoup plus aiguë, une voix très-singulière. Il a distingué quelques mots de la première, c'était celle d'un Français. Il est certain que ce n'était pas une voix de femme. Il a pu distinguer les mots *sacré* et *diable*. La voix aiguë était celle d'un étranger. Il ne sait pas précisément si c'était une voix d'homme ou de femme. Il n'a pu deviner ce qu'elle disait, mais il présume qu'elle parlait espagnol. Ce témoin rend compte de l'état de la chambre et des cadavres dans les mêmes termes que nous l'avons fait hier.

« Henri Duval, un voisin, et orfèvre de son état, dépose qu'il faisait partie du groupe de ceux qui sont entrés les premiers dans la maison. Confirme généralement le témoignage de Muset. Aussitôt qu'ils se sont introduits dans la maison, ils ont refermé la porte pour barrer le passage à la foule qui s'amassait considérablement, malgré l'heure plus que matinale. La voix aiguë, à en croire le témoin, était une voix d'Italien. A coup sûr ce n'était pas une voix française. Il ne sait pas au juste si c'était une voix de femme, cependant cela pourrait bien être. Le témoin n'est pas familiarisé avec la langue italienne ; il n'a pu distinguer les paroles, mais il est convaincu d'après l'intonation que l'individu qui parlait était un Italien. Le témoin a connu Mme l'Espanaye et sa fille. Il est certain que la voix aiguë n'était celle d'aucune des victimes.

« Odenheimer, restaurateur. Ce témoin s'est offert de lui-même. Il ne parle pas français, et on l'a interrogé par le canal d'un interprète. Il est né à Amsterdam. Il passait devant la maison au moment des cris. Ils ont duré quelques minutes, dix minutes peut-être. C'étaient des cris prolongés, très-hauts, très-effrayants, — des cris navrants. Odenheimer est un de ceux qui ont pénétré dans la maison. Il confirme le témoignage précédent, à l'exception d'un seul point. Il est sûr que la voix aiguë était celle d'un homme, — d'un Français. Il n'a pu distinguer les mots articulés. On parlait haut et vite, — d'un ton inégal, — et qui exprimait la crainte aussi bien que la colère. La voix était âpre, plutôt âpre qu'aiguë. Il ne peut appeler cela précisément une voix aiguë. La grosse voix dit à plusieurs reprises : *sacré, — diable,* — et une fois : *mon Dieu!*

« Jules Mignaud, banquier, de la maison Mignaud et fils, rue Deloraine. Il est l'aîné des Mignaud. Mme l'Espanaye avait quelque fortune. Il lui avait ouvert un compte dans sa maison, huit ans auparavant, au printemps. Elle a souvent déposé chez lui de petites sommes d'argent. Il ne lui a rien délivré jusqu'au troisième jour avant sa mort, où elle est venue lui demander en personne une somme de quatre mille francs. Cette somme lui a été payée en or, et un commis a été chargé de la lui porter chez elle.

« Adolphe Lebon, commis chez Mignaud et fils, dépose que, le jour en question, vers midi, il a accompagné Mme l'Espanaye à son logis, avec les quatre mille francs, en deux sacs. Quand la porte s'ouvrit, Mlle l'Espanaye parut, et lui prit des mains l'un des deux sacs, pendant que la vieille dame le déchargeait de l'autre. Il les salua et partit. Il n'a vu personne dans la rue en ce moment. C'est une rue borgne, très-solitaire.

« William Bird, tailleur, dépose qu'il est un de ceux qui se sont introduits dans la maison. Il est Anglais. Il a vécu deux ans à Paris. Il est un des premiers qui ont monté l'escalier. Il a entendu les voix qui se disputaient. La voix rude était celle d'un Français. Il a pu distinguer quelques mots, mais il ne se les rappelle pas. Il a entendu distinctement *sacré* et *mon Dieu*. C'était en ce moment un bruit comme de plusieurs personnes qui se battent, — le tapage d'une lutte et d'objets qu'on brise. La voix aiguë était très-forte, plus forte que la voix rude. Il est sûr que ce n'était pas une voix d'Anglais. Elle lui sembla une voix d'Allemand; peut-être bien une voix de femme. Le témoin ne sait pas l'allemand.

« Quatre des témoins ci-dessus mentionnés ont été assignés de nouveau, et ont déposé que la porte de la chambre où fut trouvé le corps de Mme l'Espanaye était fermée en dedans quand ils y arrivèrent. Tout était parfaitement silencieux; ni gémissements, ni bruits d'aucune espèce. Après avoir forcé la porte, ils ne virent personne.

« Les fenêtres, dans la chambre de derrière et dans celle de face, étaient fermées et solidement assujetties en dedans. Une porte de communication était fermée, mais pas à clef. La porte qui conduit de la chambre du devant au corridor était fermée à clef, et la clef en dedans; une petite pièce sur le devant de la maison, au quatrième étage, à l'entrée du corridor, ouverte, et la porte entre-bâillée ; cette pièce, encombrée de vieux bois de lit, de malles, etc. On a soigneusement dérangé et visité tous ces objets. Il n'y a pas un pouce d'une partie quelconque de la maison qui n'ait été soigneusement visité. On a fait pénétrer des ramoneurs dans les cheminées. La maison est à quatre étages avec des mansardes. Une trappe qui donne sur le toit était condamnée et solidement fermée avec des clous ; elle ne semblait pas avoir été ouverte depuis des années. Les témoins varient sur la durée du temps écoulé entre le moment où l'on a entendu les voix qui se disputaient et celui où l'on a forcé la porte de la chambre. Quelques-uns l'évaluent très-court, deux ou trois minutes, — d'autres, cinq minutes. La porte ne fut ouverte qu'à grand'peine.

« Alfonso Garcio, entrepreneur des pompes funèbres, dépose qu'il demeure rue Morgue. Il est né en Espagne. Il est un de ceux qui ont pénétré dans la maison. Il n'a pas monté l'escalier. Il a les nerfs très-délicats, et redoute les conséquences d'une violente agitation nerveuse. Il a entendu les voix qui se disputaient. La grosse voix était celle d'un Français. Il n'a pu distinguer ce qu'elle disait. La voix aiguë était celle d'un Anglais, il en est bien sûr. Le témoin ne sait pas l'anglais, mais il juge d'après l'intonation.

« Alberto Montani, confiseur, dépose qu'il fut des premiers qui montèrent l'escalier. Il a entendu les voix en question. La voix rauque était celle d'un Français. Il a distingué quelques mots. L'individu qui parlait semblait faire des remontrances. Il n'a pas pu deviner ce que disait la voix aiguë. Elle parlait vite et par saccades. Il l'a prise pour la voix d'un Russe. Il confirme en général les témoignages précédents. Il est Italien ; il avoue qu'il n'a jamais causé avec un Russe.

« Quelques témoins, rappelés, certifient que les cheminées dans toutes les chambres, au quatrième étage, sont trop étroites pour livrer passage à un être humain. Quand ils ont parlé de ramonage, ils voulaient parler de ces brosses en forme de cylindres dont on se sert pour nettoyer les cheminées. On a fait passer ces brosses du haut au bas dans tous les tuyaux de la maison. Il n'y a sur le derrière aucun passage qui ait pu favoriser la fuite d'un assassin, pendant que les témoins montaient l'escalier. Le corps de Mlle l'Espanaye était si solidement engagé dans la cheminée, qu'il a fallu, pour le retirer, que quatre ou cinq des témoins réunissent leurs forces.

« Paul Dumas, médecin, dépose qu'il a été appelé au point du jour pour examiner les cadavres. Ils gisaient tous les deux sur le fond de sangle du lit dans la chambre où avait été trouvée Mlle l'Espanaye. Le corps de la jeune dame était fortement meurtri et excorié. Ces particularités s'expliquent suffisamment par le fait de son introduction dans la cheminée. La gorge était singulièrement écorchée. Il y avait, juste au-dessous du menton, plusieurs égratignures profondes, avec une rangée de taches livides, résultant évidemment de la pression des doigts. La face était affreusement décolorée, et les globes des yeux sortaient de la tête. La langue était coupée à moitié. Une large meurtrissure se manifestait au creux de l'estomac, produite, selon toute apparence, par la pression d'un genou. Dans l'opinion de M. Dumas, Mlle l'Espanaye avait été étranglée par un ou par plusieurs individus inconnus.

« Le corps de la mère était horriblement mutilé. Tous les os de la jambe et du bras gauche plus ou moins fracassés ; le tibia gauche brisé en esquilles, ainsi que les côtes du même côté. Tout le corps affreusement meurtri et décoloré. Il était impossible de dire comment de pareils coups avaient été portés. Une lourde massue de bois ou une large pince de fer, une arme grosse, pesante, et contondante auraient pu produire de pareils résultats, et encore maniées par les mains d'un homme excessivement robuste. Avec n'importe quelle arme, aucune femme n'aurait pu frapper de tels coups. La tête de la défunte, quand le témoin la vit, était entièrement séparée du tronc, et, comme le reste, singulièrement broyée. La gorge évidemment avait été tranchée avec un instrument très-affilé, très-probablement un rasoir.

« Alexandre Étienne, chirurgien, a été appelé en même temps que M. Dumas pour visiter les cadavres ; confirme le témoignage et l'opinion de M. Dumas.

« Quoique plusieurs autres personnes aient été interrogées, on n'a pu obtenir aucun autre renseignement d'une valeur quelconque. Jamais assassinat si mystérieux, si embrouillé, n'a été commis à Paris, si toutefois il y a eu assassinat.

« La police est absolument déroutée, — cas fort inusité dans les affaires de cette nature. Il est vraiment impossible de retrouver le fil de cette affaire. »

L'édition du soir constatait qu'il régnait une agitation permanente dans le quartier Saint-Roch ; que les lieux avaient été l'objet d'un second examen, que les témoins avaient été interrogés de nouveau, mais tout cela sans résultat. Cependant, un *post-scriptum* annonçait qu'Adolphe Lebon, le commis de la maison de banque, avait été arrêté et incarcéré, bien que rien dans les faits déjà connus ne parût suffisant pour l'incriminer.

Dupin semblait s'intéresser singulièrement à la marche de cette affaire, autant, du moins, que j'en pouvais juger par ses manières, car il ne faisait aucun commentaire. Ce fut seulement après que le journal eut annoncé l'emprisonnement de Lebon qu'il me demanda quelle opinion j'avais relativement à ce double meurtre.

Je ne pus que lui confesser que j'étais comme tout Paris, et que je le considérais comme un mystère insoluble. Je ne voyais aucun moyen d'attraper la trace du meurtrier.

— Nous ne devons pas juger des moyens possibles, — dit Dupin, — par cette instruction embryonnaire. La police parisienne, si vantée pour sa pénétration, est très-rusée, rien de plus. Elle procède sans méthode, elle n'a pas d'autre méthode que celle du moment. On fait ici un grand étalage de mesures, mais il arrive souvent qu'elles sont si intempestives et si mal appropriées au début, qu'elles font penser à M. Jourdain, qui demandait *sa robe de chambre, — pour mieux entendre la musique.* Les résultats obtenus sont quelquefois surprenants, mais ils sont, pour la plus grande partie, simplement dus à la diligence et à l'activité. Dans le cas où ces facultés sont insuffisantes, les plans ratent. Vidocq, par exemple, était bon pour deviner, c'était un homme de patience ; mais sa pensée n'étant pas suffisamment éduquée, il faisait continuellement fausse route, par l'ardeur même de ses investigations. Il diminuait la force de sa vision en regardant l'objet de trop près. Il pouvait peut-être voir un ou deux points avec une netteté singulière, mais, par le fait même de son procédé, il perdait l'aspect de l'affaire prise dans son ensemble. Cela peut s'appeler le moyen d'être trop profond. La vérité n'est pas toujours dans un puits. En somme, quant à ce qui regarde les notions qui nous intéressent de plus près, je crois qu'elle est invariablement à la surface. Nous la cherchons dans la profondeur de la vallée; c'est du sommet des montagnes que nous la découvrirons.

On trouve dans la contemplation des corps célestes des exemples et des échantillons excellents de ce genre d'erreur. Jetez sur une étoile un rapide coup d'œil, regardez-la obliquement, en tournant vers elle la partie latérale de la rétine (beaucoup plus sensible à une lumière faible que la partie centrale), et vous verrez l'étoile distinctement; vous aurez l'appréciation la plus juste de son éclat, éclat qui s'obscurcit à proportion que vous dirigez votre vue en plein sur elle. Dans le dernier cas, il tombe sur l'œil un plus grand nombre de rayons; mais, dans le premier, il y a une réceptibilité plus complète, une susceptibilité beaucoup plus vive. Une profondeur outrée affaiblit la pensée et la rend perplexe; et il est possible de faire disparaître Vénus elle-même du firmament par une attention trop soutenue, trop concentrée, trop directe.

Quant à cet assassinat, faisons nous-mêmes un examen avant de nous former une opinion. Une enquête nous procurera de l'amusement (je trouvai cette expression bizarre, appliquée au cas en question, mais je ne dis mot); et, en outre, Lebon m'a rendu un service pour lequel je ne veux pas me montrer ingrat. Nous irons sur les lieux, nous les examinerons de nos propres yeux. Je connais G..., le préfet de police, et nous obtiendrons sans peine l'autorisation nécessaire.

L'autorisation fut accordée, et nous allâmes tout droit à la rue Morgue. C'est un de ces misérables passages qui relient la rue Richelieu à la rue Saint-Roch. C'était dans l'après-midi, et il était déjà tard quand nous y arrivâmes, car ce quartier est situé à une grande distance de celui que nous habitions. Nous trouvâmes bien vite la maison, car il y avait une multitude de gens qui contemplaient de l'autre côté de la rue les volets fermés, avec une curiosité badaude. C'était une maison comme toutes les maisons de Paris, avec une porte cochère, et sur l'un des côtés une niche vitrée avec un carreau mobile, représentant la loge du concierge. Avant d'entrer, nous remontâmes la rue, nous tournâmes dans une allée, et nous passâmes ainsi sur les derrières de la maison. Dupin, pendant ce temps, examinait tous les alentours, aussi bien que la maison, avec une attention minutieuse dont je ne pouvais pas deviner l'objet.

Nous revînmes sur nos pas vers la façade de la maison ; nous sonnâmes, nous montrâmes notre pouvoir, et les agents nous permirent d'entrer. Nous montâmes jusqu'à la chambre où on avait trouvé le corps de mademoiselle l'Espanaye, et où gisaient encore les deux cadavres. Le désordre de la chambre avait été respecté, comme cela se pratique en pareil cas. Je ne vis rien de plus que ce qu'avait constaté la *Gazette des Tribunaux*. Dupin analysait minutieusement toutes choses, sans en excepter les corps des victimes. Nous passâmes ensuite dans les autres chambres, et nous descendîmes dans les cours, toujours accompagnés par un gendarme. Cet examen dura fort longtemps, et il était nuit quand nous quittâmes la maison. En retournant chez nous, mon camarade s'arrêta quelques minutes dans les bureaux d'un journal quotidien.

J'ai dit que mon ami avait toutes sortes de bizarreries, et que je les *ménageais* (car ce mot n'a pas d'équivalent en anglais). Il entrait maintenant dans sa fantaisie de se refuser à toute conversation relativement à l'assassinat, jusqu'au lendemain midi. Ce fut alors qu'il me demanda brusquement si j'avais remarqué quelque chose de *particulier* sur le théâtre du crime.

Il y eut dans sa manière de prononcer le mot *particulier* un accent qui me donna le frisson sans que je susse pourquoi.

— Non, rien de particulier, — dis-je, — rien autre, du moins, que ce que nous avons lu tous deux dans le journal.

— La *Gazette*, — reprit-il, n'a pas, je le crains, pénétré l'horreur insolite de l'affaire. Mais laissons là les opinions niaises de ce papier. Il me semble que le mystère est considéré comme insoluble, par la raison même qui devrait le faire regarder comme facile à résoudre, — je veux parler du caractère excessif sous lequel il apparaît. Les gens de police sont confondus par l'absence apparente de motifs légitimant, non le meurtre en lui-même, mais l'atrocité du meurtre. Ils sont embarrassés aussi par l'impossibilité apparente de concilier les voix qui se disputaient, avec ce fait qu'on n'a trouvé en haut de l'escalier d'autre personne que mademoiselle l'Espanaye, assassinée, et qu'il n'y avait aucun moyen de sortir sans être vu des gens qui montaient l'escalier. L'étrange désordre de la chambre, — le corps fourré, la tête en bas, dans la cheminée, — l'effrayante mutilation du corps de la vieille dame, — ces considérations, jointes à celles que j'ai mentionnées et à d'autres dont je n'ai pas besoin de parler, ont suffi pour paralyser l'action des agents du ministère, et pour dérouter complètement leur perspicacité si vantée. Ils ont commis la très-grosse et très-commune faute de confondre l'extraordinaire avec l'abstrus. Mais c'est justement en suivant ces déviations du cours ordinaire de la nature que la raison trouvera son chemin, si la chose est possible, et marchera vers la vérité. Dans des investigations du genre de celle qui nous occupe, il ne faut pas tant se demander comment les choses se sont passées, qu'étudier en quoi elles se distinguent de tout ce qui est arrivé jusqu'à présent. Bref, la facilité avec laquelle j'arriverai, — ou je suis déjà arrivé, — à la solution du mystère, est en raison directe de son insolubilité apparente aux yeux de la police.

Je fixai mon homme avec un étonnement muet.

— J'attends maintenant, — continua-t-il, en jetant un regard sur la porte de notre chambre, — j'attends un individu qui, bien qu'il ne soit peut-être pas l'auteur de cette boucherie, doit se trouver en partie impliqué dans sa perpétration. Il est probable qu'il est innocent de la partie atroce du crime. J'espère ne pas me tromper dans cette hypothèse; car c'est sur cette hypothèse que je fonde l'espérance de déchiffrer l'énigme entière. J'attends l'homme ici, — dans cette chambre, — d'une minute à l'autre. Il est vrai qu'il peut fort bien ne pas venir, mais il y a quelques probabilités pour qu'il vienne. S'il vient, il sera nécessaire de le garder. Voici des pistolets, et nous savons tous deux à quoi ils servent quand l'occasion l'exige.

Je pris les pistolets, sans trop savoir ce que je faisais, pouvant à peine en croire mes oreilles, — pendant que Dupin continuait, à peu près comme dans un monologue. J'ai déjà parlé de ses manières distraites dans ces moments-là. Son discours s'adressait à moi; mais sa voix, quoique montée à un diapason fort ordinaire, avait cette intonation que l'on prend d'habitude en parlant à quelqu'un placé à une grande distance. Ses yeux, d'une expression vague, ne regardaient que le mur.

— Les voix qui se disputaient, — disait-il, — les voix entendues par les gens qui montaient l'escalier, n'étaient pas celles de ces malheureuses femmes, — cela est plus que prouvé par l'évidence. Cela nous débarrasse pleinement de la question de savoir si la vieille dame aurait assassiné sa fille et se serait ensuite suicidée.

Je ne parle de ce cas que par amour de la méthode; car la force de madame l'Espanaye eût été absolument insuffisante pour introduire le corps de sa fille dans la cheminée, de la façon où on l'a découvert; et la nature des blessures trouvées sur sa propre personne exclut entièrement l'idée de suicide. Le meurtre a donc été commis par des tiers, et les voix de ces tiers sont celles qu'on a entendues se quereller.

Permettez-moi, maintenant, d'appeler votre attention, — non pas sur les dépositions relatives à ces voix, — mais sur ce qu'il y a de *particulier* dans ces dépositions. Y avez-vous remarqué quelque chose de particulier?

Je remarquai que, pendant que tous les témoins s'accordaient à considérer la grosse voix comme étant celle d'un Français, il y avait un grand désaccord relativement à la voix aiguë, ou, comme l'avait définie un seul individu, à la voix âpre.

— Cela constitue l'évidence, — dit Dupin, — mais non la particularité de l'évidence. Vous n'avez rien observé de distinctif ; — cependant il y avait *quelque chose* à observer. Les témoins, remarquez-le bien, sont d'accord sur la grosse voix ; là-dessus, il y a unanimité ! Mais relativement à la voix aiguë, il y a une particularité, — elle ne consiste pas dans leur désaccord, — mais en ceci que, quand un Italien, un Anglais, un Espagnol, un Hollandais essayent de la décrire, chacun en parle comme d'une voix d'*étranger*, chacun est sûr que ce n'était pas la voix d'un de ses compatriotes.

Chacun la compare, non pas à la voix d'un individu dont la langue lui serait familière, mais justement au contraire. Le Français présume que c'était une voix d'Espagnol et *il aurait pu distinguer quelques mots s'il était familiarisé avec l'espagnol*. Le Hollandais affirme que c'était la voix d'un Français ; mais il est établi que le témoin, ne sachant pas le français, a été interrogé par le canal d'un interprète. L'Anglais pense que c'était la voix d'un Allemand, et *il n'entend pas l'allemand*. L'Espagnol est *positivement sûr* que c'était la voix d'un Anglais, mais il en juge uniquement par l'intonation, car *il n'a aucune connaissance de l'anglais*. L'Italien croit à une voix de Russe, mais *il n'a jamais causé avec une personne native de Russie.* Un autre Français, cependant, diffère du premier, et il est certain que c'était une voix d'Italien ; mais, n'ayant pas la connaissance de cette langue, il fait comme l'Espagnol, *il tire sa certitude de l'intonation*. Or, cette voix était donc bien insolite et bien étrange, qu'on ne pût obtenir à son égard que de pareils témoignages? Une voix dans les intonations de laquelle des citoyens des cinq grandes parties de l'Europe n'ont rien pu reconnaître qui leur fût familier! Vous me direz que c'était peut-être la voix d'un Asiatique ou d'un Africain. Les Africains et les Asiatiques n'abondent pas à Paris, mais sans nier la possibilité du cas, j'appellerai simplement votre attention sur trois points.

Un témoin dépeint la voix ainsi : *plutôt âpre qu'aiguë*. Deux autres en parlent comme d'une voix *brève et saccadée*. Ces témoins n'ont distingué aucunes paroles, — aucuns sons ressemblant à des paroles.

Je ne sais pas, — continua Dupin, — quelle impression j'ai pu faire sur votre entendement ; mais je n'hésite pas à affirmer qu'on peut tirer des déductions légitimes de cette partie même des dépositions, — la partie relative aux deux voix, la grosse voix et la voix aiguë, — très-suffisantes en elles-mêmes pour créer un soupçon qui indiquerait la route dans toute investigation ultérieure du mystère.

J'ai dit : déductions légitimes, mais cette expression ne rend pas complètement ma pensée. Je voulais faire entendre que ces déductions sont les seules convenables, et que ce soupçon en surgit inévitablement comme le seul résultat possible. Cependant, de quelle nature est ce soupçon, je ne vous le dirai pas immédiatement. Je désire simplement vous démontrer que ce soupçon était plus que suffisant pour donner un caractère décidé, une tendance positive à l'enquête que je voulais faire dans la chambre.

Maintenant, transportons-nous en imagination dans cette chambre. Quel sera le premier objet de notre recherche? Les moyens d'évasion employés par les meurtriers. Nous pouvons affirmer, — n'est-ce pas, — que nous ne croyons ni l'un ni l'autre aux événements surnaturels? Mesdames l'Espanaye n'ont pas été assassinées par les esprits. Les auteurs du meurtre étaient des êtres matériels, et ils ont fui matériellement.

Or, comment? Heureusement, il n'y a qu'une manière de raisonner sur ce point, et cette manière nous conduira à une conclusion positive. Examinons donc, un à un, les moyens possibles d'évasion. Il est clair que les assassins étaient dans la chambre où l'on a trouvé mademoiselle l'Espanaye, ou au moins dans la chambre adjacente quand la foule a monté l'escalier. Ce n'est donc que dans ces deux chambres que nous avons à chercher des issues. La police a levé les parquets, ouvert les plafonds, sondé la maçonnerie des murs. Aucune issue secrète n'a pu échapper à sa perspicacité. Mais je ne me suis pas fié à ses yeux, et j'ai examiné avec les miens; il n'y a réellement pas d'issue secrète. Les deux portes qui conduisent des chambres dans le corridor étaient solidement fermées, et les clefs en dedans. Voyons les cheminées. Celles-ci, qui sont d'une largeur ordinaire jusqu'à une distance de huit ou dix pieds au-dessus du foyer, ne livreraient pas au delà un passage suffisant à un gros chat.

L'impossibilité de la fuite, du moins par les voies ci-dessus indiquées, étant donc absolument établie, nous en sommes réduits aux fenêtres. Personne n'a pu fuir par celles de la chambre du devant, sans être vu par la foule du dehors. Il a donc *fallu* que les meurtriers s'échappassent par celles de la chambre de derrière.

Maintenant, amenés, comme nous le sommes, à cette conclusion par des déductions aussi irréfragables, nous n'avons pas le droit, en tant que raisonneurs, de la rejeter en raison de son apparente impossibilité. Il ne nous reste donc qu'à démontrer que cette impossibilité apparente n'existe pas en réalité.

Il y a deux fenêtres dans la chambre. L'une des deux n'est pas obstruée par l'ameublement, et est restée entièrement visible. La partie inférieure de l'autre est cachée par le chevet du lit, qui est fort massif et qui est poussé tout contre. On a constaté que la première était solidement assujettie en dedans. Elle a résisté aux efforts les plus violents de ceux qui ont essayé de la lever. On avait percé dans son châssis, à gauche, un grand trou avec une vrille, et on y trouva un gros clou enfoncé presque jusqu'à la tête. En examinant l'autre fenêtre, on y a trouvé fiché un clou semblable; et un vigoureux effort pour lever le châssis n'a pas eu plus de succès que de l'autre côté. La police était dès lors pleinement convaincue qu'aucune fuite n'avait pu s'effectuer par ce chemin. Il fut donc considéré comme superflu de retirer les clous et d'ouvrir les fenêtres.

Mon examen fut un peu plus minutieux, et cela, par la raison que je vous ai donnée tout à l'heure. C'était le cas, je le savais, où il *fallait* démontrer que l'impossibilité n'était qu'apparente.

Je continuai à raisonner ainsi, — *a posteriori*. Les meurtriers s'étaient évadés par l'une de ces fenêtres. Cela étant, ils ne pouvaient pas avoir réassujetti les châssis en dedans, comme on les a trouvés; considération qui, par son évidence, a borné les recherches de la police dans ce sens-là. Cependant ces châssis étaient bien fermés. Il *faut* donc qu'ils puissent se fermer d'eux-mêmes. Il n'y avait pas moyen d'échapper à cette conclusion. J'allai droit à la fenêtre non bouchée, je retirai le clou avec quelque difficulté, et j'essayai de lever le châssis. Il a résisté à tous mes efforts, comme je m'y attendais. Il y avait donc, j'en étais sûr maintenant, un ressort caché; et ce fait, corroborant mon idée, me convainquit au moins de la justesse de mes prémisses, quelque mystérieuses que m'apparussent toujours les circonstances relatives aux clous. Un examen minutieux me fit bientôt découvrir le ressort secret. Je le poussai, et, satisfait de ma découverte, je m'abstins de lever le châssis.

Je remis alors le clou en place et l'examinai attentivement. Une personne passant par la fenêtre pouvait l'avoir refermée, et le ressort aurait fait son office; mais le clou n'aurait pas été replacé. Cette conclusion était nette, et rétrécissait encore le champ de mes investigations. Il *fallait* que les assassins se fussent enfuis par l'autre fenêtre. En supposant donc que les ressorts des deux croisées fussent semblables, comme il était probable, il *fallait* cependant trouver une différence dans les clous, ou au moins dans la manière dont ils avaient été fixés. Je montai sur le fond de sangle du lit, et je regardai minutieusement l'autre fenêtre par-dessus le chevet du lit. Je passai ma main derrière, je découvris aisément le ressort, et je le fis jouer ; — il était, comme je l'avais deviné, identique au premier. Alors j'examinai le clou. Il était aussi gros que l'autre, et fixé de la même manière, enfoncé presque jusqu'à la tête.

Vous direz que j'étais embarrassé ; mais si vous avez une pareille pensée, c'est que vous vous êtes mépris sur la nature de mes inductions. Pour me servir d'un terme de jeu, je n'avais pas commis une seule faute ; je n'avais pas perdu la piste un seul instant ; il n'y avait pas une lacune d'un anneau à la chaîne. J'avais suivi le secret jusque dans sa dernière phase, et cette phase, c'était le *clou*. Il ressemblait, dis-je, sous tous les rapports, à son voisin de l'autre fenêtre ; mais ce fait, quelque concluant qu'il fût en apparence, devenait absolument nul, en face de cette considération dominante, à savoir que là, à ce clou, finissait le fil conducteur. Il faut, me dis-je, qu'il y ait dans ce clou quelque chose de défectueux. Je le touchai, et la tête, avec un petit morceau de la tige, un quart de pouce environ, me resta dans les doigts. Le reste de la tige était dans le trou, où elle s'était cassée. Cette fracture était fort ancienne, car les bords étaient incrustés de rouille, et elle avait été opérée par un coup de marteau, qui avait enfoncé en partie la tête du clou dans le fond du châssis. Je rajustai soigneusement la tête avec le morceau qui la continuait, et le tout figura un clou intact, la fissure était inappréciable.

Je pressai le ressort, je levai doucement la croisée de quelques pouces ; la tête du clou vint avec elle, sans bouger de son trou. Je refermai la croisée, et le clou offrit de nouveau le semblant d'un clou complet.

Jusqu'ici l'énigme était débrouillée. L'assassin avait fui par la fenêtre qui touchait au lit. Qu'elle fût retombée d'elle-même après la fuite, ou qu'elle eût été fermée par une main humaine, elle était retenue par le ressort, et la police avait attribué cette résistance au clou ; aussi toute enquête ultérieure avait été jugée superflue.

La question, maintenant, était celle du mode de descente. Sur ce point, j'avais satisfait mon esprit dans notre promenade autour du bâtiment. A cinq pieds et demi environ de la fenêtre en question, court une chaîne de paratonnerre. De cette chaîne, il eût été impossible à n'importe qui d'atteindre la fenêtre, à plus forte raison, d'entrer.

Toutefois, j'ai remarqué que les volets du quatrième étage étaient du genre particulier que les menuisiers parisiens appellent *ferrades*, genre de volets fort peu usité aujourd'hui, mais qu'on rencontre fréquemment dans de vieilles maisons de Lyon et de Bordeaux. Ils sont faits comme une porte ordinaire (porte simple, et non pas à double battant), à l'exception que la partie inférieure est façonnée à jour et treillissée, ce qui donne aux mains une excellente prise.

Dans le cas en question, ces volets sont larges de trois bons pieds et demi. Quand nous les avons examinés du derrière de la maison, ils étaient tous les deux ouverts à moitié, c'est-à-dire qu'ils faisaient angle droit avec le mur. Il est présumable que la police a examiné comme moi les derrières du bâtiment ; mais en regardant ces *ferrades* dans le sens de leur largeur (comme elle les a vues inévitablement), elle n'a sans doute pas pris garde à cette largeur même, ou du moins elle n'y a pas attaché l'importance nécessaire. En somme, les agents, quand il a été démontré pour eux que la fuite n'avait pu s'effectuer de ce côté, ne leur ont appliqué qu'un examen fort succinct.

Toutefois il était évident pour moi que le volet appartenant à la fenêtre située au chevet du lit, si on le supposait rabattu contre le mur, se trouverait à deux pieds de la chaîne du paratonnerre. Il était clair aussi que, par l'effort d'une énergie et d'un courage insolites, on pouvait, à l'aide de la chaîne, avoir opéré une invasion par la fenêtre. Arrivé à cette distance de deux pieds et demi, (je suppose maintenant le volet complètement ouvert), un voleur aurait pu trouver dans le treillage une prise solide. Il aurait pu dès lors, en lâchant la chaîne, en assurant bien ses pieds contre le mur et en s'élançant vivement, tomber dans la chambre, et attirer violemment le volet avec lui de manière à le fermer, — en supposant, toutefois, la fenêtre ouverte en ce moment-là.

Remarquez bien, je vous prie, que j'ai parlé d'une énergie très-peu commune, nécessaire pour réussir dans une entreprise aussi difficile, aussi hasardeuse. Mon but est de vous prouver d'abord que la chose a pu se faire, — en second lieu et *principalement*, d'attirer votre attention sur le caractère *très-extraordinaire*, presque surnaturel, de l'agilité nécessaire pour l'accomplir.

Vous direz sans doute, en vous servant de la langue

judiciaire, que, pour donner ma preuve *a fortiori*, je devrais plutôt *sous-évaluer* l'énergie nécessaire dans ce cas que réclamer son exacte estimation. C'est peut-être la pratique des tribunaux, mais cela ne rentre pas dans les us de la raison. Mon objet final, c'est la vérité. Mon but actuel, c'est de vous induire à rapprocher cette énergie tout à fait insolite de cette voix si particulière, de cette voix aiguë (ou âpre), de cette voix saccadée, dont la nationalité n'a pu être constatée par l'accord de deux témoins, et dans laquelle personne n'a saisi de mots articulés, de syllabisation.

A ces mots, une conception vague et embryonnaire de la pensée de Dupin passa dans mon esprit. Il me semblait être sur la limite de la compréhension sans pouvoir comprendre ; comme les gens qui sont quelquefois sur le bord du souvenir, et qui cependant ne parviennent pas à se rappeler. Mon ami continua son argumentation.

— Vous voyez, — dit-il, — que j'ai transporté la question du mode de sortie au mode d'entrée. Il était dans mon plan de démontrer qu'elles se sont effectuées de la même manière et sur le même point. Retournons maintenant dans l'intérieur de la chambre. Examinons toutes les particularités. Les tiroirs de la commode, dit-on, ont été mis au pillage, et cependant on y a trouvé plusieurs articles de toilette intacts. Cette conclusion est absurde ; c'est une simple conjecture, — une conjecture passablement niaise, et rien de plus. Comment pouvons-nous savoir que les articles trouvés dans les tiroirs ne représentent pas tout ce que les tiroirs contenaient ? Madame l'Espanaye et sa fille menaient une vie excessivement retirée, ne voyaient pas le monde, sortaient rarement, avaient donc peu d'occasions de changer de toilette. Ceux qu'on a trouvés étaient au moins d'aussi bonne qualité qu'aucun de ceux que possédaient vraisemblablement ces dames. Et si un voleur en avait pris quelques-uns, pourquoi n'aurait-il pas pris les meilleurs, — pourquoi ne les aurait-il pas tous pris? Bref, pourquoi aurait-il abandonné ces 4000 francs en or pour s'empêtrer d'un paquet de linge? L'or a été abandonné. La presque totalité de la somme désignée par le banquier Mignaud a été trouvée sur le parquet, dans les sacs. Je tiens donc à écarter de votre pensée l'idée saugrenue d'un *intérêt*, idée engendrée dans le cerveau de la police par les dépositions qui parlent d'argent délivré à la porte même de la maison. Des coïncidences dix fois plus remarquables que celle-ci, (la livraison de l'argent et le meurtre commis trois jours après sur le propriétaire), se présentent dans chaque heure de notre vie, sans attirer notre attention, même une minute. En général, les coïncidences sont de grosses pierres d'achoppement dans la route de ces pauvres penseurs mal éduqués qui ne savent pas le premier mot de la théorie des probabilités, théorie à laquelle le savoir humain doit ses plus glorieuses conquêtes et ses plus belles découvertes. Dans le cas présent, si l'or avait disparu, le fait qu'il avait été délivré trois jours auparavant créerait quelque chose de plus qu'une coïncidence. Cela corroborerait l'idée d'intérêt. Mais dans les circonstances réelles où nous sommes placés, si nous supposons que l'or a été le mobile de l'attaque, il nous faut supposer ce criminel assez indécis et assez idiot pour oublier à la fois son or et le mobile qui l'a fait agir.

Mettez donc bien dans votre esprit les points sur lesquels j'ai attiré votre attention, — cette voix particulière, cette agilité sans pareille, et cette absence frappante d'intérêt dans un meurtre aussi singulièrement atroce que celui-ci. — Maintenant, examinons la boucherie en elle-même. Voilà une femme étranglée par la force des mains, et introduite dans une cheminée, la tête en bas. Des assassins ordinaires n'emploient pas de pareils procédés pour tuer. Encore moins cachent-ils ainsi les cadavres de leurs victimes. Dans cette façon de fourrer le corps dans la cheminée, vous admettrez qu'il y a quelque chose d'excessif et de bizarre, quelque chose d'absolument inconciliable avec tout ce que nous connaissons en général des actions humaines, même en supposant que les auteurs fussent les plus pervertis des hommes. Songez aussi quelle force prodigieuse il a fallu pour pousser ce corps dans une pareille ouverture, et l'y pousser si puissamment que les efforts réunis de plusieurs personnes furent à peine suffisants pour l'en retirer.

Portons maintenant notre attention sur d'autres indices de cette vigueur merveilleuse. Dans le foyer on a trouvé des mèches de cheveux, — des mèches très-épaisses de cheveux gris. Ils ont été arrachés avec leurs racines. Vous savez quelle puissante force il faut pour arracher seulement de la tête vingt ou trente cheveux à la fois. Vous avez vu les mèches en question, aussi bien que moi. A leurs racines grumelées, — affreux spectacle! — adhéraient des fragments de cuir chevelu, — preuve certaine de la prodigieuse puissance qu'il a fallu déployer pour déraciner peut-être cinq cent mille cheveux d'un seul coup.

Non seulement le cou de la vieille dame était coupé, mais la tête absolument séparée du corps ; l'instrument était un simple rasoir. Je vous prie de remarquer cette férocité *bestiale*. Je ne parle pas des meurtrissures du corps de Madame l'Espanaye ; M. Dumas et son honorable confrère, M. Étienne, ont affirmé qu'elles avaient été produites par un instrument contondant ; et en cela ces messieurs furent tout à fait dans le vrai. L'instrument contondant a été évidemment le pavé de la cour sur lequel la victime est tombée de la fenêtre qui donne sur le lit. Cette idée, quelque simple qu'elle apparaisse maintenant, a échappé à la police par la même raison qui l'a empêchée de remarquer la largeur des volets ; parce que, grâce à la circonstance des clous, sa perception était hermétiquement bouchée à l'idée que les fenêtres eussent jamais pu être ouvertes.

Si maintenant, — subsidiairement, — vous avez convenablement réfléchi au désordre bizarre de la chambre, nous sommes allés assez avant pour combiner les idées d'une agilité merveilleuse, d'une férocité bestiale, d'une boucherie sans motif, d'une *grotesquerie* dans l'horrible absolument étrangère à l'humanité, et d'une voix dont l'accent est inconnu à l'oreille d'hommes de plusieurs nations, d'une voix dénuée de toute syllabisation distincte et intelligible. Or, pour vous, qu'en ressort-il ? Quelle impression ai-je faite sur votre imagination ?

Je sentis un frisson courir dans ma chair quand Dupin me fit cette question. — Un fou, — dis-je, — aura commis ce meurtre, — quelque maniaque furieux échappé à une maison de santé du voisinage.

— Pas trop mal, — répliqua-t-il, — votre idée est presque applicable. Mais les voix des fous, même dans leurs plus sauvages paroxysmes, ne se sont jamais accordées avec ce qu'on dit de cette voix singulière entendue dans l'escalier. Les fous font partie d'une nation quelconque ; et leur langage, pour incohérent qu'il soit dans les paroles, est toujours syllabifié. En outre, le cheveu d'un fou ne ressemble pas à celui que je tiens maintenant dans ma main. J'ai dégagé cette petite touffe des doigts rigides et crispés de Madame l'Espanaye. Dites-moi ce que vous en pensez.

— Dupin ! — dis-je, complètement bouleversé, — ces cheveux sont bien extraordinaires, — ce ne sont pas là des cheveux *humains* !

— Je n'ai pas affirmé qu'ils fussent tels, — dit-il, — mais, avant de nous décider sur ce point, je désire que vous jetiez un coup d'œil sur le petit dessin que j'ai tracé sur ce bout de papier. C'est un *fac-simile* qui représente ce que certaines dépositions définissent *les meurtrissures noirâtres, et les profondes marques d'ongles* trouvées sur le cou de Mademoiselle l'Espanaye, et que MM. Dumas et Étienne appellent *une série de taches évidemment causées par l'impression des doigts.*

— Vous voyez, — continua mon ami, en déployant le papier sur la table, — que ce dessin donne l'idée d'une poigne solide et ferme. Il n'y a pas d'apparence que les doigts aient glissé. Chaque doigt a gardé, peut-être jusqu'à la mort de la victime, la terrible prise qu'il s'était faite, et dans laquelle il s'est moulé. Essayez maintenant de placer tous vos doigts, en même temps, chacun dans la marque analogue que vous voyez.

J'essayai, mais inutilement.

— Il est possible, — dit Dupin, — que nous ne fassions pas cette expérience d'une manière décisive. Le papier est déployé sur une surface plane, et la gorge humaine est cylindrique. Voici un rouleau de bois dont la circonférence est à peu près celle d'un cou. Étalez le dessin tout autour, et recommençons l'expérience.

J'obéis; mais la difficulté fut encore plus évidente que la première fois.

— Ceci, — dis-je, — n'est pas la trace d'une main humaine.

— Maintenant, — dit Dupin, lisez ce passage de Cuvier.

C'était l'histoire minutieuse, anatomique et descriptive du grand Orang-Outang fauve des îles de l'Inde orientale. Tout le monde connaît suffisamment la gigantesque stature, la force et l'agilité prodigieuse, la férocité sauvage, et les facultés d'imitation de ce mammifère. Je compris d'un seul coup tout l'horrible du meurtre.

— La description des doigts, — dis-je, quand j'eus fini la lecture, — s'accorde parfaitement avec le dessin. Je vois qu'aucun animal, — excepté un orang-outang, et de l'espèce en question, — n'aurait pu faire des marques telles que celles que vous avez dessinées. Cette touffe de poils fauves est aussi d'un caractère identique à celui de l'animal de Cuvier. Mais je ne me rends pas facilement compte des détails de cet effroyable mystère. D'ailleurs, on a entendu *deux* voix se disputer; et l'une d'elles était incontestablement la voix d'un Français.

— C'est vrai; et vous vous rappellerez une expression attribuée presque unanimement à cette voix, — l'expression *Mon Dieu!* Ces mots, dans les circonstances présentes, ont été caractérisés par l'un des témoins (Montani, le confiseur), comme exprimant un reproche et une remontrance. C'est donc sur ces deux mots que j'ai fondé l'espérance de débrouiller complètement l'énigme. Un Français a eu connaissance du meurtre. Il est possible, — il est même plus que probable qu'il est innocent de toute participation à cette affaire sanglante. L'orang-outang a pu lui échapper. Il est possible qu'il ait suivi sa trace jusqu'à la chambre, mais que, dans les circonstances terribles qui ont suivi, il n'ait pas pu s'emparer de lui. L'animal est encore libre. Je ne poursuivrai pas ces conjectures, je n'ai pas le droit d'appeler ces idées d'un autre nom, puisque les ombres de réflexions qui leur servent de base sont d'une profondeur à peine suffisante pour être appréciées par ma propre raison, et que je ne prétendrais pas qu'elles fussent appréciables pour une autre intelligence. Nous les nommerons donc des conjectures, et nous ne les prendrons que pour telles. Si le Français en question est, comme je le suppose, innocent de cette atrocité, cette annonce que j'ai laissée hier au soir, pendant que nous retournions au logis, dans les bureaux du journal *Le Monde* (feuille consacrée aux intérêts maritimes, et très-recherchée par les marins), l'amènera chez nous.

Il me tendit un papier, et je lus :

Avis. — On a trouvé dans le bois de Boulogne, le matin du... (c'était le matin de l'assassinat), de fort bonne heure, un énorme orang-outang fauve de l'espèce de Bornéo. Le propriétaire (qu'on sait être un marin appartenant à l'équipage d'un navire maltais), peut retrouver l'animal, après en avoir donné un signalement satisfaisant, et remboursé quelques frais à la personne qui s'en est emparée, et qui l'a gardé. S'adresser rue..., n°..., faubourg Saint-Germain, au troisième.

— Comment avez-vous pu, — demandai-je à Dupin, — savoir que l'homme était un marin, et qu'il appartenait à un navire maltais?

— Je ne le sais pas, — dit-il, — je n'en suis pas sûr. Voici toutefois un petit morceau de ruban, qui, j'en juge par sa forme et son aspect graisseux, a évidemment servi à nouer les cheveux en une de ces longues queues qui rendent les marins si fiers et si farauds. En outre, ce nœud est un de ceux que peu de personnes savent faire, excepté les marins, et il est particulier aux Maltais. J'ai ramassé le ruban au bas de la chaîne du paratonnerre. Il est impossible qu'il ait appartenu à l'une des deux victimes. Après tout, si je me suis trompé en induisant de ce ruban que le Français est un marin appartenant à un navire maltais, je n'aurai fait de mal à personne avec mon annonce. Si je suis dans l'erreur, il supposera simplement que j'ai été fourvoyé par quelque circonstance dont il ne prendra pas la peine de s'enquérir. Mais si je suis dans le vrai, il y a un grand point de gagné. Le Français qui a connaissance du meurtre, bien qu'il en soit innocent, hésitera naturellement à répondre à l'annonce, — à réclamer son orang-outang. Il raisonnera ainsi : « Je suis innocent ; je suis pauvre ; mon orang-outang est d'un grand prix ; — c'est presque une fortune dans une situation comme la mienne ; — pourquoi le perdrais-je, par quelques niaises appréhensions de danger? Le voilà, il est sous ma main. On l'a trouvé dans le bois de Boulogne, — à une grande distance du théâtre du meurtre. Soupçonnera-t-on jamais qu'une bête brute ait pu faire le coup ? La police est dépistée, — elle n'a pu retrouver le plus petit fil conducteur. Quand même on serait sur la piste de l'animal, il serait impossible de me prouver que j'ai eu connaissance de ce meurtre, ou de m'incriminer en raison de cette connaissance. Enfin, et avant tout, *je suis connu.* Le rédacteur de l'annonce me désigne comme le propriétaire de la bête. Mais je ne sais pas jusqu'à quel point s'étend sa certitude. Si j'évite de réclamer une propriété d'une aussi grosse valeur, qui est connue pour m'appartenir, je puis attirer sur l'animal un dangereux soupçon. Ce serait de ma part une mauvaise politique d'appeler l'attention sur moi ou sur la bête. Je répondrai décidément à l'avis du journal, je reprendrai mon orang-outang, et je l'enfermerai solidement, jusqu'à ce que cette affaire soit oubliée. »

En ce moment, nous entendîmes un pas qui montait l'escalier.

— Apprêtez-vous, — dit Dupin, — prenez vos pistolets, mais ne vous en servez pas, — ne les montrez pas, avant un signal de moi.

On avait laissé ouverte la porte cochère, et le visiteur était entré sans sonner, et avait gravi plusieurs marches de l'escalier. Mais on eût dit maintenant qu'il hésitait. Nous l'entendions redescendre. Dupin se dirigea vivement vers la porte, quand nous l'entendîmes qui remontait. Cette fois, il ne battit pas en retraite, mais s'avança délibérément, et frappa à la porte de notre chambre.

— Entrez, — dit Dupin d'une voix gaie et cordiale.

Un homme se présenta. C'était évidemment un marin, — un grand, robuste et musculeux individu, avec une expression d'audace de tous les diables qui n'était pas du tout déplaisante. Sa figure, fortement hâlée, était plus d'à moitié cachée par les favoris et les moustaches. Il portait un gros bâton de chêne, mais ne semblait pas autrement armé. Il nous salua gauchement, et nous souhaita le bonsoir avec un accent français qui, bien que légèrement bâtardé de suisse, rappelait suffisamment une origine parisienne.

— Asseyez-vous, mon ami, — dit Dupin, — je suppose que vous venez pour votre orang-outang. Sur ma parole, je vous l'envie presque ; il est remarquablement beau, et c'est sans doute une bête d'un grand prix. Quel âge lui donnez-vous bien ?

Le matelot aspira longuement, de l'air d'un homme qui se trouve soulagé d'un poids intolérable, et répliqua d'une voix assurée :

— Je ne saurais trop vous dire ; cependant, il ne peut guère avoir plus de quatre ou cinq ans. Est-ce que vous l'avez ici ?

— Oh ! non ; nous n'avions pas de lieu commode pour l'enfermer. Il est dans une écurie de manége près d'ici, rue Dubourg. Vous pourrez l'avoir demain matin. Ainsi, vous êtes en mesure de prouver votre droit de propriété ?

— Oui, monsieur, certainement.

— Je serais vraiment peiné de m'en séparer, — dit Dupin.

— Je n'entends pas, — dit l'homme, — que vous

ayez pris tant de peine pour rien ; je n'y ai pas compté. Je paierai volontiers une récompense à la personne qui a retrouvé l'animal, une récompense raisonnable, s'entend.

— Fort bien, — répliqua mon ami, — tout cela est fort juste, en vérité. Voyons, — que donneriez-vous bien ? Ah ! je vais vous le dire. Voici quelle sera ma récompense : vous me raconterez tout ce que vous savez relativement aux assassinats de la rue Morgue.

Dupin prononça ces derniers mots d'une voix très-basse et fort tranquillement. Il se dirigea vers la porte avec la même placidité, la ferma, et mit la clef dans sa poche. Il tira alors un pistolet de son sein, et le posa sans le moindre émoi sur la table.

La figure du marin devint pourpre, comme s'il en était aux agonies d'une suffocation. Il se dressa sur ses pieds et saisit son bâton ; mais une seconde après, il se laissa retomber sur son siége, tremblant violemment et la mort sur le visage. Il ne pouvait articuler une parole. Je le plaignais du plus profond de mon cœur.

— Mon ami, — dit Dupin d'une voix pleine de bonté, — vous vous alarmez sans motif, — je vous assure. Nous ne voulons vous faire aucun mal. Sur mon honneur de galant homme et de Français, nous n'avons aucun mauvais dessein contre vous. Je sais parfaitement que vous êtes innocent des horreurs de la rue Morgue. Cependant, cela ne veut pas dire que vous n'y soyez pas quelque peu impliqué. Le peu que je vous ai dit doit vous prouver que j'ai eu sur cette affaire des moyens d'information dont vous ne vous seriez jamais douté. Maintenant la chose est claire pour nous. Vous n'avez rien fait que vous ayez pu éviter, — rien, à coup sûr, qui vous rende coupable. Vous auriez pu voler impunément; vous n'avez même pas été coupable de vol. Vous n'avez rien à cacher; vous n'avez aucune raison de cacher quoi que ce soit. D'un autre côté, vous êtes contraint par tous les principes de l'honneur à confesser tout ce que vous savez. Un homme innocent est actuellement en prison, accusé du crime dont vous pouvez indiquer l'auteur.

Pendant que Dupin prononçait ces mots, le matelot avait recouvré, en grande partie, sa présence d'esprit; mais toute sa première hardiesse avait disparu.

— Que Dieu me soit en aide! — dit-il, — après une petite pause, — je vous dirai tout ce que je sais sur cette affaire; mais je n'espère pas que vous en croyiez la moitié, — je serais vraiment un sot, si je l'espérais ! Cependant, je suis innocent, et je dirai tout ce que j'ai sur le cœur, quand même il m'en coûterait la vie.

Voici en substance ce qu'il nous raconta : Il avait fait dernièrement un voyage dans l'archipel indien. Une bande de matelots, dont il faisait partie, débarqua à Bornéo et pénétra dans l'intérieur pour y faire une excursion d'amateurs. Lui et un de ses camarades avaient pris l'orang-outang. Ce camarade mourut, et l'animal devint donc sa propriété exclusive, à lui. Après bien des embarras causés par l'indomptable férocité du captif, pendant la traversée, il réussit à la longue à le loger sûrement dans sa propre demeure à Paris, et, pour ne pas attirer sur lui-même l'insupportable curiosité des voisins, il avait soigneusement enfermé l'animal, jusqu'à ce qu'il l'eût guéri d'une blessure au pied qu'il s'était faite à bord avec une esquille. Son projet, finalement, était de le vendre.

Comme il revenait, une nuit, ou plutôt un matin, — le matin du meurtre, — d'une petite orgie de matelots, il trouva la bête installée dans sa chambre à coucher; elle s'était échappée du cabinet voisin, où il la croyait solidement enfermée. Un rasoir à la main et toute barbouillée de savon, elle était assise devant un miroir, et essayait de se raser, comme sans doute elle l'avait vu faire à son maître en l'épiant par le trou de la serrure. Terrifié en voyant une arme si dangereuse dans les mains d'un animal aussi féroce, parfaitement capable de s'en servir, l'homme, pendant quelques instants, n'avait su quel parti prendre. D'habitude, il avait dompté l'animal, même dans ses accès les plus furieux, par les coups de fouet; et il voulut y recourir cette fois encore. Mais en voyant le fouet, l'orang-outang bondit à travers la porte de la chambre, dégringola par les escaliers, et, profitant d'une fenêtre ouverte par malheur, il se jeta dans la rue.

Le Français, désespéré, poursuivit le singe; — celui-ci, tenant toujours son rasoir d'une main, s'arrêtait de temps en temps, se retournait, et faisait des grimaces à l'homme qui le poursuivait, jusqu'à ce qu'il se vît près d'être atteint, puis il reprenait sa course. Cette chasse dura ainsi un bon bout de temps. Les rues étaient profondément tranquilles, et il pouvait être trois heures du matin. En traversant un passage derrière la rue Morgue, l'attention du fugitif fut attirée par une lumière qui partait de la fenêtre ouverte de Mme l'Espanaye, au quatrième étage de sa maison. Il se précipita vers le mur, il aperçut la chaîne du paratonnerre, y grimpa avec une inconcevable agilité, saisit le volet, qui était complètement rabattu contre le mur, et en s'appuyant dessus, il s'élança droit sur le chevet du lit.

Toute cette gymnastique ne dura pas une minute. Le volet avait été repoussé contre le mur par le bond que l'orang-outang avait fait en se jetant dans la chambre.

Cependant, le matelot était à la fois joyeux et inquiet. Il avait donc bonne espérance de ressaisir l'animal, qui pouvait difficilement s'échapper de la trappe où il s'était aventuré, et d'où on pouvait lui barrer la fuite. D'un autre côté, il y avait lieu d'être fort inquiet de ce qu'il pouvait faire dans la maison. Cette dernière réflexion incita l'homme à se remettre à la poursuite de son fugitif. Il n'est pas difficile pour un marin de grimper à une chaîne de paratonnerre ; mais, quand il fut arrivé à la hauteur de la fenêtre, située assez loin sur sa gauche, il se trouva fort empêché ; tout ce qu'il put faire de mieux fut de se dresser de manière à jeter un coup d'œil dans l'intérieur de la chambre. Mais ce qu'il vit lui fit presque lâcher prise dans l'excès de sa terreur. C'était alors que s'élevaient les horribles cris qui, à travers le silence de la nuit, réveillèrent en sursaut les habitants de la rue Morgue.

Mme l'Espanaye et sa fille, vêtues de leurs toilettes de nuit, étaient sans doute occupées à ranger quelques papiers dans le coffret de fer dont il a été fait mention, et qui avait été traîné au milieu de la chambre. Il était ouvert, et tout son contenu était éparpillé sur le parquet. Les victimes avaient sans doute le dos tourné à la fenêtre ; et, à en juger par le temps qui s'écoula entre l'invasion de la bête et les premiers cris, il est probable qu'elles ne l'aperçurent pas tout de suite. Le claquement du volet a pu être vraisemblablement attribué au vent.

Quand le matelot regarda dans la chambre, le terrible animal avait empoigné Mme l'Espanaye par ses cheveux qui étaient épars et qu'elle peignait, et il agitait le rasoir autour de sa figure, en imitant les gestes d'un barbier. La fille était par terre, immobile ; elle s'était évanouie. Les cris et les efforts de la vieille dame, pendant lesquels les cheveux lui furent arrachés de la tête, eurent pour effet de changer en fureur les dispositions probablement pacifiques de l'orang-outang. D'un coup rapide de son bras musculeux, il sépara presque la tête du corps. La vue du sang transforma sa fureur en frénésie. Il grinçait des dents, il lançait du feu par les yeux. Il se jeta sur le corps de la jeune personne, il lui ensevelit ses terribles griffes dans la gorge, et les y laissa jusqu'à ce qu'elle fût morte. Ses yeux égarés et sauvages tombèrent en ce moment sur le chevet du lit, au-dessus duquel il put apercevoir la face de son maître, paralysée par l'horreur.

La furie de la bête, qui sans aucun doute se souvenait du terrible fouet, se changea immédiatement en frayeur. Sachant bien qu'elle avait mérité un châtiment, elle semblait vouloir cacher les traces sanglantes de son action, et bondissait à travers la chambre dans un accès d'agitation nerveuse, bousculant et brisant les meubles à chacun de ses mouvements, et arrachant les matelas du lit. Finalement, elle s'empara du corps de la fille, et le poussa dans la cheminée, dans la posture où elle fut trouvée ; puis de celui de la vieille dame qu'elle précipita la tête la première à travers la fenêtre.

Comme le singe s'approchait de la fenêtre avec son fardeau tout mutilé, le matelot épouvanté se baissa, et se laissant couler le long de la chaîne sans précautions, il s'enfuit tout d'un trait jusque chez lui, redoutant les conséquences de cette atroce boucherie, et, dans sa terreur, abandonnant volontiers tout souci de la destinée de son orang-outang. Les voix entendues par les gens de l'escalier étaient ses exclamations d'horreur et d'effroi mêlées aux glapissements diaboliques de la bête.

Je n'ai presque rien à ajouter. L'orang-outang s'était sans doute échappé de la chambre par la chaîne du paratonnerre, juste avant que la porte fût enfoncée. En passant par la fenêtre, il l'avait évidemment refermée. Il fut rattrapé plus tard par le propriétaire lui-même, qui le vendit pour un bon prix au Jardin des Plantes.

Lebon fut immédiatement relâché, après que nous eûmes raconté toutes les circonstances de l'affaire, assaisonnées de quelques commentaires de Dupin, dans le cabinet même du préfet de police. Ce fonctionnaire, quelque bien disposé qu'il fût envers mon ami, ne pouvait pas absolument déguiser sa mauvaise humeur en voyant l'affaire prendre cette tournure, et se laissa aller à un ou deux sarcasmes sur la manie des personnes qui se mêlaient de ses fonctions.

— Laissez-le parler, — dit Dupin, qui n'avait pas jugé à propos de répliquer. — Laissez-le jaser, cela allégera sa conscience. Je suis content de l'avoir battu sur son propre terrain. Néanmoins, qu'il n'ait pas pu débrouiller ce mystère, il n'y a nullement lieu de s'en étonner, et cela est moins singulier qu'il ne le croit; car, en vérité, notre ami le préfet est un peu trop fin pour être profond. Sa science n'a pas de base. Elle est toute en tête, et n'a pas de corps, comme les portraits de la déesse Laverna, — ou, si vous aimez mieux, toute en tête et en épaules, comme une morue. Mais, après tout, c'est un brave homme. Je l'adore particulièrement pour un merveilleux genre de *cant* auquel il doit sa réputation de génie. Je veux parler de sa manie *de nier ce qui est, et d'expliquer ce qui n'est pas*[1].

---

1. Rousseau. *Nouvelle Héloïse.* — E. A. P.

LA VÉRITÉ

SUR LE CAS DE M. VALDEMAR

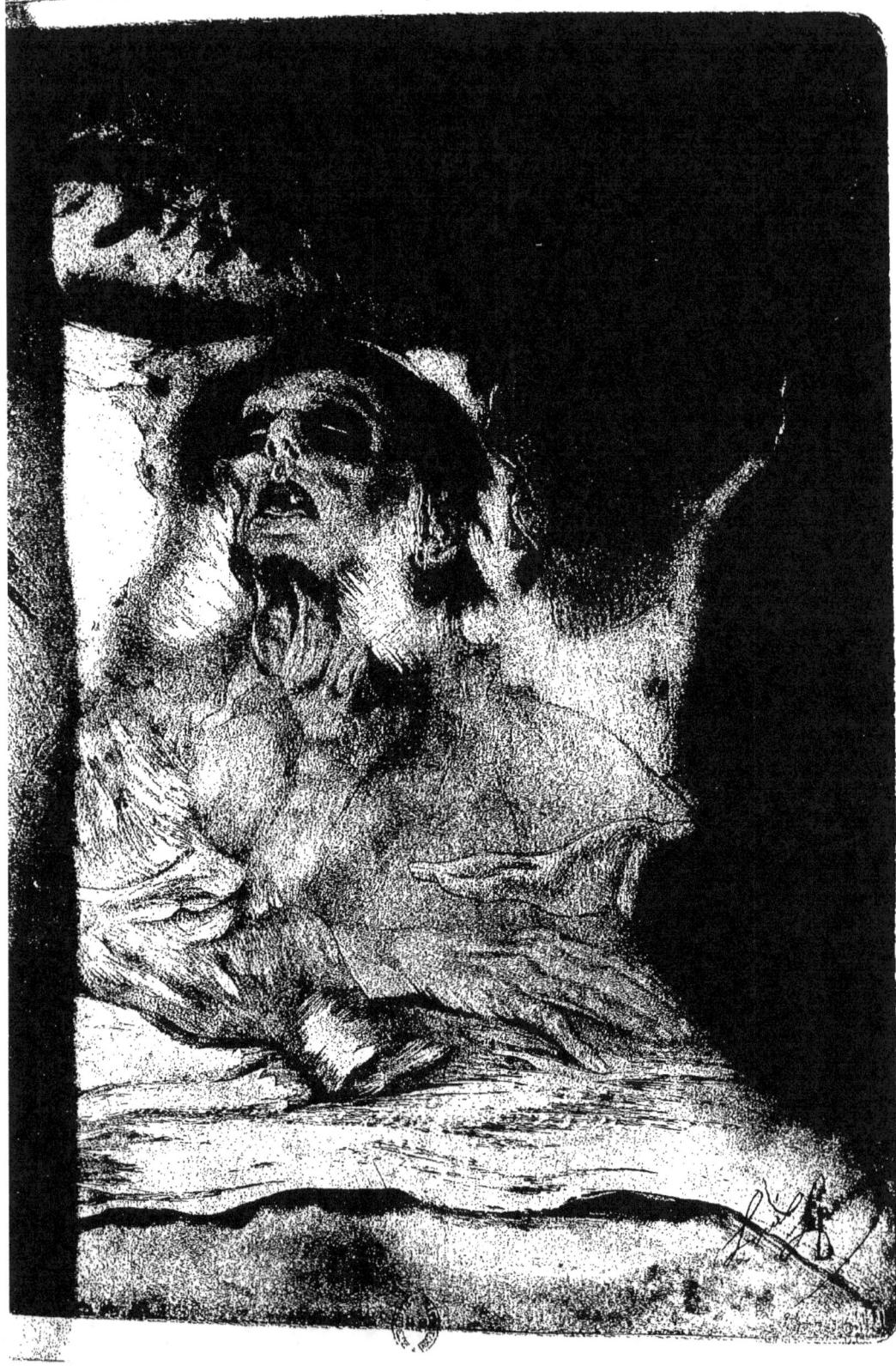

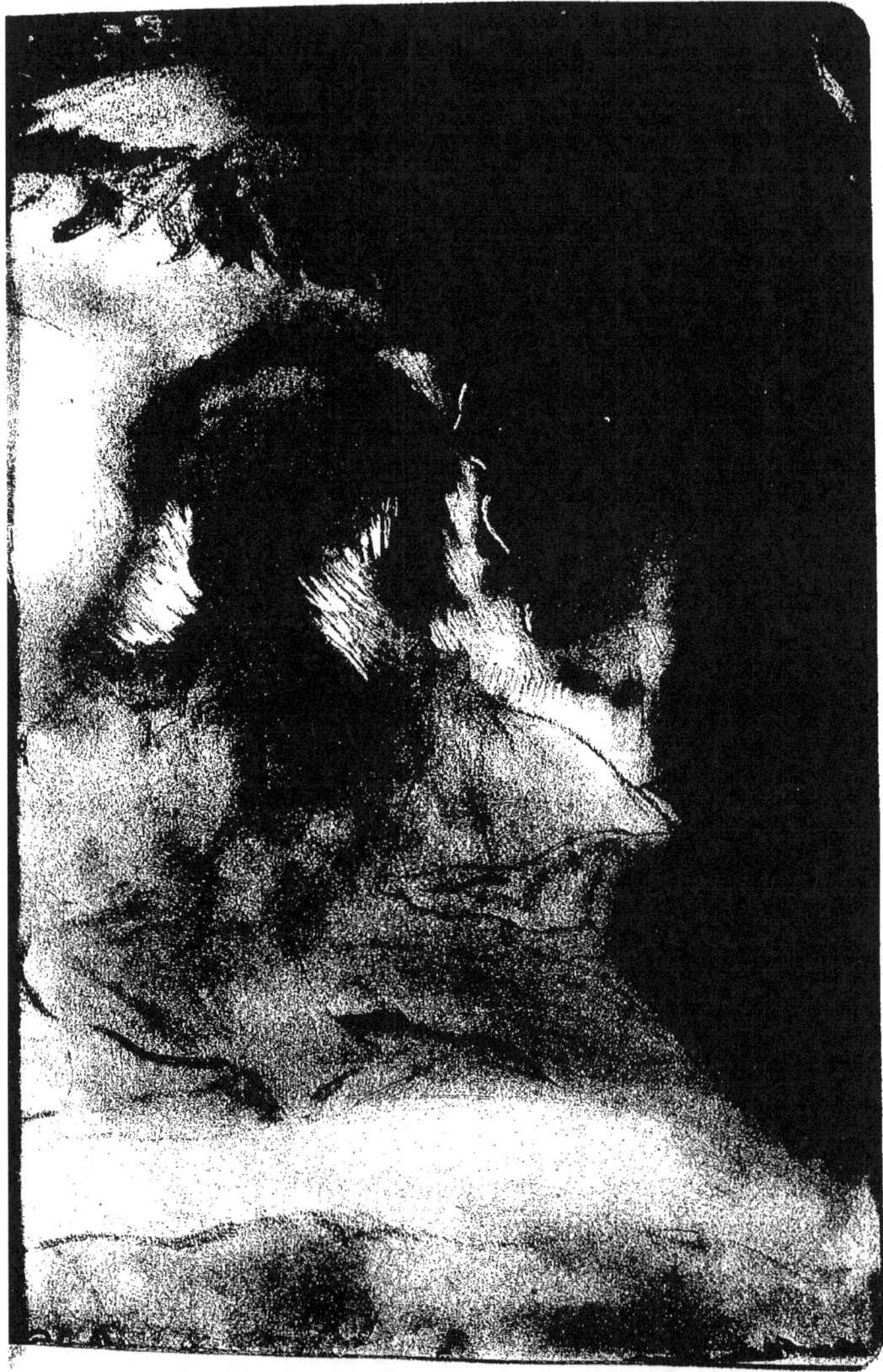

LA VÉRITÉ

SUR LE CAS DE M. VALDEMAR

Que le cas extraordinaire de M. Valdemar ait excité une discussion, il n'y a certes pas lieu de s'en étonner. C'eût été un miracle qu'il n'en fût pas ainsi, — particulièrement dans de telles circonstances. Le désir de toutes les parties intéressées à tenir l'affaire secrète, au moins pour le présent, ou en attendant l'opportunité d'une nouvelle investigation, et nos efforts pour y réussir, ont laissé place à un récit tronqué ou exagéré qui s'est propagé dans le public, et qui, présentant l'affaire sous les couleurs les plus désagréablement fausses, est naturellement devenu la source d'un grand discrédit.

Il est maintenant devenu nécessaire que je donne *les faits,* autant du moins que je les comprends moi-même. Succinctement, les voici :

Mon attention, dans ces trois dernières années, avait été à plusieurs reprises attirée vers le magnétisme ; et, il y a environ neuf mois, cette pensée frappa presque soudainement mon esprit, que, dans la série des expériences faites jusqu'à présent, il y avait une très-remarquable et très-inexplicable lacune : — personne n'avait encore été magnétisé *in articulo mortis.* Restait à savoir, d'abord, si, dans un pareil état, existait chez le patient une réceptibilité quelconque de l'influx magnétique ; en second lieu, si, dans le cas d'affirmative, elle était atténuée ou augmentée par la circonstance ; troisièmement, jusqu'à quel point ou pour combien de temps les empiétements de la mort pouvaient être arrêtés par l'opération. Il y avait d'autres points à vérifier, mais ceux-ci excitaient le plus ma curiosité, — particulièrement le dernier, à cause du caractère immensément grave de ses conséquences.

En cherchant autour de moi un sujet au moyen duquel je pusse éclaircir ces points, je fus amené à jeter les yeux sur mon ami, M. Ernest Valdemar, le compilateur bien connu de la *Bibliotheca forensica,* et auteur (sous le pseudonyme d'Issachar Marx) des traductions polonaises de *Wallenstein* et de *Gargantua.* M. Valdemar, qui résidait généralement à Harlem (New-York) depuis l'année 1839, est ou était particulièrement remarquable par l'excessive maigreur de sa personne, — ses membres inférieurs ressemblant beaucoup à ceux de John Randolph, — et aussi par la blancheur de ses favoris qui faisaient contraste avec sa chevelure noire, que chacun prenait conséquemment pour une perruque. Son tempérament était singulièrement nerveux et en faisait un excellent sujet pour les expériences magnétiques. Dans deux ou trois occasions, je l'avais amené à dormir sans grande difficulté : mais je fus désappointé quant aux autres résultats que sa constitution particulière m'avait naturellement fait espérer. Sa volonté n'était jamais positivement ni entièrement soumise à mon influence, et relativement à la *clairvoyance* je ne réussis à faire avec lui rien sur quoi l'on pût faire fond. J'avais toujours attribué mon insuccès sur ces points au dérangement de sa santé. Quelques mois avant l'époque où je fis sa connaissance, les médecins l'avaient déclaré atteint d'une phtisie bien caractérisée. C'était à vrai dire sa coutume de parler de sa fin prochaine avec beaucoup de sang-froid, comme d'une chose qui ne pouvait être ni évitée ni regrettée.

Quand ces idées, que j'exprimai tout à l'heure, me vinrent pour la première fois, il était très-naturel que je pensasse à M. Valdemar. Je connaissais trop bien la solide philosophie de l'homme pour redouter quelques scrupules de sa part, et il n'avait point de parents en Amérique qui pussent plausiblement intervenir. Je lui parlai franchement de la chose ; et, à ma grande surprise, il parut y prendre un intérêt très-vif. Je dis à ma grande surprise, car, quoiqu'il eût toujours gracieusement livré sa personne à mes expériences, il n'avait jamais témoigné de sympathie pour mes études. Sa maladie était de celles qui admettent un calcul exact relativement à l'époque de leur *dénoûment;* et il fut finalement convenu entre nous qu'il m'enverrait chercher vingt-quatre heures avant le terme marqué par les médecins pour sa mort.

Il y a maintenant sept mois passés que je reçus de M. Valdemar lui-même le billet suivant :

Mon cher P...,

Vous pouvez aussi bien venir *maintenant;* D... et F... s'accordent à dire que je n'irai pas, demain, au delà de minuit ; et je crois qu'ils ont calculé juste, ou bien peu s'en faut.

VALDEMAR.

Je recevais ce billet une demi-heure après qu'il m'était écrit, et, en quinze minutes au plus, j'étais dans la chambre du mourant. Je ne l'avais pas vu depuis dix jours, et je fus effrayé de la terrible altération que ce court intervalle avait produite en lui. Sa face était d'une couleur de plomb ; les yeux étaient entièrement éteints, et l'amaigrissement était si remarquable que les pommettes avaient crevé la peau. L'expectoration était excessive; le pouls à peine sensible. Il conservait néanmoins d'une manière fort singulière toutes ses facultés spirituelles et une certaine quantité de force physique. Il parlait distinctement, — prenait sans aide quelques drogues palliatives, — et, quand j'entrai dans la chambre, il était occupé à écrire quelques notes sur un agenda. Il était soutenu dans son lit par des oreillers. Les docteurs D... et F... lui donnaient leurs soins.

Après avoir serré la main de Valdemar, je pris ces messieurs à part et j'obtins un compte rendu minutieux de l'état du malade. Le poumon gauche était depuis dix-huit mois dans un état semi-osseux ou cartilagineux, et conséquemment tout à fait impropre à toute fonction vitale. Le droit, dans sa région supérieure, s'était aussi ossifié, sinon en totalité, du moins partiellement, pendant que la partie inférieure n'était plus qu'une masse de tubercules purulents, se pénétrant les uns les autres. Il existait plusieurs perforations profondes, et en un certain point il y avait adhérence permanente des côtes. Ces phénomènes du lobe droit étaient de date comparativement récente. L'ossification avait marché avec une rapidité très-insolite, — un mois auparavant on n'en découvrait encore aucun symptôme, — et l'adhérence n'avait été remarquée que dans ces trois derniers jours. Indépendamment de la phtisie, on soupçonnait un anévrisme de l'aorte, mais sur ce point les symptômes d'ossification rendaient impossible tout diagnostic exact. L'opinion des deux médecins était que M. Valdemar mourrait le lendemain dimanche vers minuit. Nous étions au samedi, et il était sept heures du soir.

En quittant le chevet du moribond pour causer avec moi, les docteurs D... et F... lui avaient dit un suprême adieu. Ils n'avaient pas l'intention de revenir, mais, à ma requête, ils consentirent à venir voir le patient vers dix heures de la nuit.

Quand ils furent partis, je causai librement avec M. Valdemar de sa mort prochaine, et plus particulièrement de l'expérience que nous nous étions proposée. Il se montra toujours plein de bon vouloir ; il témoigna même un vif désir de cette expérience et me pressa de commencer tout de suite. Deux domestiques, un homme et une femme, étaient là pour donner leurs soins ; mais je ne me sentis pas tout à fait libre de m'engager dans une tâche d'une telle gravité sans autres témoignages plus rassurants que ceux que pourraient produire ces gens-là en cas d'accident soudain. Je renvoyais donc l'opération à huit heures, quand l'arrivée d'un étudiant en médecine, avec lequel j'étais un peu lié, M. Théodore L..., me tira définitivement d'embarras. Primitivement j'avais résolu d'attendre les médecins ; mais je fus induit à commencer tout de suite, d'abord par les sollicitations pressantes de M. Valdemar, en second lieu par la conviction que je n'avais pas un instant à perdre, car il s'en allait évidemment.

M. L... fut assez bon pour accéder au désir que j'exprimai qu'il prît des notes de tout ce qui surviendrait ; et c'est d'après son procès-verbal que je décalque pour ainsi dire mon récit. Quand je n'ai pas condensé, j'ai copié mot pour mot.

Il était environ huit heures moins cinq, quand, prenant la main du patient, je le priai de confirmer à M. L..., aussi distinctement qu'il le pourrait, que c'était son formel désir, à lui, Valdemar, que je fisse une expérience magnétique sur lui, dans de telles conditions.

Il répliqua faiblement, mais très-distinctement : — Oui, je désire être magnétisé ; — ajoutant immédiatement après : — Je crains bien que vous n'ayez différé trop longtemps.

Pendant qu'il parlait, j'avais commencé les passes que j'avais déjà reconnues les plus efficaces pour l'endormir. Il fut évidemment influencé par le premier mouvement de ma main qui traversa son front ; mais, quoique je déployasse toute ma puissance, aucun autre effet sensible ne se manifesta jusqu'à dix heures dix minutes, quand les médecins D... et F... arrivèrent au rendez-vous. Je leur expliquai en peu de mots mon dessein ; et comme ils n'y faisaient aucune objection, disant que le patient était déjà dans sa période d'agonie, je continuai sans hésitation, changeant toutefois les passes latérales en passes longitudinales, et concentrant tout mon regard juste dans l'œil du moribond.

Pendant ce temps, son pouls devint imperceptible, et sa respiration obstruée et marquant un intervalle d'une demi-minute.

Cet état dura un quart d'heure, presque sans changement. A l'expiration de cette période, néanmoins, un soupir naturel, quoique horriblement profond, s'échappa du sein du moribond, et la respiration ronflante cessa, c'est-à-dire que son ronflement ne fut plus sensible ; les intervalles n'étaient pas diminués. Les extrémités du patient étaient d'un froid de glace.

A onze heures moins cinq minutes, j'aperçus des symptômes non équivoques de l'influence magnétique. Le vacillement vitreux de l'œil s'était changé en cette expression pénible de regard *en dedans* qui ne se voit jamais que dans les cas de somnambulisme, et à laquelle il est impossible de se méprendre ; avec quelques passes latérales rapides, je fis palpiter les paupières, comme quand le sommeil nous prend, et en insistant un peu je les fermai tout à fait. Cependant ce n'était pas assez pour moi, et je continuai mes exercices vigoureusement et avec la plus intense projection de volonté, jusqu'à ce que j'eusse complètement paralysé les membres du dormeur, après les avoir placés dans une position en apparence commode. Les jambes étaient tout à fait allongées, les bras à peu près étendus, et reposant sur le lit à une distance médiocre des reins. La tête était très-légèrement élevée.

Quand j'eus fait tout cela, il était minuit sonné, et je priai ces messieurs d'examiner la situation de M. Valdemar. Après quelques expériences, ils reconnurent qu'il était dans un état de catalepsie magnétique extraordinairement parfaite. La curiosité des deux médecins était grandement excitée. Le docteur D... résolut tout à coup de passer toute la nuit auprès du patient, pendant que le docteur F... prit congé de nous en promettant de revenir au petit jour. M. L... et les gardes-malades restèrent.

Nous laissâmes M. Valdemar absolument tranquille jusqu'à trois heures du matin ; alors je m'approchai de lui et le trouvai exactement dans le même état que quand le docteur F... était parti, — c'est-à-dire qu'il était étendu dans la même position ; que le pouls était imperceptible, la respiration douce, à peine sensible, — excepté par l'application d'un miroir aux lèvres ; les yeux fermés naturellement, et les membres aussi rigides et aussi froids que du marbre. Toutefois l'apparence générale n'était certainement pas celle de la mort.

En approchant de M. Valdemar, je fis une espèce de demi-effort pour déterminer son bras droit à suivre le mien dans les mouvements que je décrivais doucement çà et là au-dessus de sa personne. Autrefois, quand j'avais tenté ces expériences avec le patient, elles n'avaient jamais pleinement réussi, et assurément je n'espérais guère mieux réussir cette fois ; mais, à mon grand étonnement, son bras suivit très-doucement, quoique les indiquant faiblement, toutes les directions que le mien lui assigna. Je me déterminai à essayer quelques mots de conversation.

— Monsieur Valdemar, — dis-je, — dormez-vous ?

Il ne répondit pas, mais j'aperçus un tremblement sur ses lèvres, et je fus obligé de répéter ma question une seconde et une troisième fois. A la troisième, tout son être fut agité d'un léger frémissement ; les paupières se soulevèrent d'elles-mêmes comme pour dévoiler une ligne blanche du globe ; les lèvres remuèrent paresseusement et laissèrent échapper ces mots dans un murmure à peine intelligible :

— Oui ; je dors maintenant. Ne m'éveillez pas ! — Laissez-moi mourir ainsi !

Je tâtai les membres et les trouvai toujours aussi rigides. Le bras droit, comme tout à l'heure, obéissait à la direction de ma main. Je questionnai de nouveau le somnambule :

— Vous sentez-vous toujours mal à la poitrine, monsieur Valdemar?

La réponse ne fut pas immédiate; elle fut encore moins accentuée que la première :

— Mal? — non, — je meurs.

Je ne jugeai pas convenable de le tourmenter davantage pour le moment, et il ne se dit, il ne se fit rien de nouveau jusqu'à l'arrivée du docteur F..., qui précéda un peu le lever du soleil, et exprima un étonnement sans bornes en trouvant le patient encore vivant. Après avoir tâté le pouls du somnambule et lui avoir appliqué un miroir sur les lèvres, il me pria de lui parler encore. — J'obéis, et je lui dis :

— Monsieur Valdemar, dormez-vous toujours?

Comme précédemment, quelques minutes s'écoulèrent avant la réponse; et, durant l'intervalle, le moribond sembla rallier toute son énergie pour parler. A ma question répétée pour la quatrième fois, il répondit très-faiblement, presque inintelligiblement :

— Oui, toujours; — je dors, — je meurs.

C'était alors l'opinion, ou plutôt le désir des médecins, qu'on permît à M. Valdemar de rester sans être troublé dans cet état actuel de calme apparent, jusqu'à ce que la mort survînt; et cela devait avoir lieu, — on fut unanime là-dessus, — dans un délai de cinq minutes. Je résolus cependant de lui parler encore une fois, et je répétai simplement ma question précédente.

Pendant que je parlais, il se fit un changement marqué dans la physionomie du somnambule. Les yeux roulèrent dans leurs orbites, lentement découverts par les paupières qui remontaient; la peau prit un ton général cadavéreux, ressemblant moins à du parchemin qu'à du papier blanc; et les deux taches hectiques circulaires, qui jusque-là étaient vigoureusement fixées dans le centre de chaque joue, s'*éteignirent* tout d'un coup. Je me sers de cette expression, parce que la soudaineté de leur disparition me fait penser à une bougie soufflée plutôt qu'à toute autre chose. La lèvre supérieure, en même temps, se tordit en remontant au-dessus des dents que tout à l'heure elle couvrait entièrement, pendant que la mâchoire inférieure tombait avec une saccade qui put être entendue, laissant la bouche toute grande ouverte, et découvrant en plein la langue noire et boursouflée. Je présume que tous les témoins étaient familiarisés avec les horreurs d'un lit de mort; mais l'aspect de M. Valdemar en ce moment était tellement hideux, hideux au delà de toute conception, que ce fut une reculade générale loin de la région du lit.

Je sens maintenant que je suis arrivé à un point de mon récit où le lecteur révolté me refusera toute croyance. Cependant, mon devoir est de continuer.

Il n'y avait plus dans M. Valdemar le plus faible symptôme de vitalité; et concluant qu'il était mort, nous le laissions aux soins des gardes-malades, quand un fort mouvement de vibration se manifesta dans la langue. Cela dura pendant une minute peut-être. A l'expiration de cette période, des mâchoires distendues et immobiles jaillit une voix, — une voix telle que ce serait folie d'essayer de la décrire. Il y a cependant deux ou trois épithètes qui pourraient lui être appliquées comme des à-peu-près ; ainsi, je puis dire que le son était âpre, déchiré, caverneux; mais le hideux total n'est pas définissable, par la raison que de pareils sons n'ont jamais hurlé dans l'oreille de l'humanité. Il y avait cependant deux particularités qui, — je le pensai alors et je le pense encore, — peuvent être justement prises comme caractéristiques de l'intonation, et qui sont propres à donner quelque idée de son étrangeté extra-terrestre. En premier lieu, la voix semblait parvenir à nos oreilles, — aux miennes du moins, — comme d'une très-lointaine distance ou de quelque abîme souterrain. En second lieu, elle m'impressionna, (je crains, en vérité, qu'il ne me soit impossible de me faire comprendre), de la même manière que les matières glutineuses ou gélatineuses affectent le sens du toucher.

J'ai parlé à la fois de son et de voix. Je veux dire que le son était d'une syllabisation distincte, et même terriblement, effroyablement distincte. M. Valdemar *parlait* évidemment pour répondre à la question que je lui avais adressée quelques minutes auparavant. Je lui avais demandé, on s'en souvient, s'il dormait toujours. Il disait maintenant :

— Oui, — non, — *j'ai dormi;* — et maintenant, — maintenant *je suis mort.*

Aucune des personnes présentes n'essaya de nier ni même de réprimer l'indescriptible, la frissonnante horreur que ces quelques mots ainsi prononcés étaient si bien faits pour créer. M. L..., l'étudiant, s'évanouit. Les gardes-malades s'enfuirent immédiatement de la chambre, et il fut impossible de les y ramener. Quant à mes propres impressions, je ne prétends pas les rendre intelligibles pour le lecteur. Pendant près d'une heure, nous nous occupâmes en silence (pas un mot ne fut prononcé) à rappeler M. L... à la vie. Quant il fut revenu à lui, nous reprîmes nos investigations sur l'état de M. Valdemar.

Il était resté à tous égards tel que je l'ai décrit en dernier lieu, à l'exception que le miroir ne donnait plus aucun vestige de respiration. Une tentative de saignée au bras resta sans succès. Je dois mentionner aussi que ce membre n'était plus soumis à ma volonté. Je m'efforçai en vain de lui faire suivre la direction de ma main. La seule indication réelle de l'influence magnétique se manifestait maintenant dans le mouvement vibratoire de la langue. Chaque fois que j'adressais une question à M. Valdemar, il semblait qu'il fît un effort pour répondre, mais que sa volition ne fût pas suffisamment durable. Aux questions faites par une autre personne que moi il paraissait absolument insensible, — quoique j'eusse tenté de mettre chaque membre de la société en rapport magnétique avec lui. Je crois que j'ai maintenant relaté tout ce qui est nécessaire pour faire comprendre l'état du somnambule dans cette période. Nous nous procurâmes d'autres infirmiers, et à dix heures je sortis de la maison, en compagnie des deux médecins et de M. L....

Dans l'après-midi, nous revînmes tous voir le patient. Son état était absolument le même. Nous eûmes alors une discussion sur l'opportunité et la possibilité de l'éveiller ; mais nous fûmes bientôt d'accord en ceci qu'il n'en pouvait résulter aucune utilité. Il était évident que jusque-là, la mort, ou ce que l'on définit habituellement par le mot *mort*, avait été arrêtée par l'opération magnétique. Il nous semblait clair à tous qu'éveiller M. Valdemar, c'eût été simplement assurer sa minute suprême ou au moins accélérer sa désorganisation.

Depuis lors jusqu'à la fin de la semaine dernière, — *un intervalle de sept mois à peu près*, — nous nous réunîmes journellement dans la maison de M. Valdemar, accompagnés de médecins et d'autres amis. Pendant tout ce temps le somnambule resta *exactement* tel que je l'ai décrit. La surveillance des infirmiers était continuelle.

Ce fut vendredi dernier que nous résolûmes finalement de faire l'expérience du réveil, ou du moins d'essayer de l'éveiller ; et c'est le résultat, déplorable peut-être, de cette dernière tentative qui a donné naissance à tant de discussions dans les cercles privés, à tant de bruits dans lesquels je ne puis m'empêcher de voir le résultat d'une crédulité populaire injustifiable.

Pour arracher M. Valdemar à la catalepsie magnétique, je fis usage des passes accoutumées. Pendant quelque temps, elles furent sans résultat. Le premier symptôme de retour à la vie fut un abaissement partiel de l'iris. Nous observâmes comme un fait très-remarquable que cette descente de l'iris était accompagnée du flux très-abondant d'une liqueur jaunâtre, (de dessous les paupières), d'une odeur âcre et fortement désagréable.

On me suggéra alors d'essayer d'influencer le bras du patient, comme par le passé. J'essayai, je ne pus.

Le docteur F... exprima le désir que je lui adressasse une question. Je le fis de la manière suivante :

— Monsieur Valdemar, pouvez-vous nous expliquer quels sont maintenant vos sensations ou vos désirs?

Il y eut un retour immédiat des cercles hectiques sur les joues; la langue trembla ou plutôt roula violemment dans la bouche (quoique les mâchoires et les lèvres demeurassent toujours immobiles), et, à la longue, la même horrible voix que j'ai déjà décrite fit éruption :

— Pour l'amour de Dieu ! — vite ! — vite ! — faites-moi dormir, — ou bien, vite ! éveillez-moi ! — vite ! — *Je vous dis que je suis mort !*

J'étais totalement énervé, et pendant une minute je restai indécis sur ce que j'avais à faire. Je fis d'abord un effort pour calmer le patient; mais cette totale vacance de ma volonté ne me permettant pas d'y réussir, je fis l'inverse et m'efforçai aussi vivement que possible de le réveiller. Je vis bientôt que cette tentative aurait un plein succès, — ou du moins je me figurai bientôt que mon succès serait complet, — et je suis sûr que chacun dans la chambre s'attendait au réveil du somnambule.

Quant à ce qui arriva en réalité, aucun être humain n'aurait jamais pu s'y attendre; c'est au delà de toute possibilité.

Comme je faisais rapidement les passes magnétiques à travers les cris de : — Mort! mort! — qui faisaient littéralement explosion sur la langue et non sur les lèvres du sujet, — tout son corps, — d'un seul coup, — dans l'espace d'une minute, et même moins,

— se déroba, — s'émietta, —, se *pourrit* absolument sous mes mains. Sur le lit, devant tous les témoins, gisait une masse dégoûtante et quasi-liquide, — une abominable putréfaction.

LA LETTRE VOLÉE

LA LETTRE VOLÉE

Nil sapientiæ odiosius acumine nimio.
SÉNÈQUE.

J'ÉTAIS à Paris en 18... Après une sombre et orageuse soirée d'automne, je jouissais de la double volupté de la méditation et d'une pipe d'écume de mer, en compagnie de mon ami Dupin, dans sa petite bibliothèque ou cabinet d'étude, rue Drouot, n° 33, au troisième, faubourg Saint-Germain. Pendant une bonne heure, nous avions gardé un profond silence; chacun de nous, pour le premier observateur venu, aurait paru profondément et exclusivement occupé des tourbillons frisés de fumée qui chargeaient l'atmosphère de la chambre. Pour mon compte, je discutais en moi-même certains points qui avaient été dans la première partie de la soirée l'objet de notre conversation ; je veux parler de l'affaire de la rue Morgue, et du mystère relatif à l'assassinat de Marie Roget[1]. Je rêvais donc à l'espèce d'analogie qui reliait ces deux affaires, quand la porte de notre appartement s'ouvrit, et donna passage à notre vieille connaissance, à M. G..., le préfet de police de Paris.

Nous lui souhaitâmes cordialement la bienvenue ; car l'homme avait son revers charmant comme son côté méprisable, et nous ne l'avions pas vu depuis quelques années. Comme nous étions assis dans les ténèbres, Dupin se leva pour allumer une lampe ; mais il se rassit et n'en fit rien, entendant G... dire qu'il était venu pour nous consulter, ou plutôt pour demander l'opinion de mon ami relativement à une affaire qui lui avait causé une masse d'embarras.

— Si c'est un cas qui demande de la réflexion, observa Dupin, s'abstenant d'allumer la mèche, — nous l'examinerons plus convenablement dans les ténèbres.

— Voilà encore une de vos idées bizarres, — dit le préfet, qui avait la manie d'appeler bizarres toutes les choses situées au delà de sa compréhension, et qui vivait ainsi au milieu d'une immense légion de bizarreries.

— C'est, ma foi, vrai ! — dit Dupin en présentant

---

1. Encore un meurtre, dont Dupin refait l'instruction. — *Le double assassinat dans la rue Morgue*, *Le mystère de Marie Roget* et *La lettre volée* font une espèce de trilogie. Obligé de donner des échantillons variés des talents de Poë, j'ai craint la répétition. — C. B.

une pipe à notre visiteur, et roulant vers lui un excellent fauteuil.

— Et maintenant, quel est le cas embarrassant? — demandai-je; — j'espère bien que ce n'est pas encore dans le genre assassinat.

— Oh! non. Rien de pareil. Le fait est que l'affaire est vraiment très-simple, et je ne doute pas que nous ne puissions nous en tirer fort bien nous-mêmes; mais j'ai pensé que Dupin ne serait pas fâché d'apprendre les détails de cette affaire, parce qu'elle est excessivement *bizarre*.

— Simple et bizarre, dit Dupin.

— Mais oui; et cette expression n'est pourtant pas exacte; — l'un ou l'autre, si vous aimez mieux. Le fait est que nous avons été tous là-bas fortement embarrassés par cette affaire; car, toute simple qu'elle est, elle nous déroute complètement.

— Peut-être est-ce la simplicité même de la chose qui vous induit en erreur, — dit mon ami.

— Quel non-sens nous dites-vous là! — répliqua le préfet, en riant de bon cœur.

— Peut-être le mystère est-il un peu *trop* clair, — dit Dupin.

Oh! bonté du ciel! qui a jamais ouï parler d'une idée pareille?

— Un peu *trop* évident.

— Ha! ha! — ha! ha! — oh! oh! — criait notre hôte, qui se divertissait profondément. — Oh! Dupin, vous me ferez mourir de joie, voyez-vous.

— Et enfin, — demandai-je, — quelle est la chose en question?

— Mais, je vous la dirai, — répliqua le préfet, en lâchant une longue, solide et contemplative bouffée de fumée, et s'établissant dans son fauteuil. — Je vous la dirai en peu de mots. Mais avant de commencer, laissez-moi vous avertir que c'est une affaire qui demande le plus grand secret, et que je perdrais très-probablement le poste que j'occupe, si l'on savait que je l'ai confiée à qui que ce soit.

— Commencez, — dis-je.

— Ou ne commencez pas, — dit Dupin.

— C'est bien ; je commence. J'ai été informé personnellement, et en très-haut lieu, qu'un certain document de la plus grande importance avait été soustrait dans les appartements royaux. On sait quel est l'individu qui l'a volé ; cela est hors de doute ; on l'a vu s'en emparer. On sait aussi que ce document est toujours en sa possession.

— Comment sait-on cela ? — demanda Dupin.

— Cela est clairement déduit de la nature du document et de la non-apparition de certains résultats qui surgiraient immédiatement s'il sortait des mains du voleur ; en d'autres termes, s'il était employé en vue du but que celui-ci doit évidemment se proposer.

— Veuillez être un peu plus clair, — dis-je.

— Eh bien ! j'irai jusqu'à dire que ce papier confère à son détenteur un certain pouvoir dans un certain lieu où ce pouvoir est d'une valeur inappréciable. — Le préfet raffolait du *cant* diplomatique.

— Je continue à ne rien comprendre, — dit Dupin.

— Rien, vraiment ? — Allons ! — Ce document, révélé à un troisième personnage, dont je tairai le nom, mettrait en question l'honneur d'une personne du plus haut rang ; et voilà ce qui donne au détenteur du document un ascendant sur l'illustre personne dont l'honneur et la sécurité sont ainsi mis en péril.

— Mais cet ascendant, — interrompis-je, — dépend de ceci : le voleur sait-il que la personne volée connaît son voleur ? Qui oserait... ?

— Le voleur, — dit G..., — c'est D..., qui ose tout ce qui est indigne d'un homme, aussi bien que ce qui est digne de lui. Le procédé du vol a été aussi ingénieux que hardi. Le document en question — une lettre, pour être franc, — a été reçu par la personne volée pendant qu'elle était seule dans le boudoir royal. Pendant qu'elle le lisait, elle fut soudainement interrompue par l'entrée de l'autre illustre personnage à qui elle désirait particulièrement le cacher. Après avoir essayé en vain de le jeter rapidement dans un tiroir, elle fut obligée de le déposer tout ouvert sur une table. La lettre, toutefois, était retournée, la suscription en dessus, et, le contenu étant ainsi caché, elle n'attira pas l'attention. Sur ces entrefaites arriva le ministre D... Son œil de lynx perçoit immédiatement le papier, reconnaît l'écriture de la suscription, remarque l'embarras de la personne à qui elle était adressée, et pénètre son secret.

Après avoir traité quelques affaires, expédiées tambour battant, à sa manière habituelle, il tire de sa poche une lettre à peu près semblable à la lettre en question, l'ouvre, fait semblant de la lire, et la place juste à côté de l'autre. Il se remet à causer, pendant un quart d'heure environ, des affaires publiques. A la longue, il prend congé, et met la main sur la lettre à laquelle il n'a aucun droit. La personne volée le vit, mais, naturellement n'osa pas attirer l'attention sur ce fait, en présence du troisième personnage qui était à son côté. Le ministre décampa, laissant sur la table sa propre lettre, une lettre sans importance.

— Ainsi, — dit Dupin en se tournant à moitié vers moi, — voilà précisément le cas demandé pour rendre l'ascendant complet : le voleur sait que la personne volée connaît son voleur.

— Oui, — répliqua le préfet, — et depuis quelques mois il a été largement usé, dans un but politique, de l'empire conquis par ce stratagème, et jusqu'à un point fort dangereux. La personne volée est de jour en jour plus convaincue de la nécessité de retirer sa lettre. Mais, naturellement, cela ne peut pas se faire ouvertement. Enfin, poussée au désespoir, elle m'a chargé de la commission.

— Il n'était pas possible, je suppose, — dit Dupin dans une auréole de fumée, — de choisir ou même d'imaginer un agent plus sagace.

— Vous me flattez, — répliqua le préfet; — mais il est bien possible qu'on ait conçu de moi quelque opinion de ce genre.

— Il est clair, — dis-je, — comme vous l'avez remarqué, que la lettre est toujours entre les mains du ministre; puisque c'est le fait de la possession et non l'usage de la lettre qui crée l'ascendant. Avec l'usage, l'ascendant s'évanouit.

— C'est vrai, — dit G....., — et c'est d'après cette conviction que j'ai marché. Mon premier soin a été de faire une recherche minutieuse à l'hôtel du ministre ; et là mon principal embarras fut de chercher à son insu. Par-dessus tout, j'étais en garde contre le danger qu'il y aurait eu à lui donner un motif de soupçonner notre dessein.

— Mais, — dis-je, — vous êtes tout à fait à votre affaire dans ces espèces d'investigations. La police parisienne a pratiqué la chose plus d'une fois.

— Oh ! sans doute ; — et c'est pourquoi j'avais bonne espérance. Les habitudes du ministre me donnaient d'ailleurs un grand avantage. Il est souvent absent de chez lui toute la nuit. Ses domestiques ne sont pas nombreux. Ils couchent à une certaine distance de l'appartement de leur maître, et comme ils sont Napolitains avant tout, ils mettent de la bonne volonté à se laisser enivrer. J'ai, comme vous savez, des clefs avec lesquelles je puis ouvrir toutes les chambres et tous les cabinets de Paris. Pendant trois mois il ne s'est pas passé une nuit, dont je n'aie employé la plus grande partie à fouiller, en personne, l'hôtel D... Mon honneur y est intéressé, et, pour vous confier un grand secret, la récompense est énorme. Aussi je n'ai abandonné les recherches que lorsque j'ai été pleinement convaincu que le voleur était encore plus fin que moi. Je crois que j'ai scruté tous les coins et recoins de la maison dans lesquels il était possible de cacher un papier.

— Mais ne serait-il pas possible, — insinuai-je, — que, bien que la lettre soit au pouvoir du ministre, — elle y est indubitablement, — il l'eût cachée ailleurs que dans sa propre maison ?

— Cela n'est guère possible, — dit Dupin. — La

situation particulière, actuelle, des affaires à la cour, spécialement la nature de l'intrigue dans laquelle D... a pénétré, comme on sait, font de l'efficacité immédiate du document, — de la possibilité de le produire à la minute, — un point d'une importance presque égale à sa possession.

— La possibilité de le produire, — dis-je?

— Ou, si vous aimez mieux, de l'annihiler, — dit Dupin.

— C'est vrai, — remarquai-je. — Le papier est donc évidemment dans l'hôtel. Quant au cas où il serait sur la personne même du ministre, nous le considérons comme tout à fait hors de la question.

— Absolument, — dit le préfet. Je l'ai fait arrêter deux fois par de faux voleurs, et sa personne a été scrupuleusement fouillée sous mes propres yeux.

— Vous auriez pu vous épargner cette peine, — dit Dupin. — D... n'est pas absolument fou, je présume, et dès lors il a dû prévoir ces guet-apens comme choses naturelles.

— Pas *absolument* fou, — c'est vrai, — dit G....., — toutefois, c'est un poëte, ce qui, je crois, n'en est pas fort éloigné.

— C'est vrai, — dit Dupin, après avoir longuement et pensivement poussé la fumée de sa pipe d'écume, — bien que je me sois rendu moi-même coupable de certaine rapsodie.

— Voyons, — dis-je, — racontez-nous les détails précis de votre recherche.

— Le fait est que nous avons pris notre temps, et que nous avons cherché *partout*. J'ai une vieille expérience de ces sortes d'affaires. Nous avons entrepris la maison toute entière, chambre par chambre; nous avons consacré à chacune les nuits de toute une semaine. Nous avons d'abord examiné les meubles de chaque appartement. Nous avons ouvert tous les tiroirs possibles; et je présume que vous n'ignorez pas que, pour un agent de police bien dressé, un tiroir *secret* est une chose qui n'existe pas. Tout homme qui, dans une perquisition de cette nature, permet à un tiroir secret de lui échapper, est une brute. La besogne est si facile! Il y a dans chaque pièce une certaine quantité de volumes et de surfaces dont on peut se rendre compte. Nous avons pour cela des règles exactes. La cinquantième partie d'une ligne ne peut pas nous échapper.

Après les chambres, nous avons pris les siéges. Les coussins ont été sondés avec ces longues et fines aiguilles que vous m'avez vu employer. Nous avons enlevé les dessus des tables.

— Et pourquoi?

— Quelquefois le dessus d'une table ou de toute autre pièce d'ameublement analogue est enlevé par une personne qui désire cacher quelque chose; elle creuse le pied de la table; l'objet est déposé dans la cavité, et le dessus replacé. On se sert de la même manière des montants d'un lit.

— Mais ne pourrait-on pas deviner la cavité par l'auscultation? — demandai-je.

— Pas le moins du monde, si, en déposant l'objet, on a eu soin de l'entourer d'une bourre de coton suffisante. D'ailleurs, dans notre cas, nous étions obligés de procéder sans bruit.

— Mais vous n'avez pas pu défaire, — vous n'avez pas pu démonter toutes les pièces d'ameublement dans lesquelles on aurait pu cacher un dépôt de la façon dont vous parlez. Une lettre peut être roulée en une spirale très-mince, ressemblant beaucoup par sa forme et son volume à une grosse aiguille à tricoter, et être ainsi insérée dans un bâton de chaise, par exemple. Avez-vous démonté toutes les chaises?

— Non certainement, mais nous avons fait mieux, nous avons examiné les bâtons de toutes les chaises de l'hôtel, et même les jointures de toutes les pièces de l'ameublement, à l'aide d'un puissant microscope. S'il y avait eu la moindre trace d'un désordre récent, nous l'aurions infailliblement découvert à l'instant. Un seul grain de poussière causée par la vrille, par exemple, nous aurait sauté aux yeux comme une pomme. La moindre altération dans la colle, — un simple bâillement dans les jointures aurait suffi pour nous révéler la cachette.

— Je présume que vous avez examiné les glaces entre la glace et le planchéiage, et que vous avez fouillé les lits et les courtines des lits, aussi bien que les rideaux et les tapis.

— Naturellement; et quand nous eûmes absolument passé en revue tous les articles de ce genre, nous avons examiné la maison elle-même. Nous avons divisé la totalité de sa surface en compartiments, que nous avons numérotés, pour être sûrs de n'en omettre aucun; nous avons fait de chaque pouce carré l'objet d'un nouvel examen au microscope, et nous y avons compris les deux maisons adjacentes.

— Les deux maisons adjacentes! — m'écriai-je; — vous avez dû vous donner bien du mal.

— Oui, ma foi! Mais la récompense offerte est énorme.

— Dans les maisons, comprenez-vous le sol?

— Le sol est partout pavé en briques. Comparativement, cela ne nous a pas donné grand mal. Nous avons examiné la mousse entre les briques, elle était intacte.

— Vous avez sans doute visité les papiers de D..., et les livres de la bibliothèque?

— Certainement; nous avons ouvert chaque paquet et chaque article; nous n'avons pas seulement ouvert les livres, mais nous les avons parcourus feuillet par feuillet, ne nous contentant pas de les secouer simplement comme font plusieurs de nos officiers de police. Nous avons aussi mesuré l'épaisseur de chaque reliure avec la plus exacte minutie, et nous avons appliqué à chacune la curiosité jalouse du microscope. Si l'on avait récemment inséré quelque chose dans une des reliures, il eût été absolument impossible que le fait échappât à notre observation. Cinq ou six volumes qui sortaient des mains du relieur ont été soigneusement sondés longitudinalement avec les aiguilles.

— Vous avez exploré les parquets, sous les tapis?

— Sans doute. Nous avons enlevé chaque tapis, et nous avons examiné les planches au microscope.

— Et les papiers des murs?

— Aussi.

— Vous avez visité les caves?

— Nous avons visité les caves.

— Ainsi, dis-je, — vous avez fait fausse route, et

la lettre n'est pas dans l'hôtel, comme vous le supposiez.

— Je crains que vous n'ayez raison, — dit le préfet. — Et vous maintenant, Dupin, que me conseillez-vous de faire?

— Faire une perquisition complète.

— C'est absolument inutile! — répliqua G..... Aussi sûr que je vis, la lettre n'est pas dans l'hôtel!

— Je n'ai pas de meilleur conseil à vous donner, — dit Dupin. — Vous avez, sans doute, un signalement exact de la lettre?

— Oh! oui! — Et ici, le préfet, tirant un agenda, se mit à nous lire à haute voix une description minutieuse du document perdu, de son aspect intérieur, et spécialement de l'extérieur. Peu de temps après avoir fini la lecture de cette description, cet excellent homme prit congé de nous, plus accablé, et l'esprit plus complètement découragé que je ne l'avais vu jusqu'alors.

Environ un mois après, il nous fit une seconde visite, et nous trouva occupés à peu près de la même façon. Il prit une pipe et un siége, et causa de choses et d'autres. A la longue, je lui dis :

— Eh bien! mais, G....., et votre lettre volée? Je présume qu'à la fin vous vous êtes résigné à comprendre que ce n'est pas une petite besogne que d'enfoncer le ministre?

— Que le diable l'emporte! — J'ai pourtant recommencé cette perquisition, comme Dupin me l'a conseillé; mais, comme je m'en doutais, ç'a été peine perdue.

— De combien est la récompense offerte? vous nous avez dit... — demanda Dupin.

— Mais... elle est très forte... une récompense vraiment magnifique, — je ne veux pas vous dire au juste combien; mais une chose que je vous dirai, c'est que je m'engagerais bien à payer de ma bourse cinquante mille francs à celui qui pourrait me trouver cette lettre. Le fait est que la chose devient de jour en jour plus urgente; et la récompense a été doublée tout récemment. Mais, en vérité, on la triplerait, que je ne pourrais faire mon devoir mieux que je l'ai fait.

— Mais... oui... — dit Dupin en traînant ses paroles au milieu des bouffées de sa pipe, — je crois... réellement, G....., que vous n'avez pas fait... tout votre possible... vous n'êtes pas allé au fond de la question. Vous pourriez faire... un peu plus, je pense du moins, hein?

— Comment? — dans quel sens?

— Mais... (une bouffée de fumée) vous pourriez... (bouffée sur bouffée) — prendre conseil en cette matière, hein? — (Trois bouffées de fumée.) — Vous rappelez-vous l'histoire qu'on raconte d'Abernethy[1]?

— Non! au diable votre Abernethy!

— Assurément! au diable, si cela vous amuse! — Or donc, une fois, un certain riche, fort avare, conçut le dessein de soutirer à Abernethy une consultation médicale. Dans ce but, il entama avec lui, au milieu d'une société, une conversation ordinaire, à travers laquelle il insinua au médecin son propre cas, comme celui d'un individu imaginaire.

— Nous supposerons, — dit l'avare, — que les

---

1. Médecin anglais très-célèbre et très-excentrique. — C. B.

symptômes sont tels et tels ; maintenant, docteur, que lui conseilleriez-vous de prendre?

— Que prendre ? — dit Abernethy, — mais prendre conseil, à coup sûr.

— Mais, — dit le préfet, un peu décontenancé, — je suis tout disposé à prendre conseil, et à payer pour cela. Je donnerais *vraiment* cinquante mille francs à quiconque me tirerait d'affaire.

— Dans ce cas, — répliqua Dupin, ouvrant un tiroir et en tirant un livre de mandats, — vous pouvez aussi bien me faire un bon pour la somme susdite. Quand vous l'aurez signé, je vous remettrai votre lettre.

Je fus stupéfié. Quant au préfet, il semblait absolument foudroyé. Pendant quelques minutes, il resta muet et immobile, regardant mon ami, la bouche béante, avec un air incrédule et des yeux qui semblaient lui sortir de la tête ; enfin, il parut revenir un peu à lui, il saisit une plume, et après quelques hésitations, le regard ébahi et vide, il remplit et signa un bon de cinquante mille francs, et le tendit à Dupin par-dessus la table. Ce dernier l'examina soigneusement et le serra dans son portefeuille ; puis ouvrant un pupitre, il en tira une lettre et la donna au préfet. Notre fonctionnaire l'agrippa dans une parfaite agonie de joie, l'ouvrit d'une main tremblante, jeta un coup d'œil sur son contenu, puis attrapant précipitamment la porte, se rua sans plus de cérémonie hors de la chambre et de la maison, sans avoir prononcé une syllabe depuis le moment où Dupin l'avait prié de remplir le mandat.

Quand il fut parti, mon ami entra dans quelques explications.

— La police parisienne, — dit-il, — est excessivement habile dans son métier. Ses agents sont persévérants, ingénieux, rusés, et possèdent à fond toutes les connaissances que requièrent spécialement leurs fonctions. Aussi, quand G..... nous détaillait son mode de perquisition dans l'hôtel D..., j'avais une entière confiance dans ses talents, et j'étais sûr qu'il avait fait une investigation pleinement suffisante, dans le cercle de sa spécialité.

— Dans le cercle de sa spécialité? — dis-je.

— Oui, — dit Dupin; — les mesures adoptées n'étaient pas seulement les meilleures dans l'espèce, elles furent aussi poussées à une absolue perfection. Si la lettre avait été cachée dans le rayon de leur investigation, ces gaillards l'auraient trouvée, cela ne fait pas pour moi l'ombre d'un doute.

Je me contentai de rire; — mais Dupin semblait avoir dit cela fort sérieusement.

— Donc, les mesures, — continua-t-il, — étaient bonnes dans l'espèce et admirablement exécutées; elles avaient pour défaut d'être inapplicables au cas et à l'homme en question. Il y a tout un ordre de moyens singulièrement ingénieux qui sont pour le préfet une sorte de lit de Procuste, sur lequel il adapte et garrotte tous ses plans. Mais il erre sans cesse par trop de profondeur, ou par trop de superficialité pour le cas en question, et plus d'un écolier raisonnerait mieux que lui.

J'ai connu un enfant de huit ans, dont l'infaillibilité au jeu de pair ou impair faisait l'admiration universelle. Ce jeu est simple, on y joue avec des billes. L'un des joueurs tient dans sa main un certain nombre de ses billes, et demande à l'autre : Pair ou non? Si celui-ci devine juste, il gagne une bille; s'il se trompe, il en perd une. L'enfant dont je parle gagnait toutes les billes de l'école. Naturellement, il avait un mode de divination, lequel consistait dans la simple observation et dans l'appréciation de la finesse de ses adversaires. Supposons que son adversaire soit un parfait nigaud, et levant sa main fermée, lui demande : pair ou impair? Notre écolier répond : impair, — et il a perdu. Mais à la seconde épreuve, il gagne, car il se dit en lui-même : le niais avait mis pair la première fois, et toute sa ruse ne va qu'à lui faire mettre impair à la seconde ; je dirai donc : impair; — il dit impair, et il gagne.

Maintenant, avec un adversaire un peu moins simple il aurait raisonné ainsi : ce garçon voit que, dans le premier cas, j'ai dit impair, et, dans le second, il se proposera, — c'est la première idée qui se présentera à lui, — une simple variation de pair à impair comme a fait le premier bêta; mais une seconde réflexion lui dira que c'est là un changement trop simple, et finalement il se décidera à mettre pair comme la première fois. — Je dirai donc pair. — Il dit pair, et gagne. Maintenant ce mode de raisonnement de notre écolier, que ses camarades appellent la chance, — en dernière analyse, qu'est-ce que c'est?

— C'est simplement, — dis-je, — une identification de l'intellect de notre raisonneur avec celui de son adversaire.

— C'est cela même, — dit Dupin ; et quand je demandai à ce petit garçon par quel moyen il effectuait cette parfaite identification qui faisait tout son succès, il me fit la réponse suivante :

« Quand je veux savoir jusqu'à quel point quelqu'un est circonspect ou stupide, jusqu'à quel point il est bon ou méchant, ou quelles sont actuellement ses pensées, je compose mon visage d'après le sien, aussi exactement que possible, et j'attends alors pour savoir quels pensers ou quels sentiments naîtront dans mon esprit ou dans mon cœur, comme pour s'appareiller et correspondre avec ma physionomie. »

Cette réponse de l'écolier enfonce de beaucoup toute la profondeur sophistique attribuée à La Rochefoucauld, à La Bruyère, à Machiavel et à Campanella.

— Et l'identification de l'intellect du raisonneur avec celui de son adversaire dépend, si je vous comprends bien, de l'exactitude avec laquelle l'intellect de l'adversaire est apprécié.

— Pour la valeur pratique, c'est en effet la condition, — répliqua Dupin, — et si le préfet et toute sa bande se sont trompés si souvent, c'est, d'abord, faute de cette identification ; en second lieu, par une appréciation inexacte, ou plutôt par la non-appréciation de l'intelligence avec laquelle ils se mesurent. Ils ne voient que leurs propres idées ingénieuses ; et, quand ils cherchent quelque chose de caché, ils ne pensent qu'aux moyens dont ils se seraient servis pour le cacher. Ils ont fortement raison en cela que leur propre ingéniosité est une représentation fidèle de celle de la foule ; mais quand il se trouve un malfaiteur particulier dont la finesse diffère, en espèce, de la leur, ce malfaiteur les *roule*.

Cela ne manque jamais quand son astuce est au-dessus de la leur, et cela arrive très-fréquemment même quand elle est au-dessous. Ils ne varient pas leur système d'investigation ; tout au plus, quand ils sont incités par quelque cas insolite, — par quelque récompense extraordinaire, — ils exagèrent et poussent à outrance leurs vieilles routines ; mais ils ne changent rien à leurs principes.

Dans le cas de D..., par exemple, qu'a-t-on fait pour changer le système d'opération ? Qu'est-ce que c'est que toutes ces perforations, ces fouilles, ces sondes, cet examen au microscope, cette division des surfaces en pouces carrés numérotés, — qu'est-ce que tout cela, si ce n'est l'exagération, dans son application, d'un des principes ou de plusieurs principes d'investigation, qui sont basés sur un ordre d'idées relatif à l'ingéniosité humaine, et dont le préfet a pris l'habitude dans la longue routine de ses fonctions ?

Ne voyez-vous pas qu'il considère comme chose démontrée que *tous* les hommes qui veulent cacher une lettre se servent, — si ce n'est précisément d'un trou fait à la vrille dans le pied d'une chaise, — au moins de quelque trou, de quelque coin tout à fait singulier dont ils ont puisé l'invention dans le même registre d'idées que le trou fait avec une vrille ?

Et ne voyez-vous pas aussi que des cachettes aussi *originales* ne sont employées que dans des occasions ordinaires, et ne sont adoptées que par des intelligences ordinaires ; car dans tous les cas d'objets cachés, cette manière ambitieuse et torturée de cacher l'objet est, dans le principe, présumable et présumée ; ainsi, la découverte ne dépend nullement de la perspicacité, mais simplement du soin, de la patience et de la résolution des chercheurs. Mais, quand le cas est important, ou, ce qui revient au même aux yeux de la police, quand la récompense est considérable, on voit toutes ces belles qualités échouer infailliblement. Vous comprenez maintenant ce que je voulais dire en affirmant que, si la lettre volée avait été cachée dans le rayon de la perquisition de notre préfet, — en d'autres termes, si le principe inspirateur de la cachette avait été compris dans les principes du préfet, — il l'eût infailliblement découverte. Cependant, ce fonctionnaire a été complètement mystifié ; et la cause première, originelle, de sa défaite, gît dans la supposition que le ministre est un fou, parce qu'il s'est fait une réputation de poëte. Tous les fous sont poëtes, — c'est la manière de voir du préfet, — et il n'est coupable que d'une fausse distribution du terme moyen, en inférant de là que tous les poëtes sont fous.

— Mais est-ce vraiment le poëte ? — demandai-je. Je sais qu'ils sont deux frères, et ils se sont fait tous deux une réputation dans les lettres. Le ministre, je crois, a écrit un livre fort remarquable sur le calcul différentiel et intégral. Il est le mathématicien, et non pas le poëte.

— Vous vous trompez ; je le connais fort bien ; il est poëte et mathématicien. Comme poëte *et* mathématicien, il a dû raisonner juste ; comme simple mathématicien, il n'aurait pas raisonné du tout, et se serait ainsi mis à la merci du préfet.

— Une pareille opinion, — dis-je, — est faite pour

m'étonner; elle est démentie par la voix du monde entier. Vous n'avez pas l'intention de mettre à néant l'idée mûrie par plusieurs siècles. La raison mathématique est depuis longtemps regardée comme la raison *par excellence*.

— *Il y a à parier*, répliqua Dupin, en citant Chamfort, — *que toute idée publique, toute convention reçue est une sottise, car elle a convenu au plus grand nombre.* Les mathématiciens, — je vous accorde cela, — ont fait de leur mieux pour propager l'erreur populaire dont vous parlez, et qui, bien qu'elle ait été propagée comme vérité, n'en est pas moins une parfaite erreur. Par exemple, ils nous ont, avec un art digne d'une meilleure cause, accoutumés à appliquer le terme *analyse* aux opérations algébriques. Les Français sont les premiers coupables de cette tricherie scientifique ; mais, si l'on reconnaît que les termes de la langue ont une réelle importance, — si les mots tirent leur valeur de leur application, — oh ! alors, je concède qu'*analyse* traduit *algèbre*, à peu près comme en latin *ambitus* signifie *ambition; religio*, religion ; ou *homines honesti*, la classe des gens honorables.

— Je vois, — dis-je, — que vous allez vous faire une querelle avec un bon nombre d'algébristes de Paris ; — mais continuez.

— Je conteste la validité, et conséquemment les résultats d'une raison cultivée par tout procédé spécial autre que la logique abstraite. Je conteste particulièrement le raisonnement tiré de l'étude des mathématiques. Les mathématiques sont la science des formes et des quantités ; le raisonnement mathématique n'est autre que la simple logique appliquée à la forme et à la quantité. La grande erreur consiste à supposer que les vérités qu'on nomme *purement* algébriques sont des vérités abstraites ou générales. Et cette erreur est si énorme que je suis émerveillé de l'unanimité avec laquelle elle est accueillie. Les axiomes mathématiques ne sont pas des axiomes d'une vérité générale. Ce qui est vrai d'un rapport de forme ou de quantité est souvent une grossière erreur, relativement à la morale par exemple. Dans cette dernière science il est très-communément faux que la somme des fractions soit égale au tout. De même en chimie, l'axiome a tort. Dans l'appréciation d'une force motrice, il a également tort; car deux moteurs, chacun étant d'une puissance donnée, n'ont pas, nécessairement, quand ils sont associés, une puissance égale à la somme de leurs puissances prises séparément. Il y a une foule d'autres vérités mathématiques qui ne sont des vérités que dans des limites de *rapport*. Mais le mathématicien argumente incorrigiblement d'après ses *vérités finies*, comme si elles étaient d'une application générale et absolue, — valeur que d'ailleurs le monde leur attribue. Bryant, dans sa très-remarquable *Mythologie*, mentionne une source analogue d'erreurs, quand il dit que, bien que personne ne croie aux fables du paganisme, cependant nous nous oublions nous-mêmes sans cesse au point d'en tirer des déductions, comme si elles étaient des réalités vivantes. Il y a d'ailleurs chez nos algébristes, qui sont eux-mêmes des païens, de certaines fables païennes auxquelles on ajoute foi, et dont on a tiré des conséquences, non pas tant par une absence de mémoire que par un incompréhensible trouble du cerveau. Bref, je n'ai jamais rencontré de pur mathématicien en qui on pût avoir confiance en dehors de ses racines et de ses équations; je n'en ai pas connu un seul qui ne tînt pas clandestinement pour article de foi que $x^2 + px$ est absolument et inconditionnellement égal à q. Dites à l'un de ces Messieurs, en manière d'expérience, si cela vous amuse, que vous croyez à la possibilité de cas où $x^2 + px$ ne serait pas absolument égal à q et quand vous lui aurez fait comprendre ce que vous voulez dire, mettez-vous hors de sa portée et le plus lestement possible ; car, sans doute, il essaiera de vous assommer.

Je veux dire, — continua Dupin, pendant que je me contentais de rire de ses dernières observations, — que si le ministre n'avait été qu'un mathématicien, le préfet n'aurait pas été dans la nécessité de me souscrire ce billet. Je le connaissais pour un mathématicien et un poëte, et j'avais pris mes mesures en raison de sa capacité et en tenant compte des circonstances où il se trouvait placé. Je savais que c'était un homme de cour et un intrigant déterminé. Je réfléchis qu'un pareil homme devait indubitablement être au courant des pratiques de la police. Évidemment, il devait avoir prévu, — et l'événement l'a prouvé, — les guet-apens qui lui ont été préparés. Je me dis qu'il avait prévu les perquisitions secrètes dans son hôtel. Ces fréquentes absences nocturnes que notre bon préfet avait saluées comme des adjuvants positifs de son futur succès, je les regardais simplement comme des ruses, pour faciliter les libres recherches de la police et lui persuader plus facilement que la lettre n'était pas dans l'hôtel. Je sentais aussi que toute la série d'idées relatives aux principes invariables de l'action policière dans les cas de perquisition, — idées que je vous expliquais tout à l'heure, non sans quelque peine, — je sentais, — dis-je, — que toute cette série d'idées avait dû nécessairement se dérouler dans l'esprit du ministre.

Cela devait impérativement le conduire à dédaigner toutes les cachettes vulgaires. Cet homme-là ne pouvait pas être assez faible pour ne pas deviner que la cachette la plus compliquée, la plus profonde de son hôtel serait aussi peu secrète qu'une antichambre ou une armoire pour les yeux, les sondes, les vrilles et les microscopes du préfet. Enfin je voyais qu'il avait dû viser nécessairement à la simplicité, s'il n'y avait pas été induit par un goût naturel. Vous vous rappelez sans doute avec quels éclats de rire le préfet accueillit l'idée que j'exprimai dans notre première entrevue, à savoir que, si le mystère l'embarrassait si fort, c'était peut-être en raison de son absolue simplicité.

— Oui, — dis-je, — je me rappelle parfaitement son hilarité. Je croyais vraiment qu'il allait tomber dans des attaques de nerfs.

— Le monde matériel, — continua Dupin, — est plein d'analogies exactes avec l'immatériel, et c'est ce qui donne une couleur de vérité à ce dogme de rhétorique, qu'une métaphore ou une comparaison peut fortifier un argument aussi bien qu'embellir une description.

Le principe de la force d'inertie, par exemple, semble identique dans les deux natures, physique et métaphysique ; un gros corps est plus difficilement mis en mouvement qu'un petit, et sa quantité de mouvement est en proportion de cette difficulté ; voilà qui est aussi positif que cette proposition analogue : les intellects d'une vaste capacité, qui sont en même temps plus impétueux, plus constants et plus accidentés dans leur mouvement que ceux d'un degré inférieur, sont ceux qui se meuvent le moins aisément, et qui sont le plus embarrassés d'hésitation quand ils se mettent en marche. Autre exemple : avez-vous jamais remarqué quelles sont les enseignes de boutique qui attirent le plus l'attention?

— Je n'ai jamais songé à cela, — dis-je.

— Il existe, — reprit Dupin, — un jeu de divination qu'on joue avec une carte géographique. Un des joueurs prie quelqu'un de deviner un mot donné, — un nom de ville, de rivière, d'état ou d'empire, — enfin un mot quelconque compris dans l'étendue bigarrée et embrouillée de la carte. Une personne novice dans le jeu cherche en général à embarrasser ses adversaires en leur donnant à deviner des noms écrits en caractères imperceptibles ; mais les adeptes du jeu choisissent des mots en gros caractères, qui s'étendent d'un bout de la carte à l'autre. Ces mots-là, comme les enseignes et les affiches à lettres énormes, échappent à l'observateur par le fait même de leur excessive évidence ; et ici, l'oubli matériel est précisément analogue à l'inattention morale d'un esprit qui laisse échapper les considérations trop palpables, évidentes jusqu'à la banalité et l'importunité. Mais c'est là un cas, à ce qu'il semble, un peu au-dessus ou au-dessous de l'intelligence du préfet. Il n'a jamais cru probable ou possible que le ministre eût déposé sa lettre juste sous le nez du monde entier, comme pour mieux empêcher un individu quelconque de l'apercevoir.

Mais plus je réfléchissais à l'audacieux, au distinctif et brillant esprit de D..., — à ce fait qu'il avait dû toujours avoir le document sous la main, pour en faire immédiatement usage, si besoin était, — et à cet autre fait que, d'après la démonstration décisive fournie par le préfet, ce document n'était pas caché dans les limites d'une perquisition ordinaire et en règle, — plus je me sentais convaincu que le ministre, pour cacher sa lettre, avait eu recours à l'expédient le plus ingénieux du monde, le plus large, qui était de ne pas même essayer de la cacher.

Pénétré de ces idées, j'ajustai sur mes yeux une paire de lunettes vertes, et je me présentai un beau matin, comme par hasard, à l'hôtel du ministre. Je trouve D... chez lui, bâillant, flânant, musant, et se prétendant accablé d'un suprême ennui. D... est peut-être l'homme le plus réellement énergique qui soit aujourd'hui, mais c'est seulement quand il est sûr de n'être vu de personne.

Pour n'être pas en reste avec lui, je me plaignis de la faiblesse de mes yeux et de la nécessité de porter des lunettes. Mais derrière ces lunettes j'inspectais soigneusement et minutieusement tout l'appartement, en faisant semblant d'être tout à la conversation de mon hôte.

Je donnai une attention spéciale à un vaste bureau auprès duquel il était assis, et sur lequel gisaient pêle-mêle des lettres diverses et d'autres papiers, avec un ou deux instruments de musique et quelques livres. Après un long examen, fait à loisir, je n'y vis rien qui pût exciter particulièrement mes soupçons.

A la longue, mes yeux, en faisant le tour de la chambre, tombèrent sur un misérable porte-cartes, orné de clinquant, et suspendu par un ruban bleu crasseux à un petit bouton de cuivre au-dessus du manteau de la cheminée. Ce porte-cartes, qui avait trois ou quatre compartiments, contenait cinq ou six cartes de visite et une lettre unique. Cette dernière était fortement salie et chiffonnée. Elle était presque déchirée en deux, par le milieu, comme si on avait eu d'abord l'intention de la déchirer entièrement, ainsi qu'on fait d'un objet sans valeur; mais on avait vraisemblablement changé d'idée. Elle portait un large sceau noir avec le chiffre de D... très en évidence, et était adressée au ministre lui-même. La suscription était d'une écriture de femme très-fine. On l'avait jetée négligemment, et même, à ce qu'il semblait, assez dédaigneusement, dans l'un des compartiments supérieurs du porte-cartes.

A peine eus-je jeté un coup d'œil sur cette lettre, que je conclus que c'était celle dont j'étais en quête. Évidemment elle était, par son aspect, absolument différente de celle dont le préfet nous avait lu une description si minutieuse. Ici, le sceau était large et noir, avec le chiffre de D...; dans l'autre, il était petit et rouge, avec les armes ducales de la famille S.... Ici la suscription était d'une écriture menue et féminine; dans l'autre, l'adresse, portant le nom d'une personne royale, était d'une écriture hardie, décidée et caractérisée; les deux lettres ne se ressemblaient qu'en un point, la dimension. Mais le caractère excessif de ces différences, fondamentales en somme, la saleté, l'état déplorable du papier, fripé et déchiré, qui contredisaient les véritables habitudes de D..., si méthodiques, et qui dénonçaient l'intention de dérouter un indiscret en lui offrant toutes les apparences d'un document sans valeur, — tout cela, en y ajoutant la situation impudente du document mis en plein sous les yeux de tous les visiteurs et concordant ainsi exactement avec mes conclusions antérieures, — tout cela, — dis-je, était fait pour corroborer décidément les soupçons de quelqu'un venu avec le parti pris du soupçon.

Je prolongeai ma visite aussi longtemps que possible, et, tout en soutenant une discussion très-vive avec le ministre sur un point que je savais être pour lui d'un intérêt toujours nouveau, je gardais invariablement mon attention braquée sur la lettre. Tout en faisant cet examen, je réfléchissais sur son aspect extérieur et sur la manière dont elle était arrangée dans le porte-cartes, et à la longue je tombai sur une découverte qui mit à néant le léger doute qui pouvait me rester encore. En analysant les bords du papier, je remarquai qu'ils étaient plus éraillés que *nature*. Ils présentaient l'aspect cassé d'un papier dur, qui, ayant été plié et foulé par le couteau à papier, a été replié dans le sens inverse, mais dans les mêmes plis qui constituaient sa forme première. Cette découverte me suffisait. Il était clair pour moi que la lettre avait été retournée comme un gant, repliée et recachetée. Je souhaitai le bonjour au ministre, et je pris soudainement congé de lui, en oubliant une tabatière en or sur son bureau.

Le matin suivant, je vins pour chercher ma tabatière, et nous reprîmes très-vivement la conversation de la veille. Mais, pendant que la discussion s'engageait, une détonation très-forte, comme un coup de pistolet, se fit entendre sous les fenêtres de l'hôtel, et fut suivie des cris et des vociférations d'une foule épouvantée. D... se précipita vers une fenêtre, l'ouvrit, et regarda dans la rue. En même temps, j'allai droit au portecartes, je pris la lettre, je la mis dans ma poche, et je la remplaçai par une autre, une espèce de *fac-simile* (quant à l'extérieur) que j'avais soigneusement préparé chez moi, — en contrefaisant le chiffre de D... à l'aide d'un sceau de mie de pain.

Le tumulte de la rue avait été causé par le caprice insensé d'un homme armé d'un fusil. Il avait déchargé son arme au milieu d'une foule de femmes et d'enfants. Mais comme elle n'était pas chargée à balle, on prit ce drôle pour un lunatique ou un ivrogne, et on lui permit de continuer son chemin. Quant il fut parti, D... se retira de la fenêtre, où je l'avais suivi immédiatement après m'être assuré de la précieuse lettre. Peu d'instants après, je lui dis adieu. Le prétendu fou était un homme payé par moi.

— Mais quel était votre but, — demandai-je à mon ami, — en remplaçant la lettre par une contrefaçon ? N'eût-il pas été plus simple, dès votre première visite, de vous en emparer, sans autres précautions, et de vous en aller ?

— D..., — répliqua Dupin, — est capable de tout, et, de plus, c'est un homme solide. D'ailleurs, il a dans son hôtel des serviteurs à sa dévotion. Si j'avais fait l'extravagante tentative dont vous parlez, je ne serais pas sorti vivant de chez lui. Le bon peuple de Paris n'aurait plus entendu parler de moi. Mais, à part ces considérations, j'avais un but particulier. Vous connaissez mes sympathies politiques. Dans cette affaire j'agis comme partisan de la dame en question. Voilà dix-huit mois que le ministre la tient en son pouvoir. C'est elle maintenant qui le tient, puisqu'il ignore que la lettre n'est plus chez lui, et qu'il va vouloir procéder à son chantage habituel. Il va donc infailliblement opérer lui-même et du premier coup sa ruine politique. Sa chute ne sera pas moins précipitée que ridicule. On parle fort lestement du *facilis descensus Averni;* mais, en matière d'escalades, on peut dire ce que la Catalani disait du chant: Il est plus facile de monter que de descendre. Dans le cas présent, je n'ai aucune sympathie, — pas même de pitié pour celui qui va descendre. D..., c'est le vrai *monstrum horrendum,* — un homme de génie sans principes. Je vous avoue, cependant, que je ne serais pas fâché de connaître le caractère exact de ses pensées, quand, mis au défi par celle que le préfet appelle *une certaine personne*, il sera réduit à ouvrir la lettre que j'ai laissée pour lui dans son porte-cartes.

— Comment! est-ce que vous y avez mis quelque chose de particulier?

— Eh mais! il ne m'a pas semblé tout à fait convenable de laisser l'intérieur en blanc, — cela aurait eu l'air d'une insulte. Une fois, à Vienne, D... m'a joué un vilain tour, et je lui dis d'un ton tout à fait gai que je m'en souviendrais. Aussi, comme je savais qu'il éprouverait une certaine curiosité relativement à la personne par qui il se trouve joué, je pensai que ce serait vraiment dommage de ne pas lui laisser un indice quelconque. Il connaît fort bien mon écriture, et j'ai copié tout au beau milieu de la page blanche ces mots :

. . . . Un dessein si funeste,
S'il n'est digne d'Atrée, est digne de Thyeste.

Vous trouverez cela dans l'*Atrée* de Crébillon.

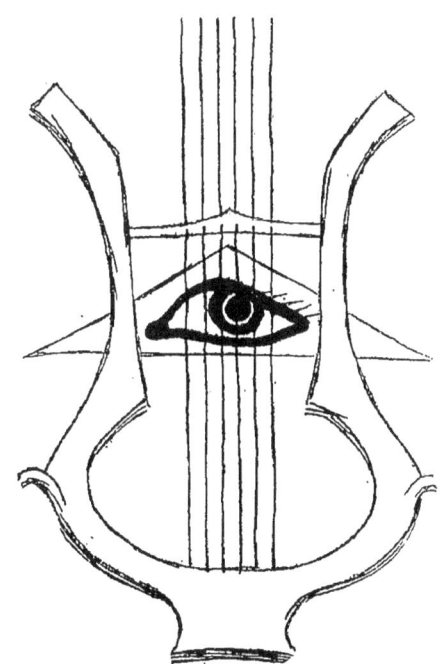

LE PORTRAIT OVALE

LE PORTRAIT OVALE

Le château dans lequel mon domestique s'était avisé de pénétrer de force, plutôt que de me permettre, déplorablement blessé comme je l'étais, de passer une nuit en plein air, était un de ces bâtiments, mélange de grandeur et de mélancolie, qui ont si longtemps dressé leurs fronts sourcilleux au milieu des Apennins, aussi bien dans la réalité que dans l'imagination de mistress Radcliffe. Selon toute apparence, il avait été temporairement et tout récemment abandonné. Nous nous installâmes dans une des chambres les plus petites et les moins somptueusement meublées. Elle était située dans une tour écartée du bâtiment. Sa décoration était riche, mais antique et délabrée. Les murs étaient tendus de tapisseries et décorés de nombreux trophées héraldiques de toute forme, ainsi que d'une quantité vraiment prodigieuse de peintures modernes, pleines de style, dans de riches cadres d'or d'un goût arabesque. Je pris un profond intérêt, — ce fut peut-être mon délire qui commençait qui en fut cause, — je pris un profond intérêt à ces peintures qui étaient suspendues non seulement sur les faces principales des murs, mais aussi dans une foule de recoins que la bizarre architecture du château rendait inévitables; si bien que j'ordonnai à Pedro de fermer les lourds volets de la chambre, — puisqu'il faisait déjà nuit, — d'allumer un grand candélabre à plusieurs branches placé près de mon chevet, et d'ouvrir tout grands les rideaux de velours noir garnis de crépines qui entouraient le lit. Je désirais que cela fût ainsi, pour que je pusse au moins, si je ne pouvais pas dormir, me consoler alternativement par la contemplation de ces peintures et par la lecture d'un petit volume que j'avais trouvé sur l'oreiller et qui en contenait l'appréciation et l'analyse.

Je lus longtemps, — longtemps, — je contemplai religieusement, dévotement; les heures s'envolèrent, rapides et glorieuses, et le profond minuit arriva. La position du candélabre me déplaisait, et, étendant la main avec difficulté pour ne pas déranger mon valet assoupi, je plaçai l'objet de manière à jeter les rayons en plein sur le livre.

Mais l'action produisit un effet absolument inattendu. Les rayons des nombreuses bougies (car il y en avait beaucoup), tombèrent alors sur une niche de la chambre que l'une des colonnes du lit avait jusque-là couverte d'une ombre profonde. J'aperçus dans une vive lumière une peinture qui m'avait d'abord échappé. C'était le portrait d'une jeune fille déjà mûrissante et presque femme. Je jetai sur la peinture un coup d'œil rapide, et je fermai les yeux. Pourquoi, — je ne le compris pas bien moi-même tout d'abord. Mais pendant que mes paupières restaient closes, j'analysai rapidement la raison qui me les faisait fermer ainsi. C'était un mouvement involontaire pour gagner du temps et pour penser, — pour m'assurer que ma vue ne m'avait pas trompé, — pour calmer et préparer mon esprit à une contemplation plus froide et plus sûre. Au bout de quelques instants, je regardai de nouveau la peinture fixement.

Je ne pouvais pas douter, quand même je l'aurais voulu, que je n'y visse alors très-nettement ; car le premier éclair du flambeau sur cette toile avait dissipé la stupeur rêveuse dont mes sens étaient possédés, et m'avait rappelé tout d'un coup à la vie réelle.

Le portrait, je l'ai déjà dit, était celui d'une jeune fille. C'était une simple tête, avec des épaules, le tout dans ce style qu'on appelle, en langage technique, style *de vignette;* beaucoup de la manière de Sully dans ses têtes de prédilection. Les bras, le sein, et même les bouts des cheveux rayonnants, se fondaient insaisissablement dans l'ombre vague mais profonde qui servait de fond à l'ensemble. Le cadre était ovale, magnifiquement doré et guilloché dans le goût moresque. Comme œuvre d'art, on ne pouvait rien trouver de plus admirable que la peinture elle-même. Mais il se peut bien que ce ne fût ni l'exécution de l'œuvre, ni l'immortelle beauté de la physionomie, qui m'impressionna si soudainement et si fortement. Encore moins devais-je croire que mon imagination, sortant d'un demi-sommeil, eût pris la tête pour celle d'une personne vivante. — Je vis tout d'abord que les détails du dessin, le style de vignette, et l'aspect du cadre auraient immédiatement dissipé un pareil charme, et m'auraient préservé de toute illusion même momentanée. Tout en faisant ces réflexions, et très-vivement, je restai, à demi étendu, à demi assis, une heure entière peut-être, les yeux rivés à ce portrait. A la longue, ayant découvert le vrai secret de son effet, je me laissai retomber sur le lit. J'avais deviné que le *charme* de la peinture était une expression vitale absolument adéquate à la vie elle-même, qui d'abord m'avait fait tressaillir, et finalement m'avait confondu, subjugué, épouvanté. Avec une terreur profonde et respectueuse, je replaçai le candélabre dans sa position première. Ayant ainsi dérobé à ma vue la cause de ma profonde agitation, je cherchai vivement le volume qui contenait l'analyse des tableaux et leur histoire. Allant droit au numéro qui désignait le portrait ovale, j'y lus le vague et singulier récit qui suit :

« C'était une jeune fille d'une très-rare beauté, et qui n'était pas moins aimable que pleine de gaieté. Et maudite fut l'heure où elle vit, et aima, et épousa le peintre. Lui, passionné, studieux, austère, et ayant déjà trouvé une épouse dans son Art; elle, une jeune fille d'une très-rare beauté, et non moins aimable que pleine de gaieté : rien que lumière et sourires, et la folâtrerie d'un jeune faon ; aimant et chérissant toutes choses ; ne haïssant que l'Art qui était son rival ; ne redoutant que la palette et les brosses, et les autres instruments fâcheux qui la privaient de la figure de son adoré. Ce fut une terrible chose pour cette dame que d'entendre le peintre parler du désir de peindre sa jeune épouse. Mais elle était humble et obéissante, et elle s'assit avec douceur pendant de longues semaines dans la sombre et haute chambre de la tour, où la lumière filtrait sur la pâle toile seulement par le plafond. Mais lui, le peintre mettait sa gloire dans son œuvre, qui avançait d'heure en heure et de jour en jour. — Et c'était un homme passionné, et étrange, et pensif, qui se perdait en rêveries ; si bien qu'il ne *voulait* pas voir que la lumière qui tombait si lugubrement dans cette tour isolée desséchait la santé et les esprits de sa femme, qui languissait visiblement pour tout le monde, excepté pour lui. Cependant elle souriait toujours, et toujours, sans se plaindre, parce qu'elle voyait que le peintre (qui avait un grand renom) prenait un plaisir vif et brûlant dans sa tâche, et travaillait nuit et jour pour peindre celle qui l'aimait si fort, mais qui devenait de jour en jour plus languissante et plus faible. Et en vérité, ceux qui contemplaient le portrait parlaient à voix basse de sa ressemblance, comme d'une puissante merveille et comme d'une preuve non moins grande de la puissance du peintre que de son profond amour pour celle qu'il peignait si miraculeusement bien. — Mais à la longue, comme la besogne approchait de sa fin, personne ne fut plus admis dans la tour ; car le peintre était devenu fou par l'ardeur de son travail, et il détournait rarement ses yeux de la toile, même pour regarder la figure de sa femme. Et il ne *voulait* pas voir que les couleurs qu'il étalait sur la toile étaient *tirées* des joues de celle qui était assise près de lui. Et quand bien des semaines furent passées, et qu'il ne restait plus que peu de chose à faire, rien qu'une touche sur la bouche et un glacis sur l'œil, l'esprit de la dame palpita encore comme la flamme dans le bec d'une lampe. Et alors la touche fut donnée, et alors le glacis fut placé; et pendant un moment le peintre se tint en extase devant le travail qu'il avait travaillé ; mais une minute après, comme il contemplait encore, il trembla et il devint très-pâle, et il fut frappé d'effroi; et criant d'une voix éclatante : — En vérité c'est la *Vie* elle-même ! — il se retourna brusquement pour regarder sa bien-aimée ; — elle était morte ! »

UNE DESCENTE
DANS LE MAELSTROM

UNE DESCENTE

DANS LE MAELSTROM

> Les voies de Dieu, dans la Nature comme dans l'ordre de la Providence, ne sont point nos voies; et les types que nous concevons n'ont aucune mesure commune avec la vastitude, la profondeur et l'incompréhensibilité de Ses œuvres, qui contiennent en elles *un abîme plus profond que le puits de Démocrite*.
>
> JOSEPH GLANVILL.

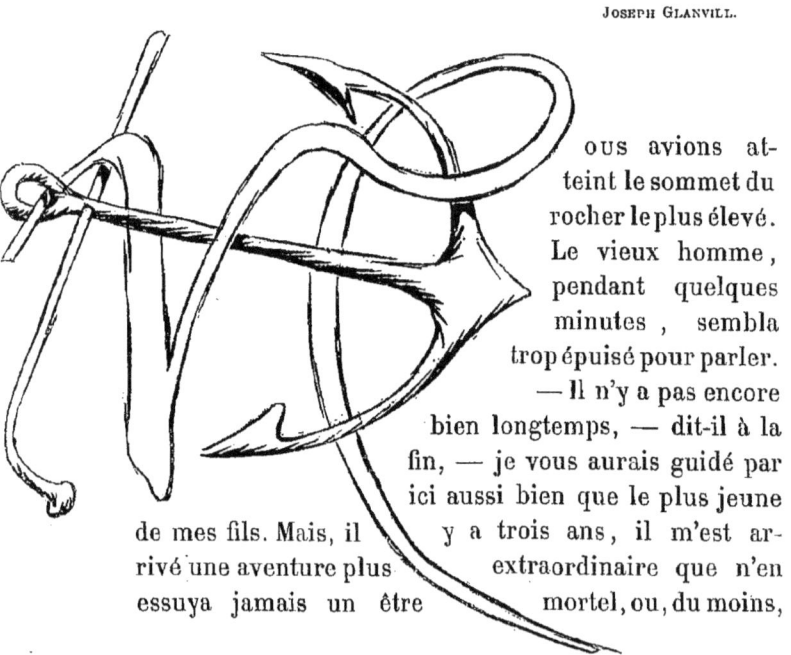

ous avions atteint le sommet du rocher le plus élevé. Le vieux homme, pendant quelques minutes, sembla trop épuisé pour parler.

— Il n'y a pas encore bien longtemps, — dit-il à la fin, — je vous aurais guidé par ici aussi bien que le plus jeune de mes fils. Mais, il y a trois ans, il m'est arrivé une aventure plus extraordinaire que n'en essuya jamais un être mortel, ou, du moins, telle que jamais homme n'y a survécu pour la raconter, et les six mortelles heures que j'ai endurées m'ont brisé le corps et l'âme. Vous me croyez très-vieux, mais je ne le suis pas. Il a suffi du quart d'une journée pour blanchir ces cheveux noirs comme du jais, affaiblir mes membres et détendre mes nerfs au point de trembler après le moindre effort et d'être effrayé par une ombre. Savez-vous bien que je puis à peine, sans attraper le vertige, regarder par-dessus ce petit promontoire?

Le petit promontoire sur le bord duquel il s'était si négligemment jeté pour se reposer, de façon que la partie la plus pesante de son corps surplombait, et qu'il n'était garanti d'une chûte que par le point d'appui que prenait son coude sur l'arête extrême et glissante, — le petit promontoire s'élevait à quinze ou seize cents pieds environ d'un chaos de rochers situés au-dessous de nous, — immense précipice de granit luisant et noir. Pour rien au monde je n'aurais voulu me hasarder à six pieds du bord. Véritablement, j'étais si profondément agité par la situation périlleuse de mon compagnon que je me laissai tomber tout de mon long sur le sol, m'accrochant à quelques arbustes voisins, n'osant pas même lever les yeux vers le ciel. Je m'efforçais en vain de me débarrasser de l'idée que la fureur du vent mettait en danger la base même de la montagne. Il fallut du temps pour me raisonner et trouver le courage de me mettre sur mon séant et de regarder au loin dans l'espace.

— Il vous faut prendre le dessus sur ces lubies-là, — me dit le guide, — car je vous ai amené ici pour vous faire voir à loisir le théâtre de l'événement dont je parlais tout à l'heure, et pour vous raconter toute l'histoire avec la scène même sous vos yeux.

Nous sommes maintenant, — reprit-il, avec cette manière minutieuse qui le caractérisait, — nous sommes maintenant sur la côte même de Norwége, au 68º degré de latitude, dans la grande province de Nordland et dans le lugubre district de Lofoden. La montagne dont nous occupons le sommet est Helseggen, la Nuageuse. Maintenant levez-vous un peu ; accrochez-vous au gazon, si vous sentez venir le vertige, — c'est cela, — et regardez au delà de cette ceinture de vapeurs qui nous cache la mer à nos pieds.

Je regardai vertigineusement, et je vis une vaste étendue de mer, dont la couleur d'encre me rappela tout d'abord le tableau du géographe Nubien et sa *Mer des Ténèbres*. C'était un panorama plus effroyablement désolé qu'il n'est donné à une imagination humaine de le concevoir. A droite et à gauche, aussi loin que l'œil pouvait atteindre, s'allongeaient, comme les remparts du monde, les lignes d'une falaise horriblement noire et surplombante, dont le caractère sombre était puissamment renforcé par le ressac qui montait jusque sur sa crête blanche et lugubre, hurlant et mugissant éternellement. Juste en face du promontoire sur le sommet duquel nous étions placés, à une distance de cinq ou six milles en mer, on apercevait une île qui avait l'air désert, ou plutôt on la devinait au moutonnement énorme des brisants dont elle était enveloppée. A deux milles environ plus près de la terre, se dressait un autre îlot plus petit, horriblement pierreux et stérile, et entouré de groupes interrompus de roches noires.

L'aspect de l'Océan, dans l'étendue comprise entre le rivage et l'île la plus éloignée, avait quelque chose d'extraordinaire. En ce moment même il soufflait du côté de la terre une si forte brise, qu'un brick, tout au large, était à la cape avec deux ris dans sa toile et que sa coque disparaissait quelquefois tout entière ; et pourtant il n'y avait ici rien qui ressemblât à une houle faite, mais seulement, et en dépit du vent, un clapotement d'eau, bref, vif et tracassé dans tous les sens ; — très-peu d'écume, excepté dans le voisinage immédiat des rochers.

— L'île que vous voyez là-bas, — reprit le vieux homme, — est appelée par les Norwégiens Vurrgh. Celle qui est à moitié chemin est Moskoe. Celle qui est à un mille au nord est Ambaaren. Là-bas sont Islesen, Hotholm, Keildhelm, Suarven et Buckolm. Plus loin, — entre Moskoe et Vurrgh, — Otterholm, Flimen, Sandfiesen et Stockholm. Tels sont les vrais noms de ces endroits ; — mais pourquoi ai-je jugé nécessaire de vous les nommer, je n'en sais rien, je n'y puis rien comprendre, — pas plus que vous. — Entendez-vous quelque chose ? Voyez-vous quelque changement sur l'eau ?

Nous étions depuis dix minutes environ au haut de Helseggen, où nous étions montés en partant de l'intérieur de Lofoden, de sorte que nous n'avions pu apercevoir la mer que lorsqu'elle nous avait apparu tout d'un coup du sommet le plus élevé. Pendant que le vieux homme parlait, j'eus la perception d'un bruit très-fort et qui allait en croissant, comme le mugissement d'un immense troupeau de buffles dans une prairie d'Amérique ; et au même moment je vis ce que les marins appellent le caractère *clapoteux* de la mer se changer rapidement en un courant qui se faisait vers l'est. Pendant que je regardais, ce courant prit une prodigieuse rapidité. Chaque instant ajoutait à sa vitesse, — à son impétuosité déréglée. En cinq minutes toute la mer, jusqu'à Vurrgh, fut fouettée par une indomptable furie ; mais c'était entre Moskoe et la côte que dominait principalement le vacarme. Là le vaste lit des eaux, sillonné et couturé par mille courants contraires, éclatait soudainement en convulsions frénétiques, — haletant, bouillonnant, sifflant, pirouettant en gigantesques et innombrables tourbillons, et tournoyant et se ruant tout entier vers l'est avec une rapidité qui ne se manifeste que dans les chutes d'eau précipitées.

Au bout de quelques minutes, le tableau subit un autre changement radical. La surface générale devint un peu plus unie, et les tourbillons disparurent un à un, pendant que de prodigieuses bandes d'écume apparurent là où je n'en avais vu aucune jusqu'alors. Ces bandes, à la longue, s'étendirent à une grande distance, et, se combinant entre elles, elles adoptèrent le mouvement giratoire des tourbillons apaisés et semblèrent former le germe d'un vortex plus vaste. Soudainement, très-soudainement, celui-ci apparut et prit une existence distincte et définie, dans un cercle de plus d'un mille de diamètre. Le bord du tourbillon était marqué par une large ceinture d'écume lumineuse ; mais pas une parcelle ne glissait dans la gueule du terrible entonnoir, dont l'intérieur, aussi loin que l'œil pouvait y plonger, était fait d'un mur liquide, poli, brillant et d'un noir de jais, faisant avec l'horizon un angle de

45 degrés environ, tournant sur lui-même sous l'influence d'un mouvement étourdissant, et projetant dans les airs une voix effrayante, moitié cri, moitié rugissement, telle que la puissante cataracte du Niagara elle-même, dans ses convulsions, n'en a jamais envoyé de pareille vers le ciel.

La montagne tremblait dans sa base même, et le roc remuait. Je me jetai à plat ventre, et, dans un excès d'agitation nerveuse, je m'accrochai au maigre gazon.

— Ceci, — dis-je enfin au vieillard, — ne peut pas être autre chose que le grand tourbillon du Maelstrom.

— On l'appelle quelquefois ainsi, — dit-il ; — mais nous autres Norwégiens, nous le nommons le Moskoe-Strom, de l'île de Moskoe qui est située à moitié chemin.

Les descriptions ordinaires de ce tourbillon ne m'avaient nullement préparé à ce que je voyais. Celle de Jonas Ramus, qui est peut-être plus détaillée qu'aucune, ne donne pas la plus légère idée de la magnificence et de l'horreur du tableau, — ni de l'étrange et ravissante sensation de nouveauté qui confond le spectateur. Je ne sais pas précisément de quel point de vue ni à quelle heure l'a vu l'écrivain en question ; mais ce ne put être ni du sommet de Helseggen, ni pendant une tempête. Il y a néanmoins quelques passages de sa description qui peuvent être cités pour les détails, quoiqu'ils soient très-insuffisants pour donner une impression du spectacle.

« Entre Lofoden et Moskoe, — dit-il, — la profondeur de l'eau est de 36 à 40 brasses ; mais de l'autre côté, du côté de Ver (il veut dire Vurrgh), cette profondeur diminue au point qu'un navire ne pourrait y chercher un passage sans courir le danger de se déchirer sur les roches, ce qui peut arriver par le temps le plus calme. Quand vient la marée, le courant se jette dans l'espace compris entre Lofoden et Moskoe avec une tumultueuse rapidité; mais le rugissement de son terrible reflux est à peine égalé par celui des plus hautes et des plus terribles cataractes; le bruit se fait entendre à plusieurs lieues, et les tourbillons ou tournants creux sont d'une telle étendue et d'une telle profondeur, que, si un navire entre dans la région de son attraction, il est inévitablement absorbé et entraîné au fond, et là déchiré en morceaux contre les rochers; et quand le courant se relâche, les débris sont rejetés à la surface. Mais ces intervalles de tranquillité n'ont lieu qu'entre le reflux et le flux, par un temps calme, et ne durent qu'un quart d'heure; puis la violence du courant revient graduellement.

« Quand il bouillonne le plus et quand sa force est accrue par une tempête, il est dangereux d'en approcher même d'un mille norwégien. Des barques, des yachts, des navires ont été entraînés pour n'y avoir pas pris garde avant de se trouver à portée de son attraction. Il arrive aussi fréquemment que des baleines viennent trop près du courant et sont maîtrisées par sa violence; et il est impossible de décrire leurs mugissements et leurs beuglements dans leur inutile effort pour se dégager.

« Une fois, un ours, essayant de passer à la nage le détroit entre Lofoden et Moskoe, fut saisi par le courant et emporté au fond; il rugissait si effroyablement qu'on l'entendait du rivage. De vastes troncs de pins et de sapins, engloutis par le courant, reparaissent brisés et déchirés, au point qu'on dirait qu'il leur a poussé des poils. Cela démontre clairement que le fond est fait de roches pointues, sur lesquelles ils ont été roulés çà et là. Ce courant est réglé par le flux et le reflux de la mer, qui a constamment lieu de six en six heures. Dans l'année 1645, le dimanche de la Sexagésime, de fort grand matin, il se précipita avec un tel fracas et une telle impétuosité, que des pierres se détachaient des maisons de la côte. »

En ce qui concerne la profondeur de l'eau, je ne comprends pas comment on a pu s'en assurer dans la proximité immédiate du tourbillon. Les *quarante brasses* doivent avoir trait seulement aux parties du canal qui sont tout près du rivage, soit de Moskoe, soit de Lofoden. La profondeur au centre du Moskoe-Strom doit être incommensurablement plus grande, et il suffit, pour en acquérir la certitude, de jeter un coup d'œil oblique dans l'abîme du tourbillon, quand on est sur le sommet le plus élevé de Helseggen. En plongeant mon regard du haut de ce pic dans le Phlégéthon hurlant, je ne pouvais m'empêcher de sourire de la simplicité avec laquelle le bon Jonas Ramus raconte, comme choses difficiles à croire, ses anecdoctes d'ours et de baleines; car il me semblait que c'était chose évidente de soi que le plus grand vaisseau de ligne possible, arrivant dans le rayon de cette mortelle attraction, devait y résister aussi peu qu'une plume à un coup de vent et disparaître tout en grand et tout d'un coup.

Les explications qu'on a données du phénomène, — dont quelques-unes, je me le rappelle, me paraissaient suffisamment plausibles à la lecture, — avaient maintenant un aspect très-différent et très-peu satisfaisant. L'explication généralement reçue est que, comme les trois petits tourbillons des îles Féroë, celui-ci « n'a pas d'autre cause que le choc des vagues montant et retombant, au flux et au reflux, le long d'un banc de roches qui endigue les eaux et les rejette en cataracte ; et qu'ainsi plus la marée s'élève, plus la chute est profonde, et que le résultat naturel est un tourbillon ou vortex, dont la prodigieuse puissance de succion est suffisamment démontrée par de moindres exemples. » Tels sont les termes de l'*Encyclopédie britannique*. Kircher et d'autres imaginent qu'au milieu du canal du Maelstrom est un abîme qui traverse le globe et aboutit dans quelque région très-éloignée ; — le golfe de Bothnie a même été désigné une fois un peu légèrement. Cette opinion assez puérile était celle à laquelle, pendant que je contemplais le lieu, mon imagination donnait le plus volontiers son assentiment ; et, comme j'en faisais part au guide, je fus assez surpris de l'entendre me dire que, bien que telle fût l'opinion presque générale des Norwégiens à ce sujet, ce n'était néanmoins pas la sienne. Quant à cette idée, il confessa qu'il était incapable de la comprendre, et je finis par être d'accord avec lui ; car pour concluante qu'elle soit sur le papier, elle devient absolument inintelligible et absurde à côté du tonnerre de l'abîme.

— Maintenant que vous avez bien vu le tourbillon, — me dit le vieux homme, — si vous voulez que nous nous glissions derrière cette roche, sous le vent, de manière qu'elle amortisse le vacarme de l'eau, je vous conterai une histoire qui vous convaincra que je dois en savoir quelque chose, — du Moskoe-Strom !

Je me plaçai comme il le désirait, et il commença :

— Moi et mes deux frères, nous possédions autrefois un semaque gréé en goëlette, de soixante-dix tonneaux à peu près, avec lequel nous pêchions habituellement parmi les îles au delà de Moskoe, près de Vurrgh. Tous les violents remous de mer donnent une bonne pêche, pourvu qu'on s'y prenne en temps opportun, et qu'on ait le courage de tenter l'aventure ; mais, parmi tous les hommes de la côte de Lofoden, nous trois seuls nous faisions notre métier ordinaire d'aller aux îles comme je vous dis. Les pêcheries ordinaires sont beaucoup plus bas vers le sud. On y peut prendre du poisson à toute heure, sans courir grand risque, et naturellement ces endroits-là sont préférés ; mais les places de choix, par ici, entre les rochers, donnent non seulement le poisson de la plus belle qualité, mais aussi en bien plus grande abondance ; si bien que nous prenions souvent en un seul jour ce que les timides dans le métier n'auraient pas pu attraper tous ensemble en une semaine. En somme, nous faisions de cela une espèce de spéculation désespérée, — le risque de la vie remplaçait le travail, et le courage tenait lieu de capital.

Nous abritions notre semaque dans une anse à cinq milles sur la côte au-dessus de celle-ci ; et c'était notre habitude, par le beau temps, de profiter du répit de quinze minutes pour nous lancer à travers le canal principal du Moskoe-Strom, bien au-dessus du trou, et d'aller jeter l'ancre quelque part dans la proximité d'Otterholm, ou de Sandflesen, où les remous ne sont pas aussi violents qu'ailleurs. Là, nous attendions ordinairement, pour lever l'ancre et retourner chez nous, à peu près jusqu'à l'heure de l'apaisement des eaux. Nous ne nous aventurions jamais dans cette expédition sans un bon vent largue pour aller et revenir, — un vent dont nous pouvions être sûrs pour notre retour, — et nous nous sommes rarement trompés sur ce point. Deux fois, en six ans, nous avons été forcés de passer la nuit à l'ancre par suite d'un calme plat, ce qui est un cas bien rare dans ces parages ; et, une autre fois, nous sommes restés à terre près d'une semaine, affamés jusqu'à la mort, grâce à un coup de vent qui se mit à souffler peu de temps après notre arrivée et rendit le canal trop orageux pour songer à le traverser. Dans cette occasion, nous aurions été entraînés au large en dépit de tout (car les tourbillons nous ballottaient çà et là avec une telle violence qu'à la fin nous avions chassé sur notre ancre faussée), si nous n'avions dérivé dans un de ces innombrables courants qui se forment, ici aujourd'hui, et demain ailleurs, — et qui nous conduisit sous le vent de Filmen, où, par bonheur, nous pûmes mouiller.

Je ne vous dirai pas la vingtième partie des dangers que nous essuyâmes dans les pêcheries, — c'est un mauvais parage, même par le beau temps, — mais nous trouvions toujours moyen de défier le Moskoe-Strom sans accident ; parfois pourtant le cœur me montait aux lèvres quand nous étions d'une minute en avance ou en retard sur l'accalmie. Quelquefois le vent n'était pas aussi vif que nous l'espérions en mettant à la voile, et alors nous allions moins vite que nous ne l'aurions voulu pendant que le courant rendait le semaque plus difficile à gouverner.

Mon frère aîné avait un fils âgé de dix-huit ans, et j'avais pour mon compte deux grands garçons. Ils nous eussent été d'un grand secours dans de pareils cas, soit qu'ils eussent pris les avirons, soit qu'ils eussent pêché à l'arrière, — mais, vraiment, bien que nous consentissions à risquer notre vie, nous n'avions pas le cœur de laisser ces jeunesses affronter le danger; — car, tout bien considéré, c'était un horrible danger, c'est la pure vérité.

Il y a maintenant trois ans moins quelques jours qu'arriva ce que je vais vous raconter. C'était le 10 juillet 18.., un jour que les gens de ce pays n'oublieront jamais, — car ce fut un jour où souffla la plus horrible tempête qui soit jamais tombée de la calotte des cieux. Cependant, toute la matinée et même fort avant dans l'après-midi, nous avions eu une jolie brise bien faite du sud-ouest, le soleil était superbe, si bien que le plus vieux loup de mer n'aurait pas pu prévoir ce qui allait arriver.

Nous étions passés tous les trois, mes deux frères et moi, à travers les îles, à deux heures de l'après-midi environ, et nous eûmes bientôt chargé le semaque de fort beau poisson, qui, — nous l'avions remarqué tous trois, — était plus abondant ce jour-là que nous ne l'avions jamais vu. Il était juste sept heures *à ma montre* quand nous levâmes l'ancre pour retourner chez nous, de manière à faire le plus dangereux du Strom dans l'intervalle des eaux tranquilles, que nous savions avoir lieu à huit heures.

Nous partîmes avec une bonne brise à tribord, et pendant quelque temps nous filâmes très-rondement, sans songer le moins du monde au danger; car, en réalité, nous ne voyions pas la moindre cause d'appréhension. Tout à coup nous fûmes masqués par une saute de vent qui venait de Helseggen. Cela était tout à fait extraordinaire, — c'était une chose qui ne nous était jamais arrivée, — et je commençais à être un peu inquiet, sans savoir exactement pourquoi. Nous fîmes arriver au vent, mais nous ne pûmes jamais fendre les remous, et j'étais sur le point de proposer de retourner au mouillage, quand, regardant à l'arrière, nous vîmes tout l'horizon enveloppé d'un nuage singulier, couleur de cuivre, qui montait avec la plus étonnante vélocité.

En même temps, la brise qui nous avait pris en tête tomba, et, surpris alors par un calme plat, nous dérivâmes à la merci de tous les courants. Mais cet état de choses ne dura pas assez longtemps pour nous donner le temps d'y réfléchir. En moins d'une minute, la tempête était sur nous, — une minute après, le ciel était entièrement chargé, — et il devint soudainement si noir, qu'avec les embruns qui nous sautaient aux yeux nous ne pouvions plus nous voir l'un l'autre à bord.

Vouloir décrire un pareil coup de vent, ce serait folie. Le plus vieux marin de Norwège n'en a jamais essuyé de pareil. Nous avions amené toute la toile avant que le coup de vent ne nous surprît; mais dès la première rafale, nos deux mâts vinrent par-dessus bord, comme s'ils avaient été sciés par le pied, — le grand mât emportant avec lui mon plus jeune frère qui s'y était accroché par prudence.

Notre bateau était bien le plus léger joujou qui eût jamais glissé sur la mer. Il avait un pont affleuré, avec une seule petite écoutille à l'avant, et nous avions toujours eu pour habitude de la fermer solidement en traversant le Strom, bonne précaution dans une mer clapoteuse. Mais, dans cette circonstance présente, nous aurions sombré du premier coup, — car, pendant quelques instants, nous fûmes littéralement ensevelis sous l'eau. Comment mon frère aîné échappa-t-il à la mort, je ne puis le dire, je n'ai jamais pu me l'expliquer. Pour ma part, à peine avais-je lâché la misaine, que je m'étais jeté sur le pont à plat ventre, les pieds contre l'étroit plat-bord de l'avant, et les mains accrochées à un boulon, auprès du pied du mât de misaine. Le pur instinct m'avait fait agir ainsi, — c'était indubitablement ce que j'avais de mieux à faire, — car j'étais trop ahuri pour penser.

Pendant quelques minutes, nous fûmes complètement inondés, comme je vous le disais, et pendant tout ce temps je retins ma respiration et me cramponnai à l'anneau. Quand je sentis que je ne pouvais pas rester ainsi plus longtemps sans être suffoqué, je me dressai sur mes genoux, tenant toujours bon avec mes mains, et je dégageai ma tête. Alors notre petit bateau donna de lui-même une secousse, juste comme un chien qui sort de l'eau, et se leva en partie au-dessus de la mer. Je m'efforçais alors de secouer de mon mieux la stupeur qui m'avait envahi et de recouvrer suffisamment mes esprits pour voir ce qu'il y avait à faire, quand je sentis quelqu'un qui me saisissait par le bras. C'était mon frère aîné, et mon cœur en sauta de joie, car je le croyais parti par-dessus bord ; — mais un moment après toute cette joie se changea en horreur, quand, appli-

quant sa bouche à mon oreille, il vociféra ce simple mot :
Le Moskoe-Strom !

Personne ne saura jamais ce que furent en ce moment mes pensées. Je frissonnai de la tête aux pieds, comme pris du plus violent accès de fièvre. Je comprenais suffisamment ce qu'il entendait par ce seul mot, — je savais bien ce qu'il voulait me faire entendre ! Avec le vent qui nous poussait maintenant, nous étions destinés au tourbillon du Strom, et rien ne pouvait nous sauver !

Vous avez bien compris qu'en traversant le canal du Strom, nous faisions toujours notre route bien au-dessus du tourbillon, même par le temps le plus calme, et encore avions-nous bien soin d'attendre et d'épier le répit de la marée ; mais maintenant nous courions droit sur le gouffre lui-même, et avec une pareille tempête ! — A coup sûr, pensais-je, nous y serons juste au moment de l'accalmie, il y a là encore un petit espoir ; — mais une minute après je me maudissais d'avoir été assez fou pour rêver d'une espérance quelconque. Je voyais parfaitement que nous étions condamnés, eussions-nous été un vaisseau de je ne sais combien de canons.

En ce moment la première fureur de la tempête était passée, ou peut-être ne la sentions-nous pas autant parce que nous fuyions devant ; mais, en tout cas, la mer, que le vent avait d'abord maîtrisée, plane et écumeuse, se dressait maintenant en véritables montagnes. Un changement singulier avait eu lieu aussi dans le ciel. Autour de nous, dans toutes les directions, il était toujours noir comme de la poix, mais presque au-dessus de nous il s'était fait une ouverture circulaire, — un ciel clair, — clair comme je ne l'ai jamais vu, — d'un bleu brillant et foncé, — et à travers ce trou resplendissait la pleine lune avec un éclat que je ne lui avais jamais connu. Elle éclairait toutes choses autour de nous avec la plus grande netteté, — mais, grand Dieu! quelle scène à éclairer!

Je fis un ou deux efforts pour parler à mon frère; mais le vacarme, sans que je pusse m'expliquer comment, était accru à un tel point, que je ne pus lui faire entendre un seul mot, bien que je criasse dans son oreille de toute la force de mes poumons. Tout à coup il secoua la tête, devint pâle comme la mort, et leva un de ses doigts comme pour me dire: *Écoute!*

D'abord, je ne compris pas ce qu'il voulait dire, — mais bientôt une épouvantable pensée se fit jour en moi. Je tirai ma montre de mon gousset. Elle ne marchait pas. Je regardai le cadran au clair de lune, et je fondis en larmes en la jetant au loin dans l'Océan. *Elle s'était arrêtée à sept heures! Nous avions laissé passer le répit de la marée, et le tourbillon du Strom était dans sa pleine furie!*

Quand un navire est bien construit, proprement équipé et pas trop chargé, les lames, par une grande brise, et quand il est au large, semblent toujours s'échapper de dessous sa quille, — ce qui paraît très-étrange à un homme de terre, — et ce qu'on appelle, en langage de bord, chevaucher (*riding*). Cela allait bien, tant que nous grimpions lestement sur la houle; mais actuellement, une mer gigantesque venait nous prendre par notre arrière et nous enlevait avec elle, —

haut, haut, — comme pour nous pousser jusqu'au ciel. Je n'aurais jamais cru qu'une lame pût monter si haut. Puis nous descendions en faisant une courbe, une glissade, un plongeon, qui me donnait la nausée et le vertige, comme si je tombais en rêve du haut d'une immense montagne. Mais du haut de la lame j'avais jeté un rapide coup d'œil autour de moi, — et ce seul coup d'œil avait suffi. Je vis exactement notre position en une seconde. Le tourbillon de Moskoe-Strom était à un quart de mille environ, droit devant nous, mais il ressemblait aussi peu au Moskoe-Strom de tous les jours que ce tourbillon que vous voyez maintenant ressemble à un remous de moulin. Si je n'avais pas su où nous étions et ce que nous avions à attendre, je n'aurais pas reconnu l'endroit. Tel que je le vis, je fermai involontairement les yeux d'horreur; mes paupières se collèrent comme dans un spasme.

Moins de deux minutes après, nous sentîmes tout à coup la vague s'apaiser, et nous fûmes enveloppés d'écume. Le bateau fit un brusque demi-tour par bâbord, et partit dans cette nouvelle direction comme la foudre. Au même instant, le rugissement de l'eau se perdit dans une espèce de clameur aiguë, — un son tel que vous pouvez le concevoir en imaginant les soupapes de plusieurs milliers de steamers lâchant à la fois leur vapeur. Nous étions alors dans la ceinture moutonneuse qui cercle toujours le tourbillon ; et je croyais naturellement qu'en une seconde nous allions plonger dans le gouffre, au fond duquel nous ne pouvions pas voir distinctement, en raison de la prodigieuse vélocité avec laquelle nous y étions entraînés. Le bateau ne semblait pas plonger dans l'eau, mais la raser, comme une bulle d'air qui voltige sur la surface de la lame. Nous avions le tourbillon à tribord, et à bâbord se dressait le vaste océan que nous venions de quitter. Il s'élevait comme un vaste mur se tordant entre nous et l'horizon.

Cela peut paraître étrange; mais alors, quand nous fûmes dans la gueule même de l'abîme, je me sentis plus de sang-froid que quand nous en approchions. Ayant fait mon deuil de toute espérance, je fus délivré d'une grande partie de cette terreur qui m'avait d'abord écrasé. Je suppose que c'était le désespoir qui raidissait mes nerfs.

Vous prendrez peut-être cela pour une fanfaronnade, mais ce que je vous dis est la vérité: je commençai à songer quelle magnifique chose c'était de mourir d'une pareille manière, et combien il était sot à moi de m'occuper d'un aussi vulgaire intérêt que ma conservation individuelle, en face d'une si prodigieuse manifestation de la puissance de Dieu. Je crois que je rougis de honte quand cette idée traversa mon esprit. Peu d'instants après, je fus possédé de la plus ardente curiosité relativement au tourbillon lui-même. Je sentis positivement le *désir* d'explorer ses profondeurs, même au prix du sacrifice que j'allais faire; mon principal chagrin était de penser que je ne pourrais jamais raconter à mes vieux camarades les mystères que j'allais connaître. C'étaient là, sans doute, de singulières pensées pour occuper l'esprit d'un homme dans une pareille extrémité, — et j'ai souvent eu l'idée depuis lors que les évolutions du bateau autour du gouffre m'avaient un peu étourdi la tête.

Il y eut une autre circonstance qui contribua à me rendre maître de moi-même ; ce fut la complète cessation du vent, qui ne pouvait plus nous atteindre dans notre situation actuelle ; — car, comme vous pouvez en juger par vous-même, la ceinture d'écume est considérablement au-dessous du niveau général de l'Océan, et ce dernier nous dominait maintenant comme la crête d'une haute et noire montagne. Si vous ne vous êtes jamais trouvé en mer par une grosse tempête, vous ne pouvez pas vous faire une idée du trouble d'esprit occasionné par l'action simultanée du vent et des embruns. Cela vous aveugle, vous étourdit, vous étrangle et vous ôte toute faculté d'action ou de réflexion. Mais nous étions maintenant grandement soulagés de tous ces embarras, — comme ces misérables condamnés à mort, à qui on accorde dans leur prison quelques petites faveurs qu'on leur refusait tant que l'arrêt n'était pas prononcé.

Combien de fois fîmes-nous le tour de cette ceinture, il m'est impossible de le dire. Nous courûmes tout autour, pendant une heure à peu près ; nous volions plutôt que nous ne flottions, et nous nous rapprochions toujours de plus en plus du centre du tourbillon, et toujours plus près, toujours plus près de son épouvantable arête intérieure.

Pendant tout ce temps, je n'avais pas lâché le boulon. Mon frère était à l'arrière, se tenant à une petite barrique vide, solidement attachée sous l'échauguette, derrière l'habitacle ; c'était le seul objet du bord qui n'eût pas été balayé quand le coup de temps nous avait surpris.

Comme nous approchions de la margelle de ce puits mouvant, il lâcha le baril et tâcha de saisir l'anneau, que dans l'agonie de sa terreur il s'efforçait d'arracher de mes mains, et qui n'était pas assez large pour nous donner sûrement prise à tous deux. Je n'ai jamais éprouvé de douleur plus profonde que quand je le vis tenter une pareille action, — quoique je visse bien qu'alors il était insensé et que la pure frayeur en avait fait un fou furieux. Néanmoins, je ne cherchai pas à lui disputer la place. Je savais bien qu'il importait fort peu à qui appartiendrait l'anneau ; je lui laissai le boulon, et m'en allai au baril de l'arrière. Il n'y avait pas grande difficulté à opérer cette manœuvre ; car le semaque filait en rond avec assez d'aplomb, et assez droit sur sa quille, — poussé quelquefois çà et là par les immenses houles et les bouillonnements du tourbillon. A peine m'étais-je arrangé dans ma nouvelle position, que nous donnâmes une violente embardée à tribord, et que nous piquâmes la tête la première dans l'abîme. Je murmurai une rapide prière à Dieu, et je pensai que tout était fini.

Comme je subissais l'effet douloureusement nauséabond de la descente, je m'étais instinctivement cramponné au baril avec plus d'énergie, et j'avais fermé les yeux. Pendant quelques secondes je n'osai pas les ouvrir, — m'attendant à une destruction instantanée et m'étonnant de ne pas déjà en être aux angoisses suprêmes de l'immersion. Mais les secondes s'écoulaient ; je vivais encore. La sensation de chute avait cessé, et le mouvement du navire ressemblait beaucoup à ce qu'il était déjà, quand nous étions pris dans la ceinture d'écume, à l'exception que maintenant nous donnions davantage de la bande. Je repris courage et regardai une fois encore le tableau.

Jamais je n'oublierai les sensations d'effroi, d'horreur et d'admiration que j'éprouvai en jetant les yeux autour de moi. Le bateau semblait suspendu comme par magie, à mi-chemin de sa chute, sur la surface intérieure d'un entonnoir d'une vaste circonférence, d'une profondeur prodigieuse, et dont les parois, admirablement polies, auraient pu être prises pour de l'ébène, sans l'éblouissante vélocité avec laquelle elles pirouettaient et l'étincelante et horrible clarté qu'elles répercutaient sous les rayons de la pleine lune, qui, de ce trou circulaire que j'ai déjà décrit, ruisselaient en un fleuve d'or et de splendeur le long des murs noirs et pénétraient jusque dans les plus intimes profondeurs de l'abîme.

D'abord, j'étais trop troublé pour observer n'importe quoi avec quelque exactitude. L'explosion générale de cette magnificence terrifique était tout ce que je pouvais voir. Néanmoins, quand je revins un peu à moi, mon regard se dirigea instinctivement vers le fond. Dans cette direction, je pouvais plonger ma vue sans obstacle à cause de la situation de notre semaque qui était suspendu sur la surface inclinée du gouffre ; il courait toujours sur sa quille, c'est-à-dire que son pont formait un plan parallèle à celui de l'eau, qui faisait comme un talus incliné à plus de 45 degrés, de sorte que nous avions l'air de nous soutenir sur notre côté. Je ne pouvais m'empêcher de remarquer, toutefois, que je n'avais guère plus de peine à me retenir des mains et des pieds, dans cette situation; que si nous avions été sur un plan horizontal ; et cela tenait, je suppose, à la vélocité avec laquelle nous tournions.

Les rayons de la lune semblaient chercher le fin fond de l'immense gouffre ; cependant je ne pouvais rien distinguer nettement, à cause d'un épais brouillard qui enveloppait toutes choses, et sur lequel planait un magnifique arc-en-ciel, semblable à ce pont étroit et vacillant que les Musulmans affirment être le seul passage entre le Temps et l'Éternité. Ce brouillard ou cette écume était sans doute occasionné par le conflit des grands murs de l'entonnoir, quand ils se rencontraient et se brisaient au fond ; — quant au hurlement qui montait de ce brouillard vers le ciel, je n'essaierai pas de le décrire.

Notre première glissade dans l'abîme, à partir de la ceinture d'écume, nous avait portés à une grande distance sur la pente ; mais postérieurement notre descente ne s'effectua pas aussi rapidement, à beaucoup près. Nous filions toujours, toujours circulairement, non plus avec un mouvement uniforme, mais avec des élans et des secousses étourdissantes qui parfois ne nous projetaient qu'à une centaine de yards, et d'autres fois nous faisaient accomplir une évolution complète autour du tourbillon. A chaque tour, nous nous rapprochions du gouffre, lentement, il est vrai, mais d'une manière très-sensible.

Je regardai au large sur le vaste désert d'ébène qui nous portait, et je m'aperçus que notre barque n'était pas le seul objet qui fût tombé dans l'étreinte du tourbillon. Au-dessus et au-dessous de nous, on voyait des débris de navires, de gros morceaux de charpente, des troncs d'arbres, ainsi que bon nombre d'articles plus petits, tels que des pièces de mobilier, des malles brisées, des barils et des douves. J'ai déjà décrit la curiosité surnaturelle qui s'était substituée à mes primitives terreurs. Il me sembla qu'elle augmentait à mesure que je me rapprochais de mon épouvantable destinée. Je commençai alors à épier avec un étrange intérêt les nombreux objets qui flottaient en notre compagnie. Il *fallait* que j'eusse le délire, — car je trouvais même une sorte d'*amusement* à calculer les vitesses relatives de leur descente vers le tourbillon d'écume.

— Ce sapin, — me surpris-je une fois à dire, — sera certainement la première chose qui fera le terrible plongeon et qui disparaîtra; — et je fus fort désappointé de voir qu'un bâtiment de commerce hollandais avait pris les devants et s'était engouffré le premier. A la longue, après avoir fait quelques conjectures de cette nature et m'être toujours trompé, — ce fait, — le fait de mon invariable mécompte, — me jeta dans un ordre de réflexions qui firent de nouveau trembler mes membres et battre mon cœur encore plus lourdement.

Ce n'était pas une nouvelle terreur qui m'affectait ainsi, mais l'aube d'une espérance bien plus émouvante. Cette espérance surgissait en partie de la mémoire, en partie de l'observation présente. Je me rappelai l'immense variété d'épaves qui jonchaient la côte de Lofoden, et qui avaient toutes été absorbées et revomies par le Moskoe-Strom. Ces articles, pour la plus grande partie, étaient déchirés de la manière la plus extraordinaire, — éraillés, écorchés, au point qu'ils avaient l'air d'être tout garnis de pointes et d'esquilles. — Mais je me rappelais distinctement alors qu'il y en avait quelques-uns qui n'étaient pas défigurés du tout. Je ne pouvais maintenant me rendre compte de cette différence qu'en supposant que les fragments écorchés fussent les seuls qui eussent été complètement absorbés, — les autres étant entrés dans le tourbillon à une période assez avancée de la marée, ou, après y être entrés, étant, par une raison ou par une autre, descendus assez lentement pour ne pas atteindre le fond avant le retour du flux ou du reflux, — suivant le cas. Je concevais qu'il était possible, dans les deux cas, qu'ils eussent remonté, en tourbillonnant de nouveau, jusqu'au niveau de l'Océan, sans subir le sort de ceux qui avaient été entraînés de meilleure heure ou absorbés plus rapidement.

Je fis aussi trois observations importantes : la première, que, — règle générale, — plus les corps étaient gros, plus leur descente était rapide; — la seconde, que, deux masses étant données, d'une égale étendue, l'une sphérique et l'autre de *n'importe quelle autre forme*, la supériorité de vitesse dans la descente était pour la sphère; — la troisième, — que, de deux masses d'un volume égal, l'une cylindrique et l'autre de n'importe quelle autre forme, le cylindre était absorbé le plus lentement.

Depuis ma délivrance, j'ai eu à ce sujet quelques conversations avec un vieux maître d'école du district; et c'est de lui que j'ai appris l'usage des mots cylindre et sphère. Il m'a expliqué, — mais j'ai oublié l'explication, — que ce que j'avais observé était la conséquence naturelle de la forme des débris flottants, et il m'a démontré comment un cylindre, tournant dans un tourbillon, présentait plus de résistance à sa succion et était attiré avec plus de difficulté qu'un corps d'une autre forme quelconque et d'un volume égal[1].

Il y avait une circonstance saisissante qui donnait une grande force à ces observations, et me rendait anxieux de les vérifier : c'était qu'à chaque révolution nous passions devant un baril ou devant une vergue ou un mât de navire, et que la plupart de ces objets, nageant à notre niveau quand j'avais ouvert les yeux pour la première fois sur les merveilles du tourbillon, étaient maintenant situés bien au-dessus de nous et semblaient n'avoir guère bougé de leur position première.

Je n'hésitai pas plus longtemps sur ce que j'avais à faire. Je résolus de m'attacher avec confiance à la barrique que je tenais toujours embrassée, de larguer le câble qui la retenait à la cage, et de me jeter avec à la mer. Je m'efforçai d'attirer par signes l'attention de mon frère sur les barils flottants auprès desquels nous passions, et je fis tout ce qui était en mon pouvoir pour lui faire comprendre ce que j'allais tenter. Je crus à la longue qu'il avait deviné mon dessein, — mais, qu'il l'eût ou ne l'eût pas saisi, il secoua la tête avec désespoir, et refusa de quitter sa place près du boulon. Il m'était impossible de m'emparer de lui ; la conjoncture ne permettait pas de délai. Ainsi, avec une amère angoisse, je l'abandonnai à sa destinée, je m'attachai moi-même à la barrique avec le câble qui l'amarrait à l'échauguette, et, sans hésiter un moment de plus, je me précipitai avec dans la mer.

1. Archimède, *De incidentibus in fluido*. — E. A. P.

Le résultat fut précisément ce que j'espérais. Comme c'est moi-même qui vous raconte cette histoire, — comme vous voyez que j'ai échappé, — et comme vous connaissez déjà le mode de salut que j'employai et pouvez dès lors prévoir tout ce que j'aurais de plus à vous dire, — j'abrégerai mon récit, et j'irai droit à la conclusion.

Il s'était écoulé une heure environ depuis que j'avais quitté le bord du semaque, quand, étant descendu à une vaste distance au-dessous de moi, il fit coup sur coup trois ou quatre tours précipités, et, emportant mon frère bien-aimé, piqua de l'avant, décidément et pour toujours, dans le chaos d'écume. Le baril auquel j'étais attaché nageait presque à moitié chemin de la distance qui séparait le fond du gouffre de l'endroit où je m'étais précipité par-dessus bord, quand un grand changement eut lieu dans le caractère du tourbillon. La pente des parois du vaste entonnoir se fit de moins en moins escarpée. Les évolutions du tourbillon devinrent de moins en moins rapides. Peu à peu l'écume et l'arc-en-ciel disparurent, et le fond du gouffre sembla s'élever lentement.

Le ciel était clair, le vent était tombé, et la pleine lune se couchait radieusement à l'ouest, quand je me retrouvai à la surface de l'Océan, juste en vue de la côte de Lofoden, et au-dessus de l'endroit où *était* naguère le tourbillon du Moskoe-Strom. C'était l'heure de l'accalmie, — mais la mer se soulevait toujours en vagues énormes par suite de la tempête. Je fus porté violemment dans le canal du Strom et jeté en quelques minutes à la côte, parmi les pêcheries. Un bateau me repêcha, — épuisé de fatigue ; — et maintenant que le danger avait disparu, le souvenir de ces horreurs m'avait rendu muet. Ceux qui me tirèrent à bord étaient mes vieux camarades de mer et mes compagnons de chaque jour, — mais ils ne me reconnaissaient pas plus qu'ils n'auraient reconnu un voyageur revenu du monde des esprits. Mes cheveux, qui, la veille, étaient d'un noir de corbeau, étaient aussi blancs que vous les voyez maintenant. Ils dirent aussi que toute l'expression de ma physionomie était changée. Je leur contai mon histoire ; — ils ne voulurent pas y croire. — Je vous la raconte, à vous, maintenant, et j'ose à peine espérer que vous y ajouterez plus de foi que les plaisants pêcheurs de Lofoden.

LE ROI PESTE

HISTOIRE CONTENANT UNE ALLÉGORIE

LE ROI PESTE

HISTOIRE CONTENANT UNE ALLÉGORIE

> Les dieux souffrent et autorisent fort bien chez les rois les choses qui leur font horreur dans les chemins de la canaille.
>
> BUCKHURST.
> *Ferrex et Porrex.*

Vers minuit environ, pendant une nuit du mois d'octobre, sous le règne chevaleresque d'Édouard III, deux matelots appartenant à l'équipage du *Free-and-Easy*, goëlette de commerce faisant le service entre l'Écluse (Belgique) et la Tamise, et qui était alors à l'ancre dans cette rivière, furent très-émerveillés de se trouver assis dans la salle d'une taverne de la paroisse Saint-André, à Londres, — laquelle taverne portait pour enseigne la portraiture du *Joyeux Loup de mer*.

La salle, quoique mal construite, noircie par la fumée, basse de plafond, et ressemblant d'ailleurs à tous les cabarets de cette époque, était néanmoins, dans l'opinion des groupes grotesques de buveurs disséminés çà et là, suffisamment bien appropriée à sa destination.

De ces groupes, nos deux matelots formaient, je crois, le plus intéressant, sinon le plus remarquable.

Celui qui paraissait être l'aîné, et que son compagnon appelait du nom caractéristique de *Legs* (jambes), était aussi de beaucoup le plus grand des deux. Il pouvait bien avoir six pieds et demi, et une courbure habituelle des épaules semblait la conséquence nécessaire d'une aussi prodigieuse stature. — Son superflu en hauteur était néanmoins plus que compensé par des déficits à d'autres égards. Il était excessivement maigre, et il aurait pu, comme l'affirmaient ses camarades, remplacer, quand il était ivre, une flamme de tête de mât, et à jeun le bout-dehors du foc. Mais évidemment ces plaisanteries et d'autres analogues n'avaient jamais produit aucun effet sur les muscles cachinnatoires du loup de mer. Avec ses pommettes saillantes, son grand nez de faucon, son menton fuyant, sa mâchoire inférieure déprimée et ses énormes yeux blancs protubérants, l'expression de sa physionomie, quoique empreinte d'une espèce d'indifférence bourrue pour toutes choses, n'en était pas moins solennelle et sérieuse au delà de toute imitation et de toute description.

Le plus jeune matelot était, dans toute son apparence extérieure, l'inverse et la *réciproque* de son camarade. Une paire de jambes arquées et trapues supportait sa personne lourde et ramassée, et ses bras singulièrement courts et épais, terminés par des poings plus qu'ordinaires, pendillaient et se balançaient à ses côtés comme les ailerons d'une tortue de mer. De petits yeux, d'une couleur non précise, scintillaient, profondément enfoncés dans sa tête. Son nez restait enfoui dans la masse de chair qui enveloppait sa face ronde, pleine et pourprée, et sa grosse lèvre supérieure se reposait complaisamment sur l'inférieure, encore plus grosse, avec un air de satisfaction personnelle, augmenté par l'habitude qu'avait le propriétaire des dites lèvres de les lécher de temps à autre. Il regardait évidemment son grand camarade de bord avec un sentiment moitié d'ébahissement, moitié de raillerie ; et parfois, quand il le contemplait en face, il avait l'air du soleil empourpré, contemplant avant de se coucher, le haut des rochers de Ben-Nevis.

Cependant les pérégrinations du digne couple dans les différentes tavernes du voisinage pendant les premières heures de la nuit avaient été variées et pleines d'événements. Mais les fonds, même les plus vastes, ne sont pas éternels, et c'était avec des poches vides que nos amis s'étaient aventurés dans le cabaret en question.

Au moment précis où commence proprement cette histoire, Legs et son compagnon Hugh Tarpaulin étaient assis, chacun avec les deux coudes appuyés sur la vaste table de chêne, au milieu de la salle, et les joues entre les mains. A l'abri d'un vaste flacon de *humming-*

stuff non payé, ils lorgnaient les mots sinistres : — *Pas de craie*[1], — qui, non sans étonnement et sans indignation de leur part, étaient écrits sur la porte en caractères de craie, — cette impudente craie qui osait se déclarer absente! Non que la faculté de déchiffrer les caractères écrits, — faculté considérée parmi le peuple de ce temps comme un peu moins cabalistique que l'art de les tracer, — eût pu, en stricte justice, être imputée aux deux disciples de la mer; mais il y avait, pour dire la vérité, un certain tortillement dans la tournure des lettres, — et dans l'ensemble je ne sais quelle indescriptible embardée, — qui présageaient, dans l'opinion des deux marins, une sacrée secousse et un sale temps, et qui les décidèrent tout d'un coup, suivant le langage métaphorique de Legs, à veiller aux pompes, à serrer toute la toile et à fuir devant le vent.

En conséquence, ayant consommé ce qui restait d'ale, et solidement agraffé leurs courts pourpoints, finalement ils prirent leur élan vers la rue. Tarpaulin, il est vrai, entra deux fois dans la cheminée, la prenant pour la porte, mais enfin leur fuite s'effectua heureusement, et, une demi-heure après minuit, nos deux héros avaient paré au grain et filaient rondement à travers une ruelle sombre dans la direction de l'escalier Saint-André, chaudement poursuivis par la tavernière du *Joyeux Loup de mer*.

Bien des années avant et après l'époque où se passe cette dramatique histoire, toute l'Angleterre, mais plus particulièrement la métropole, retentissait périodique-

1. Pas de crédit. — C. B.

ment du cri sinistre : — La Peste ! La Cité était en grande partie dépeuplée, — et, dans ces horribles quartiers avoisinant la Tamise, parmi ces ruelles et ces passages noirs, étroits et immondes, que le Démon de la Peste avait choisis, supposait-on alors, pour le lieu de sa nativité, on ne pouvait rencontrer, se pavanant à l'aise, que l'Effroi, la Terreur et la Superstition.

Par ordre du roi, ces quartiers étaient condamnés, et il était défendu à toute personne, sous peine de mort, de pénétrer dans leurs affreuses solitudes. Cependant, ni le décret du monarque, ni les énormes barrières élevées à l'entrée des rues, ni la perspective de cette hideuse mort, qui, presque à coup sûr, engloutissait le misérable qu'aucun péril ne pouvait détourner de l'aventure, n'empêchaient pas les habitations démeublées et inhabitées d'être dépouillées, par la main d'une rapine nocturne, du fer, du cuivre, des plombages, enfin de tout article pouvant devenir l'objet d'un lucre quelconque.

Il fut particulièrement constaté, à chaque hiver, à l'ouverture annuelle des barrières, que les serrures, les verrous et les caves secrètes n'avaient protégé que médiocrement ces amples provisions de vins et liqueurs, que, vu les risques et les embarras du déplacement, plusieurs des nombreux marchands ayant boutique dans le voisinage s'étaient résignés, durant la période de l'exil, à confier à une aussi insuffisante garantie.

Mais, parmi le peuple frappé de terreur, bien peu de gens attribuaient ces faits à l'action des mains humaines. Les Esprits et les Gobelins de la peste, les Démons de la fièvre, tels étaient pour le populaire les vrais suppôts de malheur ; et il se débitait sans cesse là-dessus des contes à glacer le sang, si bien que toute la masse des bâtiments condamnés fut à la longue enveloppée de terreur comme d'un suaire, et que le voleur lui-même, souvent épouvanté par l'horreur superstitieuse qu'avaient créée ses propres déprédations, laissait le vaste circuit du quartier maudit aux ténèbres, au silence, à la peste et à la mort.

Ce fut par l'une des redoutables barrières dont il a été parlé, et qui indiquait que la région située au delà était condamnée, que Legs et le digne Hugh Tarpaulin, qui dégringolaient à travers une ruelle, trouvèrent leur course soudainement arrêtée. Il ne pouvait pas être question de revenir sur leurs pas, et il n'y avait pas de temps à perdre ; car ceux qui leur donnaient la chasse étaient presque sur leurs talons. Pour des matelots pur-sang, grimper sur la charpente grossièrement façonnée n'était qu'un jeu ; et, exaspérés par la double excitation de la course et des liqueurs, ils sautèrent résolument de l'autre côté, puis, reprenant leur course ivre avec des cris et des hurlements, s'égarèrent bientôt dans ces profondeurs compliquées et malsaines.

S'ils n'avaient pas été ivres au point d'avoir perdu le sens moral, leurs pas vacillants eussent été paralysés par les horreurs de leur situation. L'air était froid et brumeux. Parmi le gazon haut et vigoureux qui leur montait jusqu'aux chevilles, les pavés déchaussés gisaient dans un affreux désordre. Des maisons tombées bouchaient les rues. Les miasmes les plus fétides et les plus délétères régnaient partout ; — et grâce à cette pâle lumière qui, même à minuit, émane toujours d'une atmosphère vaporeuse et pestilentielle, on aurait pu discerner, gisant dans les allées et les ruelles, ou pourrissant dans les habitations sans fenêtres, la charogne de maint voleur nocturne arrêté par la main de la peste dans la perpétration de son exploit.

Mais il n'était pas au pouvoir d'images, de sensations et d'obstacles de cette nature d'arrêter la course de deux hommes, qui, naturellement braves, et, cette nuit-là surtout, pleins jusqu'aux bords de courage et de *humming-stuff*, auraient intrépidement roulé, aussi droit que l'aurait permis leur état, dans la gueule même de la Mort. En avant, — toujours en avant allait le sinistre Legs, faisant retentir les échos de ce désert solennel de cris semblables au terrible hurlement de guerre des Indiens ; et avec lui toujours, toujours roulait le trapu Tarpaulin, accroché au pourpoint de son camarade plus agile, et surpassant encore les plus valeureux efforts de ce dernier dans la musique vocale, par des mugissements de *basse* tirés des profondeurs de ses poumons stentoriens.

Évidemment, ils avaient atteint la place forte de la peste. A chaque pas ou à chaque culbute, leur route devenait plus horrible et plus infecte, les chemins plus étroits et plus embrouillés. De grosses pierres et des poutres tombant de temps en temps des toits délabrés rendaient témoignage, par leurs chutes lourdes et funestes, de la prodigieuse hauteur des maisons environnantes ; et, quand il leur fallait faire un effort énergique pour se pratiquer un passage à travers les fréquents monceaux de gravats, il n'était pas rare que leur main tombât sur un squelette, ou s'empêtrât dans des chairs décomposées.

Tout à coup les marins trébuchèrent contre l'entrée d'un vaste bâtiment d'apparence sinistre ; un cri plus aigu que de coutume jaillit du gosier de l'exaspéré Legs, et il y fut répondu de l'intérieur par une explosion rapide, successive, de cris sauvages, démoniaques, presque des éclats de rire. Sans s'effrayer de ces sons, qui, par leur nature, dans un pareil lieu, dans un pareil moment, auraient figé le sang dans des poitrines moins irréparablement incendiées, nos deux ivrognes piquèrent tête baissée dans la porte, l'enfoncèrent, et s'abattirent au milieu des choses avec une volée d'imprécations.

La salle dans laquelle ils tombèrent se trouva être le magasin d'un entrepreneur des pompes funèbres ; mais une trappe, ouverte dans un coin du plancher près de la porte, donnait sur une enfilade de caves, dont les profondeurs, comme le proclama un son de bouteilles qui se brisent, étaient bien approvisionnées de leur contenu traditionnel. Dans le milieu de la salle une table était dressée, — au milieu de la table, un gigantesque bol plein de punch, à ce qu'il semblait. Des bouteilles de vins et de liqueurs, concurremment avec des pots, des cruches et des flacons de toute forme et de toute espèce, étaient éparpillées à profusion sur la table. Tout autour, sur des tréteaux funèbres, siégeait une société de six personnes. Je vais essayer de vous les décrire une à une.

En face de la porte d'entrée, et un peu plus haut que ses compagnons, était assis un personnage qui semblait être le président de la fête. C'était un être décharné, d'une grande taille, et Legs fut stupéfié de se trouver en face d'un plus maigre que lui. Sa figure était aussi jaune que du safran ; — mais aucun trait, à l'exception d'un seul, n'était assez marqué pour mériter une description particulière. Ce trait unique consistait dans un front si anormalement et si hideusement haut qu'on eût dit un bonnet ou une couronne de chair ajoutée à sa tête naturelle. Sa bouche grimaçante était plissée par une expression d'affabilité spectrale, et ses yeux, comme les yeux de toutes les personnes attablées, brillaient du singulier vernis que font les fumées de l'ivresse. Ce gentleman était vêtu des pieds à la tête d'un manteau de velours de soie noir, richement brodé, qui flottait négligemment autour de sa taille à la manière d'une cape espagnole. Sa tête était abondamment hérissée de plumes de corbillard, qu'il balançait de-ci de-là avec un air d'afféterie consommée ; et, dans sa main droite, il tenait un grand fémur humain, avec lequel il venait de frapper, à ce qu'il semblait, un des membres de la compagnie pour lui commander une chanson.

En face de lui, et le dos tourné à la porte, était une dame dont la physionomie extraordinaire ne lui cédait en rien. Quoique aussi grande que le personnage que nous venons de décrire, celle-ci n'avait aucun droit de se plaindre d'une maigreur anormale. Elle en était évidemment au dernier période de l'hydropisie, et sa tournure ressemblait beaucoup à celle de l'énorme pièce de *bière d'Octobre* qui se dressait, défoncée par le haut, juste à côté d'elle, dans un coin de la chambre. Sa figure était singulièrement ronde, rouge et pleine ; et la même particularité, ou plutôt l'absence de particularité que j'ai déjà mentionnée dans le cas du président, marquait sa physionomie, — c'est-à-dire qu'un seul trait de sa face méritait une caractérisation spéciale ; le fait est que le clairvoyant Tarpaulin vit tout de suite que la même remarque pouvait s'appliquer à toutes les personnes de la société, chacune semblait avoir accaparé pour elle seule un morceau de physionomie. Dans la dame en question, ce morceau, c'était la bouche : — une bouche qui commençait à l'oreille droite, et courait jusqu'à la gauche en dessinant un abîme terrifique, — ses très-courts pendants d'oreilles trempant à chaque instant dans le gouffre. La dame néanmoins faisait tous ses efforts pour garder cette bouche fermée et se donner un air de dignité ; sa toilette consistait en un suaire fraîchement empesé et repassé, qui lui montait jusque sous le menton, avec une collerette plissée en mousseline de batiste.

A sa droite était assise une jeune dame minuscule qu'elle semblait patronner. Cette délicate petite créature laissait voir dans le tremblement de ses doigts émaciés, dans le ton livide de ses lèvres et dans la légère tache hectique plaquée sur son teint d'ailleurs plombé, des symptômes évidents d'une phtisie effrénée. Un air de haute distinction, néanmoins, était répandu sur toute sa personne ; elle portait d'une manière gracieuse et tout à fait dégagée un vaste et beau linceul en très-fin linon des Indes ; ses cheveux tombaient en boucles sur son cou ; un doux sourire se jouait sur sa bouche ; mais son nez extrêmement long, mince, sinueux, flexible et pustuleux, pendait beaucoup plus bas que sa lèvre inférieure ; et cette trompe, malgré la façon délicate dont elle la déplaçait de temps à autre et la mouvait à droite et à gauche avec sa langue, donnait à sa physionomie une expression tant soit peu équivoque.

De l'autre côté, à la gauche de la dame hydropique, était assis un vieux petit homme, enflé, asthmatique et goutteux. Ses joues reposaient sur ses épaules comme deux énormes outres de vin d'Oporto. Avec ses bras croisés et l'une de ses jambes entourée de bandages et reposant sur la table, il semblait se regarder comme ayant droit à quelque considération. Il tirait évidemment beaucoup d'orgueil de chaque pouce de son enveloppe personnelle, mais prenait un plaisir plus spécial à attirer les yeux par son surtout de couleur voyante. Il est vrai que ce surtout n'avait pas dû lui coûter peu d'argent, et qu'il était de nature à lui aller parfaitement bien ; — il était fait d'une de ces housses de soie curieusement brodées, appartenant à ces glorieux écussons qu'on suspend, en Angleterre et ailleurs, dans un endroit bien visible, au-dessus des maisons des grandes familles absentes.

A côté de lui, à la droite du président, était un gentleman avec de grands bas blancs et un caleçon de coton. Tout son être était secoué d'une manière risible par un tic nerveux que Tarpaulin appelait *les affres* de l'ivresse. Ses mâchoires, fraîchement rasées, étaient étroitement serrées dans un bandage de mousseline, et ses bras, liés de la même manière par les poignets, ne lui permettaient pas de se servir lui-même trop librement des liqueurs de la table ; précaution rendue nécessaire, dans l'opinion de Legs, par le caractère singulièrement abruti de sa face de biberon. Toutefois, une paire d'oreilles prodigieuses, qu'il était sans doute impossible d'enfermer, surgissaient dans l'espace, et étaient de temps en temps comme piquées d'un spasme au son de chaque bouchon qu'on faisait sauter.

Sixième et dernier, et lui faisant face, était placé un personnage qui avait l'air singulièrement raide, et qui, étant affligé de paralysie, devait se sentir, pour parler sérieusement, fort peu à l'aise dans ses très-incommodes vêtements. Il était habillé (habillement peut-être unique dans son genre) d'une belle bière d'acajou toute neuve. Le haut du couvercle portait sur le crâne de l'homme comme un armet, et l'enveloppait comme un capuchon, donnant à toute la face une physionomie d'un intérêt indescriptible. Des emmanchures avaient été pratiquées des deux côtés, autant pour la commodité que pour l'élégance ; mais cette toilette toutefois empêchait le malheureux qui en était paré de se tenir droit sur son siége comme ses camarades ; et, comme il était déposé contre son tréteau, et incliné suivant un angle de quarante-cinq degrés, ses deux gros yeux à fleur de tête roulaient et dardaient vers le plafond leurs terribles globes blanchâtres, comme dans un absolu étonnement de leur propre énormité.

Devant chaque convive était placée une moitié de crâne, dont il se servait en guise de coupe. Au-dessus de leurs têtes pendait un squelette humain, au moyen d'une corde nouée autour d'une des jambes et fixée à un anneau du plafond. L'autre jambe, qui n'était pas retenue par un lien semblable, jaillissait du corps à angle droit, faisant danser et pirouetter toute la carcasse éparse et frémissante, chaque fois qu'une bouffée de vent se frayait un passage dans la salle. Le crâne de l'affreuse chose contenait une certaine quantité de charbon enflammé qui jetait sur toute la scène une lueur vacillante mais vive; et les bières et tout le matériel d'un entrepreneur de sépultures, empilés à une grande hauteur autour de la chambre et contre les fenêtres, empêchaient tout rayon de lumière de se glisser dans la rue.

A la vue de cette extraordinaire assemblée et de son attirail encore plus extraordinaire, nos deux marins ne se conduisirent pas avec tout le décorum qu'on aurait eu le droit d'attendre d'eux. Legs, s'appuyant contre le mur auprès duquel il se trouvait, laissa tomber sa mâchoire inférieure encore plus bas que de coutume, et déploya ses vastes yeux dans toute leur étendue; pendant que Hugh Tarpaulin, se baissant au point de mettre son nez de niveau avec la table, et posant ses mains sur ses genoux, éclata en un rire immodéré et intempestif, c'est-à-dire en un long, bruyant, étourdissant rugissement.

Cependant, sans prendre ombrage d'une conduite si prodigieusement grossière, le grand président sourit très-gracieusement à nos intrus, — leur fit, avec sa tête de plumes noires, un signe plein de dignité, — et, se levant, prit chacun par un bras, et le conduisit vers un siége que les autres personnes de la compagnie venaient d'installer à son intention. Legs ne fit pas à tout cela la plus légère résistance, et s'assit où on le conduisit; pendant que le galant Hugh, enlevant son tréteau du haut bout de la table, porta son installation dans le voisinage de la petite dame phtisique au linceul, s'abattit à côté d'elle en grande joie, et, se versant un crâne de vin rouge, l'avala en l'honneur d'une plus intime connaissance. Mais, à cette présomption, le raide gentleman à la bière parut singulièrement exaspéré; et cela aurait pu donner lieu à de sérieuses conséquences, si le président n'avait pas, en frappant sur la table avec son sceptre, ramené l'attention de tous les assistants au discours suivant :

— L'heureuse occasion qui se présente nous fait un devoir...

— Tiens bon là ! — interrompit Legs, avec un air de grand sérieux, — tiens bon, un bout de temps, que je dis, et dis-nous qui diable vous êtes tous, et quelle besogne vous faites ici, équipés comme de sales démons, et avalant le bon petit *tord-boyaux* de notre honnête camarade, Will Wimble le croque-mort, et toutes ses provisions arrimées pour l'hiver !

A cet impardonnable échantillon de mauvaise éducation, toute l'étrange société se dressa à moitié sur ses pieds, et proféra rapidement une foule de cris diaboliques, semblables à ceux qui avaient d'abord attiré l'attention des matelots. Le président, néanmoins, fut le premier à recouvrer son sang-froid, et, à la longue, se tournant vers Legs avec une grande dignité, il reprit :

— C'est avec un parfait bon vouloir que nous satisferons toute curiosité raisonnable de la part d'hôtes aussi illustres, bien qu'ils n'aient pas été invités. Sachez donc que je suis le monarque de cet empire, et que je règne ici sans partage, sous ce titre : le Roi Peste Ier.

« Cette salle, que vous supposez très-injurieusement être la boutique de Will Wimble, l'entrepreneur de pompes funèbres, — un homme que nous ne connaissons pas, et dont l'appellation plébéienne n'avait jamais, avant cette nuit, écorché nos oreilles royales, — cette salle, dis-je, est la Salle du Trône de notre palais, consacrée aux conseils de notre royaume et à d'autres destinations d'un ordre sacré et supérieur.

« La noble dame assise en face de nous est la Reine Peste, notre Sérénissime Épouse. Les autres personnages illustres que vous contemplez sont tous de notre famille, et portent la marque de l'origine royale dans leurs noms respectifs : Sa Grâce l'Archiduc Pest-Ifère, — Sa Grâce le Duc Pest-llentiel, — Sa Grâce le Duc Tem-Pestueux, — et Son Altesse Sérénissime l'Archiduchesse Ana-Peste.

« En ce qui regarde, — ajouta-t-il, votre question, relativement aux affaires que nous traitons ici en conseil, il nous serait loisible de répondre qu'elles concernent notre intérêt royal et privé, et, ne concernant que lui, n'ont absolument d'importance que pour nous-même. Mais, en considération de ces égards que vous pourriez revendiquer en votre qualité d'hôtes et d'étrangers, nous daignerons encore vous expliquer que nous sommes ici cette nuit, — préparés par de profondes recherches et de soigneuses investigations, — pour examiner, analyser et déterminer péremptoirement l'esprit indéfinissable, les incompréhensibles qualités et la nature de ces inestimables trésors de la bouche, vins, ales et liqueurs de cette excellente métropole ; pour, en agissant ainsi, non seulement atteindre notre but, mais aussi augmenter la véritable prospérité de ce souverain qui n'est pas de ce monde, qui règne sur nous tous, dont les domaines sont sans limites, et dont le nom est : la Mort! »

— Dont le nom est Davy Jones! — s'écria Tarpaulin, servant à la dame à côté de lui un plein crâne de liqueur, et s'en versant un second à lui-même.

— Profane coquin! — dit le président, tournant alors son attention vers le digne Hugh, — profane et exécrable drôle! — Nous avons dit qu'en considération de ces droits que nous ne nous sentons nullement enclin à violer, même dans ta sale personne, nous condescendions à répondre à tes grossières et intempestives questions. Néanmoins nous croyons que, vu votre profane intrusion dans nos conseils, il est de notre devoir de vous condamner, toi et ton compagnon, chacun à un gallon de *black-strap*, — que vous boirez à la prospérité de notre royaume, — d'un seul trait, — et à genoux; — aussitôt après, vous serez libres l'un et l'autre de continuer votre route, ou de rester et de partager les priviléges de notre table, selon votre goût personnel et respectif.

— Ce serait une chose d'une absolue impossibilité, — répliqua Legs, à qui les grands airs et la dignité du roi Peste Ier avaient évidemment inspiré quelques sentiments de respect, et qui s'était levé et appuyé contre la table pendant que celui-ci parlait; — ce serait, s'il plaît à Votre Majesté, une chose d'une absolue impossibilité d'arrimer dans ma cale le quart seulement de cette liqueur dont vient de parler Votre Majesté. Pour ne rien dire de toutes les marchandises que nous avons chargées à notre bord dans la matinée en manière de lest, et sans mentionner les diverses ales et liqueurs que nous avons embarquées ce soir dans différents ports, j'ai, pour le moment, une forte cargaison de *humming-stuff*, prise et *dûment payée* à l'enseigne du *Joyeux Loup de mer*. Votre Majesté voudra donc bien être assez gracieuse pour prendre la bonne volonté pour le fait ; — car je ne puis ni ne veux en aucune façon avaler une goutte de plus, — encore moins une goutte de cette vilaine eau de cale qui répond au salut de *black-strap*.

— Amarre ça ! — interrompit Tarpaulin, non moins étonné de la longueur du speech de son camarade que de la nature de son refus. — Amarre ça, matelot d'eau douce ! — Lâcheras-tu bientôt le crachoir, que je dis, Legs ! Ma coque est encore légère, bien que toi, je le confesse, tu me paraisses un peu trop chargé par le haut ; et quant à ta part de cargaison, eh bien ! plutôt que de faire lever un grain, je trouverai pour elle de la place à mon bord, mais...

— Cet arrangement, — interrompit le président, — est en complet désaccord avec les termes de la sentence, ou condamnation, qui de sa nature est médique, incommutable et sans appel. Les conditions que nous avons imposées seront remplies à la lettre, et cela sans une minute d'hésitation, — faute de quoi nous décrétons que vous serez attachés ensemble par le cou et les talons, et dûment noyés comme rebelles dans la pièce de *bière d'Octobre* que voilà !

— Voilà une sentence ! — Quelle sentence ! — Équitable, judicieuse sentence ! — Un glorieux décret ! — Une très-digne, très-irréprochable et très-sainte condamnation ! — crièrent à la fois tous les membres de la famille Peste. Le roi fit jouer son front en innombrables rides ; le vieux petit homme goutteux souffla comme un soufflet ; la dame au linceul de linon fit onduler son nez à droite et à gauche ; le gentleman au caleçon convulsa ses oreilles ; la dame au suaire ouvrit la gueule comme un poisson à l'agonie ; et l'homme à la bière d'acajou parut encore plus raide et roula ses yeux vers le plafond.

— Hou ! hou ! — fit Tarpaulin, s'épanouissant de rire, sans prendre garde à l'agitation générale. — Hou ! hou ! hou ! — Hou ! hou ! hou ! — Je disais, quand M. le Roi Peste est venu fourrer son épissoir, que, pour quant à la question de deux ou trois gallons de *blackstrap* de plus ou de moins, c'était une bagatelle pour un bon et solide bateau comme moi, quand il n'était pas trop chargé, — mais quand il s'agit de boire à la santé du Diable (que Dieu puisse absoudre) et de me mettre à genoux devant la vilaine Majesté que voilà, que je sais, aussi bien que je me connais pour un pécheur, n'être pas autre que Tim Hurlygurly le paillasse ! — oh ! pour cela, c'est une tout autre affaire, et qui dépasse absolument mes moyens et mon intelligence.

Il ne lui fut pas accordé de finir tranquillement son discours. Au nom de Tim Hurlygurly, tous les convives bondirent sur leurs siéges.

— Trahison ! — hurla Sa Majesté le Roi Peste Ier.

— Trahison ! — dit le petit homme à la goutte.

— Trahison ! — glapit l'Archiduchesse Ana-Peste.

— Trahison ! — marmotta le gentleman aux mâchoires attachées.

— Trahison ! — grogna l'homme à la bière.

— Trahison ! trahison ! — cria Sa Majesté, la femme à la gueule ; et, saisissant par la partie postérieure de ses culottes l'infortuné Tarpaulin, qui commençait justement à remplir pour lui-même un crâne de liqueur, elle le souleva vivement en l'air et le fit tomber sans cérémonie dans le vaste tonneau défoncé plein de son ale favorite. Ballotté çà et là pendant quelques secondes, comme une pomme dans un bol de toddy, il disparut finalement dans le tourbillon d'écume que ses efforts avaient naturellement soulevé dans le liquide déjà fort mousseux par sa nature.

Toutefois le grand matelot ne vit pas avec résignation la déconfiture de son camarade. Précipitant le roi Peste à travers la trappe ouverte, le vaillant Legs ferma violemment la porte sur lui avec un juron, et courut vers le centre de la salle. Là, arrachant le squelette suspendu au-dessus de la table, il le tira à lui avec tant d'énergie et de bon vouloir qu'il réussit, en même temps que les derniers rayons de lumière s'éteignaient dans la salle, à briser la cervelle du petit homme à la goutte. Se précipitant alors de toute sa force sur le fatal tonneau plein d'*ale d'Octobre* et de Hug Tarpaulin, il le culbuta en un instant et le fit rouler sur lui-même. Il en jaillit un déluge de liqueur si furieux, — si impétueux, — si envahissant, — que la chambre fut inondée d'un mur à l'autre, — la table renversée avec tout ce qu'elle portait, — les tréteaux jetés sens dessus dessous, — le baquet de punch dans la cheminée — et les dames dans des attaques de nerfs. Des piles d'articles funèbres se débattaient çà et là. Les pots, les cruches, les grosses bouteilles habillées de jonc se confondaient dans une affreuse mêlée, et les flacons d'osier se heurtaient désespérément contre les gourdes cuirassées de corde. L'homme aux *affres* fut noyé sur place, — le petit gentleman paralytique naviguait au large dans sa bière, — et le victorieux Legs, saisissant par la taille la grosse dame au suaire, se précipita avec elle dans la rue, et mit le cap tout droit dans la direction du *Free-and-Easy*, prenant bien le vent, et remorquant le redoutable Tarpaulin, qui, ayant éternué trois ou quatre fois, haletait et soufflait derrière lui en compagnie de l'Archiduchesse Ana-Peste.

LE
PUITS ET LE PENDULE

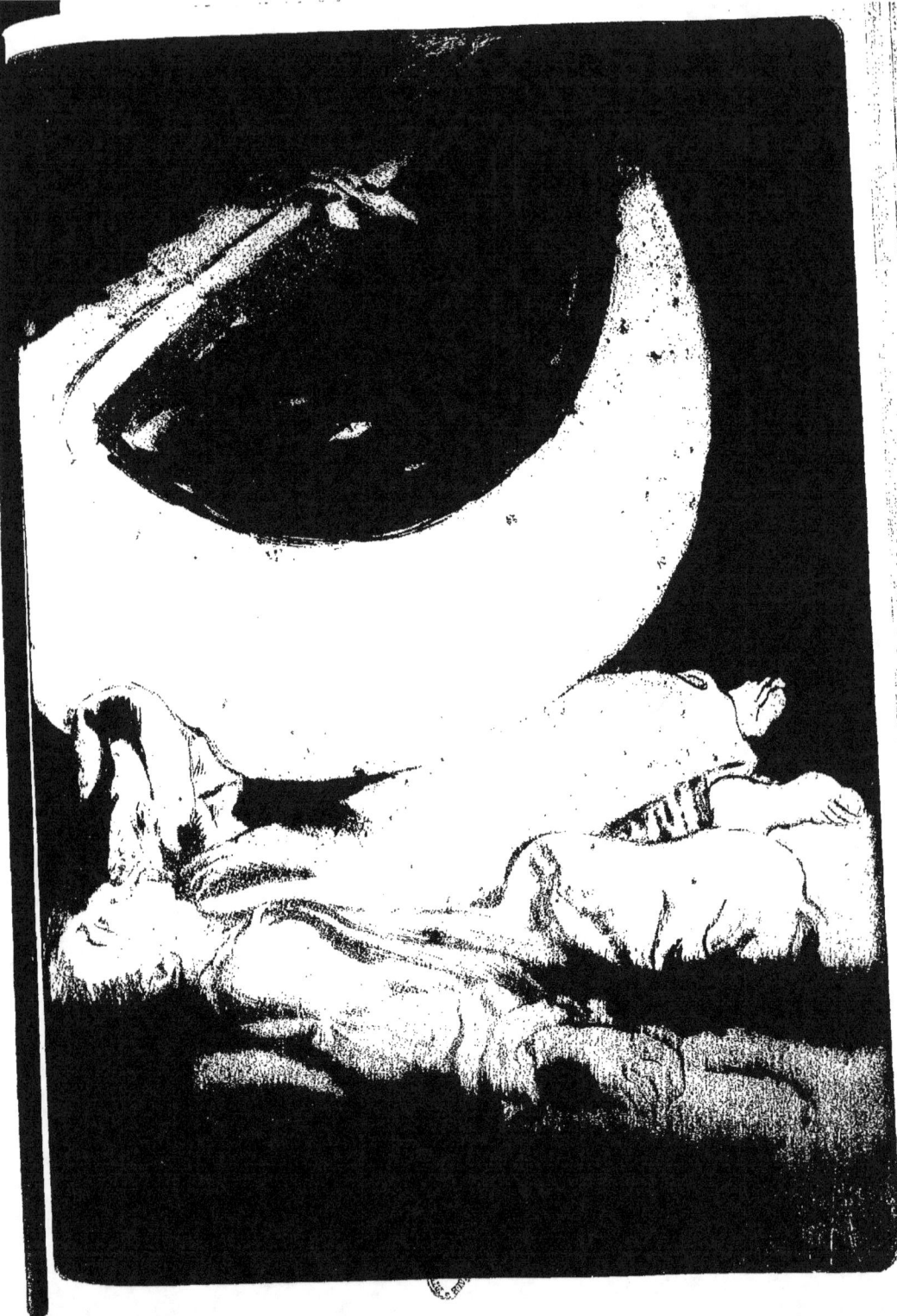

LE PUITS ET LE PENDULE

> Impia tortorum longos hic turba furores,
> Sanguinis innocui non satiata, aluit.
> Sospite nunc patria, fracto nunc funeris antro
> Mors ubi dira fuit vit asalusque patent.
>
> *Quatrain composé pour les portes d'un marché qui devait s'élever sur l'emplacement du club des Jacobins, à Paris[1].*

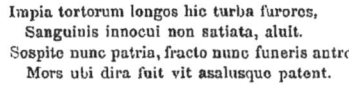

J'ÉTAIS brisé, — brisé jusqu'à la mort par cette longue agonie ; et quand enfin ils me délièrent et qu'il me fut permis de m'asseoir, je sentis que mes sens m'abandonnaient. La sentence, — la terrible sentence de mort, — fut la dernière phrase distinctement accentuée qui frappa mes oreilles. Après quoi le son des voix des inquisiteurs me parut se noyer dans le bourdonnement indéfini d'un rêve. Ce bruit apportait dans mon

---

[1]. Ce marché, — marché Saint-Honoré, — n'a jamais eu ni portes ni inscription. L'inscription a-t-elle existé en projet ? — C. B.

âme l'idée d'une rotation, — peut-être à cause que, dans mon imagination, je l'associais avec une roue de moulin. Mais cela ne dura que fort peu de temps : car tout d'un coup je n'entendis plus rien. Toutefois, pendant quelque temps encore, je vis : mais avec quelle terrible exagération ! Je voyais les lèvres des juges en robe noire. Elles m'apparaissaient blanches, — plus blanches que la feuille sur laquelle je trace ces mots, — et minces jusqu'au grotesque; amincies par l'intensité de leur expression de dureté, — d'immuable résolution, — de rigoureux mépris de la douleur humaine. Je voyais que les décrets de ce qui pour moi représentait le Destin coulaient encore de ces lèvres. Je les vis se tordre en une phrase de mort. Je les vis figurer les syllabes de mon nom ; et je frissonnai, sentant que le son ne suivait pas le mouvement. Je vis aussi, pendant quelques moments d'horreur délirante, la molle et presque imperceptible ondulation des draperies noires qui revêtaient les murs de la salle. Et alors ma vue tomba sur les sept grands flambeaux qui étaient posés sur la table. D'abord ils revêtirent l'aspect de la Charité, et m'apparurent comme des anges blancs et sveltes qui devaient me sauver ; mais alors, et tout d'un coup, une nausée mortelle envahit mon âme, et je sentis chaque fibre de mon être frémir comme si j'avais touché le fil d'une pile voltaïque ; et les formes angéliques devenaient des spectres insignifiants, avec des têtes de flamme, et je voyais bien qu'il n'y avait aucun secours à espérer d'eux. Et alors se glissa dans mon imagination, comme une riche note musicale, l'idée du repos délicieux qui nous attend dans la tombe. L'idée vint doucement et furtivement, et il me sembla qu'il me fallut un long temps pour en avoir une appréciation complète ; mais, au moment même où mon esprit commençait enfin à bien sentir et à choyer cette idée, les figures des juges s'évanouirent comme par magie ; les grands flambeaux se réduisirent à néant ; leurs flammes s'éteignirent entièrement ; le noir des ténèbres survint ; toutes sensations parurent s'engloutir comme dans un plongeon fou et précipité de l'âme dans l'Hadès. Et l'univers ne fut plus que nuit, silence, immobilité.

J'étais évanoui ; mais cependant je ne dirai pas que j'eusse perdu toute conscience. Ce qu'il m'en restait, je n'essaierai pas de le définir, ni même de le décrire ; mais enfin tout n'était pas perdu. Dans le plus profond sommeil, — non ! Dans le délire, — non ! Dans l'évanouissement, — non ! Dans la mort, — non ! Même dans le tombeau tout n'est pas perdu. Autrement il n'y aurait pas d'immortalité pour l'homme. En nous éveillant du plus profond sommeil, nous déchirons la toile aranéeuse de quelque rêve. Cependant une seconde après, — tant était frêle peut-être ce tissu, — nous ne nous souvenons pas d'avoir rêvé. Dans le retour de l'évanouissement à la vie, il y a deux degrés : le premier, c'est le sentiment de l'existence morale ou spirituelle ; le second, le sentiment de l'existence physique. Il semble probable que si, en arrivant au second degré, nous pouvions évoquer les impressions du premier, nous y retrouverions tous les éloquents souvenirs du gouffre transmondain. Et ce gouffre, quel est-il ? Comment du moins distinguerons-nous ses ombres de celles de la tombe ? Mais si les impressions de ce que j'ai appelé le premier degré ne reviennent pas à l'appel de la volonté, toutefois, après un long intervalle, n'apparaissent-elles pas sans y être invitées, cependant que nous nous émerveillons d'où elles peuvent sortir? Celui-là qui ne s'est jamais évanoui n'est pas celui qui découvre d'étranges palais et des visages bizarrement familiers dans les braises ardentes ; ce n'est pas lui qui contemple, flottantes au milieu de l'air, les mélancoliques visions que le vulgaire ne peut apercevoir ; ce n'est pas lui qui médite sur le parfum de quelque fleur inconnue, — ce n'est pas lui dont le cerveau s'égare dans le mystère de quelque mélodie qui, juqu'alors, n'avait jamais arrêté son attention.

Au milieu de mes efforts répétés et intenses, de mon énergique application à ramasser quelque vestige de cet état de néant apparent dans lequel avait glissé mon âme, il y a eu des moments où je rêvais que je réussissais ; il y a eu de courts instants, de très-courts instants, où j'ai conjuré des souvenirs que ma raison lucide, dans une époque postérieure, m'a affirmé ne pouvoir se rapporter qu'à cet état où la conscience paraît annihilée. Ces ombres de souvenirs me présentent, très-indistinctement, de grandes figures qui m'enlevaient, et silencieusement me transportaient en bas, — et encore en bas, — toujours plus bas, — jusqu'au moment où un vertige horrible m'oppressa à la simple idée de l'infini dans la descente. Elles me rappellent aussi je ne sais quelle vague horreur que j'éprouvais au cœur, en raison même du calme surnaturel de ce cœur. Puis vient le sentiment d'une immobilité soudaine dans tous les êtres environnants ; comme si ceux qui me portaient,

— un cortège de spectres! — avaient dépassé dans leur descente les limites de l'illimité, et s'étaient arrêtés, vaincus par l'infini ennui de leur besogne. Ensuite mon âme retrouve une sensation de fadeur et d'humidité ; et puis tout n'est plus que folie, — la folie d'une mémoire qui s'agite dans l'abominable.

Très-soudainement revinrent dans mon âme son et mouvement, — le mouvement tumultueux du cœur, et dans mes oreilles le bruit de ses battements. Puis une pause dans laquelle tout disparaît. Puis de nouveau, le son, le mouvement et le toucher, — comme une sensation vibrante pénétrant mon être. Puis la simple conscience de mon existence, sans pensée, — situation qui dura lontemps. Puis, très-soudainement, la *pensée*, et une terreur frissonnante, et un ardent effort de comprendre au vrai mon état. Puis un vif désir de retomber dans l'insensibilité. Puis brusque renaissance de l'âme et tentative réussie de mouvement. Et alors le souvenir complet du procès, des draperies noires, de la sentence, de ma faiblesse, de mon évanouissement. Quant à tout ce qui suivit, l'oubli le plus complet; ce n'est que plus tard et par l'application la plus énergique que je suis parvenu à me le rappeler vaguement.

Jusque-là je n'avais pas ouvert les yeux, je sentais que j'étais couché sur le dos et sans liens. J'étendis ma main, et elle tomba lourdement sur quelque chose d'humide et dur. Je la laissai reposer ainsi pendant quelques minutes, m'évertuant à deviner où je pouvais être, et *ce que* j'étais devenu. J'étais impatient de me servir de mes yeux, mais je n'osais pas. Je redoutais le premier coup d'œil sur les objets environnants. Ce n'était pas que je craignisse de regarder des choses horribles, mais j'étais épouvanté de l'idée de ne rien voir. A la longue, avec une folle angoisse de cœur, j'ouvris vivement les yeux. Mon affreuse pensée se trouvait donc confirmée. La noirceur de l'éternelle nuit m'enveloppait. Je fis un effort pour respirer. Il me semblait que l'intensité des ténèbres m'oppressait et me suffoquait. L'atmosphère était intolérablement lourde. Je restai paisiblement couché, et je fis un effort pour exercer ma raison. Je me rappelai les procédés de l'Inquisition, et, partant de là, je m'appliquai à en déduire ma position réelle. La sentence avait été prononcée, et il me semblait que, depuis lors, il s'était écoulé un long intervalle de temps. Cependant je n'imaginai pas un seul instant que je fusse réellement mort. Une telle idée, en dépit de toutes les fictions littéraires, est tout à fait incompatible avec l'existence réelle ; — mais où étais-je, et dans quel état? Les condamnés à mort, je le savais, mouraient ordinairement dans les *auto-da-fé*. Une solennité de ce genre avait été célébrée le soir même du jour de mon jugement. Avais-je été réintégré dans mon cachot pour y attendre le prochain sacrifice qui ne devait avoir lieu que dans quelques mois? Je vis tout d'abord que cela ne pouvait pas être. Le contingent des victimes avait été mis immédiatement en réquisition; de plus, mon premier cachot, comme toutes les cellules des condamnés à Tolède, était pavé de pierres, et la lumière n'en était pas tout à fait exclue.

Tout à coup une idée terrible chassa le sang par torrents vers mon cœur, et, pendant quelques instants, je retombai de nouveau dans mon insensibilité. En revenant à moi, je me dressai d'un seul coup sur mes pieds, tremblant convulsivement dans chaque fibre. J'étendis follement mes bras au-dessus et autour de moi, dans tous les sens. Je ne sentais rien; cependant je tremblais de faire un pas, j'avais peur de me heurter contre les murs de ma tombe. La sueur jaillissait de tous mes pores et s'arrêtait en grosses gouttes froides sur mon front. L'agonie de l'incertitude devint à la longue intolérable, et je m'avançai avec précaution, étendant les bras et dardant mes yeux hors de leurs orbites, dans l'espérance de surprendre quelque faible rayon de lumière. Je fis plusieurs pas, mais tout était noir et vide. Je respirai plus librement. Enfin il me parut évident que la plus affreuse des destinées n'était pas celle qu'on m'avait réservée.

Et alors, comme je continuais à m'avancer avec précaution, mille vagues rumeurs qui couraient sur ces horreurs de Tolède vinrent se presser pêle-mêle dans ma mémoire. Il se racontait sur ces cachots d'étranges choses, — je les avais toujours considérées comme des fables, — mais cependant si étranges et si effrayantes qu'on ne les pouvait répéter qu'à voix basse. Devais-je mourir de faim dans ce monde souterrain de ténèbres, — ou quelle destinée, plus terrible encore peut-être, m'attendait? Que le résultat fût la mort, et une mort d'une amertume choisie, je connaissais trop bien le caractère de mes juges pour en douter; le mode et l'heure étaient tout ce qui m'occupait et me tourmentait.

Mes mains étendues rencontrèrent à la longue un obstacle solide. C'était un mur, qui semblait construit en pierre, — très-lisse, humide et froid. Je le suivis de près, marchant avec la soigneuse méfiance que m'avaient inspirée certaines anciennes histoires. Cette opération néanmoins ne me donnait aucun moyen de vérifier la dimension de mon cachot; car je pouvais en faire le tour et revenir au point d'où j'étais parti sans m'en apercevoir, tant le mur semblait parfaitement uniforme. C'est pourquoi je cherchai le couteau que j'avais dans ma poche quand on m'avait conduit au tribunal; mais il avait disparu, mes vêtements ayant été changés contre une robe de serge grossière. J'avais eu l'idée d'enfoncer la lame dans quelque menue crevasse de la maçonnerie, afin de bien constater mon point de départ. La difficulté cependant était bien vulgaire; mais d'abord, dans le désordre de ma pensée, elle me sembla insurmontable. Je déchirai une partie de l'ourlet de ma robe, et je plaçai le morceau par terre dans toute sa longueur et à angle droit contre le mur. En suivant mon chemin à tâtons autour de mon cachot, je ne pouvais pas manquer de rencontrer ce chiffon en achevant le circuit. Du moins je le croyais; mais je n'avais pas tenu compte de l'étendue de mon cachot ou de ma faiblesse. Le terrain était humide et glissant. J'allai en chancelant pendant quelque temps, puis je trébuchai, je tombai. Mon extrême fatigue me décida à rester couché, et le sommeil me surprit bientôt dans cet état.

En m'éveillant et en étendant un bras, je trouvai à côté de moi un pain et une cruche d'eau. J'étais trop épuisé pour réfléchir sur cette circonstance, mais je bus et mangeai avec avidité. Peu de temps après, je repris mon voyage autour de ma prison, et, avec beaucoup de peine, j'arrivai au lambeau de serge. Au moment où je tombai, j'avais déjà compté cinquante-deux pas, et, en reprenant ma promenade, j'en comptai encore quarante-huit, — quand je rencontrai mon chiffon. Donc, en tout, cela faisait cent pas; et, en supposant que deux pas fissent un yard, je présumai que le cachot avait cinquante yards de circuit. J'avais toutefois rencontré beaucoup d'angles dans le mur, et ainsi il n'y avait guère moyen de conjecturer la forme du caveau; car je ne pouvais m'empêcher de supposer que c'était un caveau.

Je ne mettais pas un bien grand intérêt dans ces recherches, — à coup sûr pas d'espoir; mais une vague curiosité me poussa à les continuer. Quittant le mur, je résolus de traverser la superficie circonscrite. D'abord, j'avançai avec une extrême précaution; car le sol, quoique paraissant fait d'une matière dure, était traître et gluant. A la longue cependant je pris courage, et je me mis à marcher avec assurance, m'appliquant à traverser en ligne aussi droite que possible. Je m'étais ainsi avancé de dix ou douze pas environ, quand le reste de l'ourlet déchiré de ma robe s'entortilla dans mes jambes. Je marchai dessus et tombai violemment sur le visage.

Dans le désordre de ma chute, je ne remarquai pas tout de suite une circonstance passablement surprenante, qui cependant, quelques secondes après, et comme j'étais encore étendu, fixa mon attention. Voici : mon menton posait sur le sol de la prison, mais mes lèvres et la partie supérieure de ma tête, quoique paraissant situées à une moindre élévation que le menton, ne touchaient à rien. En même temps il me sembla que mon front était baigné d'une vapeur visqueuse et qu'une odeur particulière de vieux champignons montait vers mes narines. J'étendis le bras, et je frissonnai en découvrant que j'étais tombé sur le bord même d'un puits circulaire, dont je n'avais, pour le moment, aucun moyen de mesurer l'étendue. En tâtant la maçonnerie juste au-dessous de la margelle, je réussis à déloger un petit fragment, et je le laissai tomber dans l'abîme. Pendant quelques secondes je prêtai l'oreille à ses ricochets; il battait dans sa chute les parois du gouffre; à la fin, il fit dans l'eau un lugubre plongeon, suivi de bruyants échos. Au même instant un bruit se fit au-dessus de ma tête, comme d'une porte presque aussitôt fermée qu'ouverte, pendant qu'un faible rayon de lumière traversait soudainement l'obscurité et s'éteignait presque en même temps.

Je vis clairement la destinée qui m'avait été préparée, et je me félicitai de l'accident opportun qui m'avait sauvé. Un pas de plus, et le monde ne m'aurait plus revu. Et cette mort évitée à temps portait ce même caractère que j'avais regardé comme fabuleux et absurde dans les contes qui se faisaient sur l'Inquisition. Les victimes de sa tyrannie n'avaient pas d'autre alternative que la mort avec ses plus cruelles agonies physiques, ou la mort avec ses plus abominables tortures morales. J'avais été réservé pour cette dernière. Mes nerfs étaient détendus par une longue souffrance, au point que je tremblais au son de ma propre voix, et j'étais devenu à tous égards un excellent sujet pour l'espèce de torture qui m'attendait.

Tremblant de tous mes membres, je rebroussai chemin à tâtons vers le mur, — résolu à m'y laisser mourir plutôt que d'affronter l'horreur des puits, que mon imagination multipliait maintenant dans les ténèbres de mon cachot. Dans une autre situation d'esprit, j'aurais eu le courage d'en finir avec mes misères, d'un seul coup, par un plongeon dans l'un de ces abîmes : mais maintenant j'étais le plus parfait des lâches. Et puis il m'était impossible d'oublier ce que j'avais lu au sujet de ces puits, — que l'extinction *soudaine* de la vie était une possibilité soigneusement exclue par l'infernal génie qui en avait conçu le plan.

L'agitation de mon esprit me tint éveillé pendant de longues heures; mais à la fin je m'assoupis de nouveau. En m'éveillant, je trouvai à côté de moi, comme la première fois, un pain et une cruche d'eau. Une soif brûlante me consumait, et je vidai la cruche tout d'un trait. Il faut que cette eau ait été droguée, — car à peine l'eus-je bue que je m'assoupis irrésistiblement. Un profond sommeil tomba sur moi, — un sommeil semblable à celui de la mort. Combien de temps dura-t-il, je n'en puis rien savoir; mais, quand je rouvris les yeux, les objets autour de moi étaient visibles. Grâce à une lueur singulière, sulfureuse, dont je ne pus pas d'abord découvrir l'origine, je pouvais voir l'étendue et l'aspect de la prison.

Je m'étais grandement mépris sur sa dimension. Les murs ne pouvaient pas avoir plus de vingt-cinq yards de circuit. Pendant quelques minutes cette découverte fut pour moi un immense trouble; trouble bien puéril en vérité, — car, au milieu des circonstances terribles qui m'entouraient, que pouvait-il y avoir de moins important que les dimensions de ma prison? Mais mon âme mettait un intérêt bizarre dans des niaiseries, et je m'appliquai fortement à me rendre compte de l'erreur que j'avais commise dans mes mesures. A la fin, la vérité m'apparut comme un éclair. Dans ma première tentative d'exploration, j'avais compté cinquante-deux pas, jusqu'au moment où je tombai; je devais être alors à un pas ou deux du morceau de serge; dans le fait, j'avais presque accompli le circuit du caveau. Je m'endormis alors, — et, en m'éveillant, il faut que je sois retourné sur mes pas, — créant ainsi un circuit presque double du circuit réel. La confusion de mon cerveau m'avait empêché de remarquer que j'avais commencé mon tour avec le mur à ma gauche, et que je finissais avec le mur à ma droite.

Je m'étais aussi trompé relativement à la forme de l'enceinte. En tâtant ma route, j'avais trouvé beaucoup d'angles, et j'en avais déduit l'idée d'une grande irrégularité; tant est puissant l'effet d'une totale obscurité sur quelqu'un qui sort d'une léthargie ou d'un sommeil! Ces angles étaient simplement produits par quelques légères dépressions ou retraits à des intervalles inégaux. La forme générale de la prison était un carré. Ce que j'avais pris pour de la maçonnerie semblait maintenant du fer, ou tout autre métal, en plaques énormes, dont les sutures et les joints occasionnaient les dépressions. La surface entière de cette construction métallique était grossièrement barbouillée de tous les emblèmes hideux et répulsifs auxquels la superstition sépulcrale des moines a donné naissance. Des figures de démons, avec des airs de menace, avec des formes de squelettes, et d'autres images d'une horreur plus réelle souillaient les murs dans toute leur étendue. J'observai que les contours de ces monstruosités étaient suffisamment distincts, mais que les couleurs étaient flétries et altérées, comme par l'effet d'une atmosphère humide. Je remarquai alors le sol, qui était en pierre. Au centre baillait le puits circulaire, à la gueule duquel j'avais échappé ; mais il n'y en avait qu'un seul dans le cachot.

Je vis tout cela indistinctement et non sans effort, — car ma situation physique avait singulièrement changé pendant mon sommeil. J'étais maintenant couché sur le dos, tout de mon long, sur une espèce de charpente de bois très-basse. J'y étais solidement attaché avec une longue bande qui ressemblait à une sangle. Elle s'enroulait plusieurs fois autour de mes membres et de mon corps, ne laissant de liberté qu'à ma tête et à mon bras gauche ; mais encore me fallait-il faire un effort des plus pénibles pour me procurer la nourriture contenue dans un plat de terre posé à côté de moi sur le sol. Je m'aperçus avec terreur que la cruche avait été enlevée. Je dis : avec terreur, car j'étais dévoré d'une intolérable soif. Il me sembla qu'il entrait dans le plan de mes bourreaux d'exaspérer cette soif, — car la nourriture contenue dans le plat était une viande cruellement assaisonnée.

Je levai les yeux, et j'examinai le plafond de ma prison. Il était à une hauteur de trente ou quarante pieds, et, par sa construction, il ressemblait beaucoup aux murs latéraux. Dans un de ses panneaux, une figure des plus singulières fixa toute mon attention. C'était la figure peinte du Temps, comme il est représenté d'ordinaire, sauf qu'au lieu d'une faux, il tenait un objet qu'au premier coup d'œil je pris pour l'image peinte d'un énorme pendule, comme on en voit dans les horloges antiques. Il y avait néanmoins dans l'aspect de cette machine quelque chose qui me fit la regarder avec plus d'attention. Comme je l'observais directement, les yeux en l'air, — car elle était placée juste au-dessus de moi, — je crus la voir remuer. Un instant après, mon idée était confirmée. Son balancement était court, et naturellement très-lent. Je l'épiai pendant quelques minutes, non sans une certaine défiance, mais surtout avec étonnement. Fatigué à la longue de surveiller son mouvement fastidieux, je tournai mes yeux vers les autres objets de la cellule.

Un léger bruit attira mon attention, et, regardant le sol, je vis quelques rats énormes qui le traversaient. Ils étaient sortis par le puits, que je pouvais apercevoir à ma droite. Au même instant, comme je les regardais, ils montèrent par troupes, en toute hâte, avec des yeux voraces, affriandés par le fumet de la viande. Il me fallait beaucoup d'efforts et d'attention pour les en écarter.

Il pouvait bien s'être écoulé une demi-heure, peut-être même une heure, — car je ne pouvais mesurer le temps que très-imparfaitement, — quand je levai de nouveau les yeux au-dessus de moi. Ce que je vis alors me confondit et me stupéfia. Le parcours du pendule s'était accru presque d'un yard; sa vélocité, conséquence naturelle, était aussi beaucoup plus grande. Mais ce qui me troubla principalement fut l'idée qu'il était visiblement *descendu*. J'observai alors, — avec quel effroi, il est inutile de le dire, — que son extrémité inférieure était formée d'un croissant d'acier étincelant, ayant environ un pied de long d'une corne à l'autre ; les cornes dirigées en haut, et le tranchant inférieur évidemment affilé comme celui d'un rasoir. Comme un rasoir aussi, il paraissait lourd et massif, s'épanouissant, à partir du fil, en une forme large et solide. Il était ajusté à une lourde verge de cuivre, et le tout *sifflait* en se balançant à travers l'espace.

Je ne pouvais pas douter plus longtemps du sort qui m'avait été préparé par l'atroce ingéniosité monacale. Ma découverte du puits avait été devinée par les agents de l'Inquisition; — *le puits*, dont les horreurs avaient été réservées à un hérétique aussi téméraire que moi, — *le puits*, figure de l'enfer, et considéré par l'opinion comme l'*Ultima Thule* de tous leurs châtiments! J'avais évité le plongeon par le plus fortuit des accidents, et je savais que l'art de faire du supplice un piége et une surprise formait une branche importante de tout ce fantastique système d'exécutions secrètes. Or, ayant manqué ma chute dans l'abîme, il n'entrait pas dans le plan démoniaque de m'y précipiter; j'étais donc voué, — et cette fois sans alternative possible, — à une destruction différente et plus douce. — Plus douce! J'ai presque souri dans mon agonie en pensant à la singulière application que je faisais d'un pareil mot.

Que sert-il de raconter les longues, longues heures d'horreur plus que mortelle durant lesquelles je comptai les oscillations vibrantes de l'acier ? Pouce par pouce, — ligne par ligne, — il opérait une descente graduée et seulement appréciable à des intervalles qui me paraissaient des siècles, — et toujours il descendait, — toujours plus bas, — toujours plus bas ! Il s'écoula des jours, — il se peut que plusieurs jours se soient écoulés, — avant qu'il vînt se balancer assez près de moi pour m'éventer avec son souffle âcre. L'odeur de l'acier aiguisé s'introduisait dans mes narines. Je priai le ciel, — je le fatiguai de ma prière, — de faire descendre l'acier plus rapidement. Je devins fou, frénétique, et je m'efforçai de me soulever, d'aller à la rencontre de ce terrible cimeterre mouvant. Et puis, soudainement, je tombai dans un grand calme, — et je restai étendu, souriant à cette mort étincelante, comme un enfant à quelque précieux joujou.

Il se fit un nouvel intervalle de parfaite insensibilité; intervalle très-court, car, en revenant à la vie, je ne trouvai pas que le pendule fût descendu d'une quantité appréciable. Cependant il se pourrait bien que ce temps eût été long, — car je savais qu'il y avait des démons qui avaient pris note de mon évanouissement, et qui pouvaient arrêter la vibration à leur gré. En revenant à moi, j'éprouvai un malaise et une faiblesse — oh! inexprimables, — comme par suite d'une longue inanition. Même au milieu des angoisses présentes, la nature humaine implorait sa nourriture. Avec un effort pénible, j'étendis mon bras gauche aussi loin que mes liens me le permettaient, et je m'emparai d'un petit reste que les rats avaient bien voulu me laisser. Comme j'en portais une partie à mes lèvres, une pensée informe de joie, — d'espérance, — traversa mon esprit. Cependant, qu'y avait-il de commun entre *moi* et l'espérance? C'était, dis-je, une pensée informe; — l'homme en a souvent de semblables, qui ne sont jamais complétées. Je sentis que c'était une pensée de joie, — d'espérance; mais je sentis aussi qu'elle était morte en naissant. Vainement je m'efforçai de la parfaire, — de la rattraper. Ma longue souffrance avait presque annihilé les facultés ordinaires de mon esprit. J'étais un imbécile, — un idiot.

La vibration du pendule avait lieu dans un plan faisant angle droit avec ma longueur. Je vis que le croissant avait été disposé pour traverser la région du cœur. Il éraillerait la serge de ma robe, — puis il reviendrait et répéterait son opération, — encore, — et encore. Malgré l'effroyable dimension de la courbe parcourue (quelque chose comme trente pieds, peut-être plus), et la sifflante énergie de sa descente, qui aurait suffi pour couper même ces murailles de fer, en somme, tout ce qu'il pouvait faire, pour quelques minutes, c'était d'érailler ma robe. Et sur cette pensée je fis une pause. Je n'osais pas aller plus loin que cette réflexion. Je m'appesantis là-dessus avec une attention opiniâtre, comme si, par cette insistance, je pouvais arrêter là la descente de l'acier. Je m'appliquai à méditer sur le son que produirait le croissant en passant à travers mon vêtement, — sur la sensation particulière et pénétrante que le frottement de la toile produit sur les nerfs. Je méditai sur toutes ces futilités, jusqu'à ce que mes dents fussent agacées.

Plus bas, — plus bas encore, — il glissait toujours plus bas. Je prenais un plaisir frénétique à comparer sa vitesse de haut en bas avec sa vitesse latérale. A droite, — à gauche, — et puis il fuyait loin, loin, et puis il revenait, avec le glapissement d'un esprit damné! — jusqu'à mon cœur, avec l'allure furtive du tigre ! Je riais et je hurlais alternativement, selon que l'une ou l'autre idée prenait le dessus.

Plus bas, — invariablement, impitoyablement plus bas ! Il vibrait à trois pouces de ma poitrine ! Je m'efforçai violemment, — furieusement, — de délivrer mon bras gauche. Il était libre seulement depuis le coude jusqu'à la main. Je pouvais faire jouer ma main depuis le plat situé à côté de moi jusqu'à ma bouche, avec un grand effort, — et rien de plus. Si j'avais pu briser les ligatures au-dessus du coude, j'aurais saisi le pendule, et j'aurais essayé de l'arrêter. J'aurais aussi bien essayé d'arrêter une avalanche !

Toujours plus bas ! — incessamment, — inévitablement plus bas ! Je respirais douloureusement, et je m'agitais à chaque vibration. Je me rapetissais convulsivement à chaque balancement. Mes yeux le suivaient dans sa volée ascendante et descendante avec l'ardeur du désespoir le plus insensé ; ils se refermaient spasmodiquement au moment de la descente, quoique la mort eût été un soulagement, — oh ! quel indicible soulagement ! Et cependant je tremblais dans tous mes nerfs, quand je pensais qu'il suffisait que la machine descendît d'un cran pour précipiter sur ma poitrine cette hache aiguisée, étincelante. C'était l'*espérance* qui faisait ainsi trembler mes nerfs, et tout mon être se replier. C'était l'*espérance*, — l'espérance qui triomphe même sur le chevalet, — qui chuchote à l'oreille des condamnés à mort, même dans les cachots de l'Inquisition.

Je vis que dix ou douze vibrations environ mettraient l'acier en contact immédiat avec mon vêtement,

— et avec cette observation entra dans mon esprit le calme aigu et condensé du désespoir. Pour la première fois depuis bien des heures, — depuis des jours peut-être, je *pensai*. Il me vint à l'esprit que le bandage, ou sangle, qui m'enveloppait, était d'un seul morceau. J'étais attaché par un lien continu. La première morsure du rasoir, du croissant, dans une partie quelconque de la sangle, devait la détacher suffisamment pour permettre à ma main gauche de la dérouler tout autour de moi. Mais combien devenait terrible dans ce cas la proximité de l'acier! Et le résultat de la plus légère secousse, mortel! Était-il vraisemblable, d'ailleurs, que les mignons du bourreau n'eussent pas prévu et paré cette possibilité? Était-il probable que le bandage traversât ma poitrine dans le parcours du pendule? Tremblant de me voir frustré de ma faible espérance, vraisemblablement ma dernière, je haussai suffisamment ma tête pour voir distinctement ma poitrine. La sangle enveloppait étroitement mes membres et mon corps dans tous les sens, — *excepté dans le chemin du croissant homicide*.

A peine avais-je laissé retomber ma tête dans sa position première, que je sentis briller dans mon esprit quelque chose que je ne saurais mieux définir que la moitié non formée de cette idée de délivrance dont j'ai déjà parlé, et dont une moitié seule avait flotté vaguement dans ma cervelle, lorsque je portai la nourriture à mes lèvres brûlantes. L'idée tout entière était maintenant présente, — faible, à peine viable, à peine définie, — mais enfin complète. Je me mis immédiatement, avec l'énergie du désespoir, à tenter l'exécution.

Depuis plusieurs heures, le voisinage immédiat du châssis sur lequel j'étais couché fourmillait littéralement de rats. Ils étaient tumultueux, hardis, voraces, — leurs yeux rouges dardés sur moi, comme s'ils n'attendaient que mon immobilité pour faire de moi leur proie. — A quelle nourriture, — pensai-je, — ont-ils été accoutumés dans ce puits?

Excepté un petit reste, ils avaient dévoré, en dépit de tous mes efforts pour les en empêcher, le contenu du plat. Ma main avait contracté une habitude de va-et-vient, de balancement vers le plat; et, à la longue, l'uniformité machinale du mouvement lui avait enlevé toute son efficacité. Dans sa voracité, cette vermine fixait souvent ses dents aiguës dans mes doigts. Avec les miettes de la viande huileuse et épicée qui restait encore, je frottai fortement le bandage partout où je pus l'atteindre ; puis, retirant ma main du sol, je restai immobile et sans respirer.

D'abord les voraces animaux furent saisis et effrayés du changement, — de la cessation du mouvement. Ils prirent l'alarme et tournèrent le dos ; plusieurs regagnèrent le puits ; mais cela ne dura qu'un moment. Je n'avais pas compté en vain sur leur gloutonnerie. Observant que je restais sans mouvement, un ou deux des plus hardis grimpèrent sur le châssis et flairèrent la sangle. Cela me parut le signal d'une invasion générale. Des troupes fraîches se précipitèrent hors du puits. Ils s'accrochèrent au bois, — ils l'escaladèrent et sautèrent par centaines sur mon corps. Le mouvement régulier du pendule ne les troublait pas le moins du monde. Ils évitaient son passage et travaillaient activement sur le bandage huilé. Ils se pressaient, — ils fourmillaient et s'amoncelaient incessamment sur moi ; ils se tortillaient sur ma gorge ; leurs lèvres froides cherchaient les miennes ; j'étais à moitié suffoqué par leur poids multiplié : un dégoût, qui n'a pas de nom dans le monde, soulevait ma poitrine et glaçait mon cœur comme un pesant vomissement. Encore une minute, et je sentais que l'horrible opération serait finie. Je sentais positivement le relâchement du bandage ; je savais qu'il devait être déjà coupé en plus d'un endroit. Avec une résolution surhumaine je restai *immobile*. Je ne m'étais pas trompé dans mes calculs, — je n'avais pas souffert en vain. A la longue je sentis que j'étais *libre*. La sangle pendait en lambeaux autour de mon corps ; mais le mouvement du pendule attaquait déjà ma poitrine ; il avait fendu la serge de ma robe ; il avait coupé la chemise de dessous ; il fit encore deux oscillations, — et une sensation de douleur aiguë traversa tous mes nerfs. Mais l'instant du salut était arrivé. A un geste de ma main, mes libérateurs s'enfuirent tumultueusement. Avec un mouvement tranquille et résolu, — prudent et oblique, — lentement et en m'aplatissant, — je me glissai hors de l'étreinte du bandage et des atteintes du cimeterre. Pour le moment du moins *j'étais libre*.

Libre ! — et dans la griffe de l'Inquisition ! J'étais à peine sorti de mon grabat d'horreur, j'avais à peine fait quelques pas sur le pavé de la prison, que le mouvement de l'infernale machine cessa, et que je la vis attirée par une force invisible à travers le plafond. Ce fut une leçon qui me mit le désespoir dans le cœur. Tous mes mouvements étaient indubitablement épiés.

Libre ! — je n'avais échappé à la mort sous une espèce d'agonie, que pour être livré à quelque chose de pire que la mort sous quelque autre espèce. A cette pensée je roulai mes yeux convulsivement sur les parois de fer qui m'enveloppaient. Quelque chose de singulier, — un changement que d'abord je ne pus apprécier distinctement, — se produisait dans la chambre, — c'était évident. Durant quelques minutes d'une distraction pleine de rêves et de frissons, je me perdis dans de vaines et incohérentes conjectures. Pendant ce temps, je m'aperçus pour la première fois de l'origine de la lumière sulfureuse qui éclairait la cellule. Elle provenait d'une fissure large à peu près d'un demi-pouce, qui s'étendait tout autour de la prison à la base des murs, qui paraissaient ainsi et étaient en effet complètement séparés du sol. Je tâchai, mais bien en vain, comme on le pense, de regarder par cette ouverture.

Comme je me relevais découragé, le mystère de l'altération de la chambre se dévoila tout d'un coup à mon intelligence. J'avais observé que, bien que les contours des figures murales fussent suffisamment distincts, les couleurs semblaient altérées et indécises. Ces couleurs venaient de prendre et prenaient à chaque instant un éclat saisissant et très-intense, qui donnait à ces images fantastiques et diaboliques un aspect dont auraient frémi des nerfs plus solides que les miens. Des yeux de démons, d'une vivacité féroce et sinistre, étaient dardés sur moi de mille endroits, où primitivement je n'en soupçonnais aucun, et brillaient de l'éclat lugubre d'un feu que je voulais absolument, mais en vain, regarder comme imaginaire.

Imaginaire! — Il me suffisait de respirer pour attirer dans mes narines la vapeur du fer chauffé! Une odeur suffocante se répandait dans la prison! Une ardeur plus profonde se fixait à chaque instant dans les yeux dardés sur mon agonie! Une teinte plus riche de rouge s'étalait sur ces horribles peintures de sang! J'étais haletant! Je respirais avec effort! Il n'y avait pas à douter du dessein de mes bourreaux, — oh! les plus impitoyables, oh! les plus démoniaques des hommes! Je reculai loin du métal ardent vers le centre du cachot. En face de cette destruction par le feu, l'idée de la fraîcheur du puits surprit mon âme comme un baume. Je me précipitai vers ses bords mortels. Je tendis mes regards vers le fond. L'éclat de la voûte enflammée illuminait ses plus secrètes cavités. Toutefois, pendant un instant d'égarement, mon esprit se refusa à comprendre la signification de ce que je voyais. A la fin, cela entra dans mon âme, — de force, victorieusement; cela s'imprima en feu sur ma raison frissonnante. Oh! une voix, une voix pour parler! — Oh! horreur! — Oh! toutes les horreurs, excepté celle-là! — Avec un cri je me rejetai loin de la margelle, et, cachant mon visage dans mes mains, je pleurai amèrement.

La chaleur augmentait rapidement, et une fois encore je levai les yeux, frissonnant comme dans un accès de fièvre. Un second changement avait eu lieu dans la cellule, — et maintenant ce changement était évidemment dans la *forme*. Comme la première fois, ce fut d'abord en vain que je cherchai à apprécier ou à comprendre ce qui se passait. Mais on ne me laissa pas longtemps dans le doute. La vengeance de l'Inquisition marchait grand train, déroutée deux fois par mon bonheur, et il n'y avait pas à jouer plus longtemps avec le Roi des Épouvantements. La chambre avait été carrée. Je m'apercevais que deux de ses angles de fer étaient maintenant aigus, — deux conséquemment obtus. Le terrible contraste augmentait rapidement, avec un grondement, un gémissement sourd. En un instant la chambre avait changé sa forme en celle d'un losange. Mais la transformation ne s'arrêta pas là. Je ne désirais pas, je n'espérais pas qu'elle s'arrêtât. J'aurais appliqué les murs rouges contre ma poitrine, comme un vêtement d'éternelle paix. — La mort, — me dis-je, — n'importe quelle mort, excepté celle du puits. — Insensé ! comment n'avais-je pas compris qu'*il fallait le puits*, que *ce puits seul* était la raison du fer brûlant qui m'assiégeait? Pouvais-je résister à son ardeur? Et, même en le supposant, pouvais-je me roidir contre sa pression? Et maintenant le losange s'aplatissait, s'aplatissait avec une rapidité qui ne me laissait pas le temps de la réflexion. Son centre, placé sur la ligne de sa plus grande largeur, coïncidait juste avec le gouffre béant. J'essayai de reculer, — mais les murs, en se resserrant, me pressaient irrésistiblement. Enfin, il vint un moment où mon corps brûlé et contorsionné trouvait à peine sa place, où il y a à peine place pour mon pied sur le sol de la prison. Je ne luttais plus, mais l'agonie de mon âme s'exhala dans un grand et long cri suprême de désespoir. Je sentis que je chancelais sur le bord, — je détournai les yeux...

Mais voilà comme un bruit discordant de voix humaines ! Une explosion, un ouragan de trompettes ! Un puissant rugissement comme celui d'un millier de tonnerres! Les murs de feu reculèrent précipitamment! Un bras étendu saisit le mien comme je tombais, défaillant, dans l'abîme. C'était le bras du général Lassalle. L'armée française était entrée à Tolède. L'Inquisition était dans les mains de ses ennemis.

BÉRÉNICE

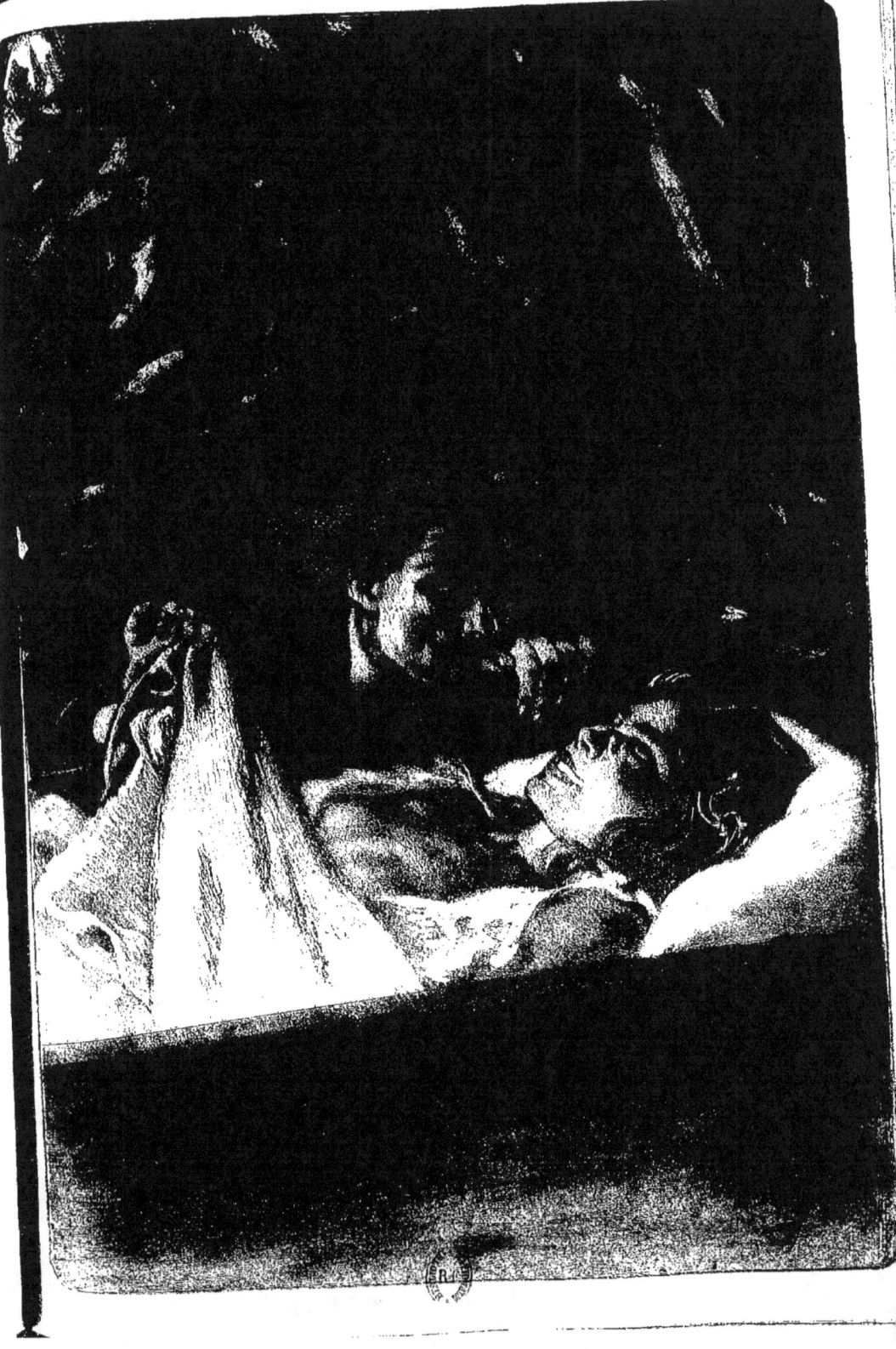

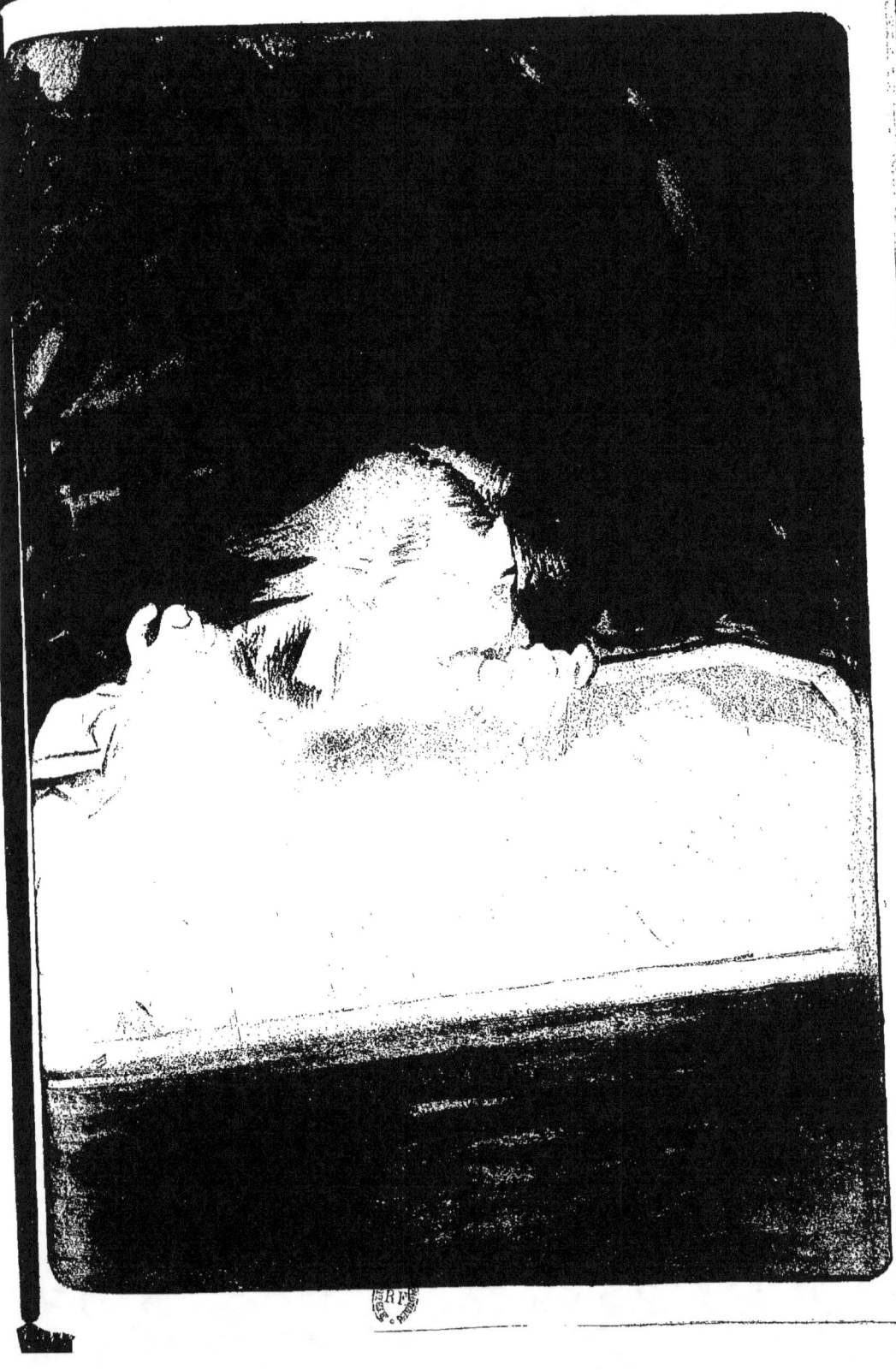

BÉRÉNICE

> Dicebant mihi sodales, si sepulchrum
> amicæ visitarem, curas meas aliquan-
> tulum fore levatas.
>
> EBN ZAIAT.

LE malheur est divers. La misère sur terre est multiforme. Dominant le vaste horizon comme l'arc-en-ciel, ses couleurs sont aussi variées, — aussi distinctes, et toutefois aussi intimement fondues. Dominant le vaste horizon comme l'arc-en-ciel! Comment d'un exemple de beauté ai-je pu tirer un type de laideur? du signe d'alliance et de paix, une similitude de la douleur? Mais comme, en éthique, le mal est la conséquence du bien, de même, dans la réalité, c'est de la joie qu'est né le chagrin; soit que le souvenir du bonheur passé fasse l'angoisse d'aujourd'hui, soit que les agonies qui *sont* tirent leur origine des extases qui *peuvent avoir été*.

J'ai à raconter une histoire dont l'essence est pleine d'horreur. Je la supprimerais volontiers, si elle n'était qu'une chronique de sensations plutôt que de faits.

Mon nom de baptême est Egæus; mon nom de famille, je le tairai. Il n'y a pas de château dans le pays plus chargé de gloire et d'années que mon mélancolique et vieux manoir héréditaire. Dès longtemps on appelait notre famille une race de visionnaires; et le fait est que dans plusieurs détails frappants, — dans le caractère de notre maison seigneuriale, — dans les fresques du grand salon, — dans les tapisseries des chambres à coucher, — dans les ciselures des piliers de la salle d'armes, — mais plus spécialement dans la galerie des vieux tableaux, — dans la physionomie de la bibliothèque, — et enfin dans la nature toute particulière du contenu de cette bibliothèque, — il y a surabondamment de quoi justifier cette croyance.

Le souvenir de mes premières années est lié intimement à cette salle et à ses volumes, — dont je ne dirai plus rien. C'est là que mourut ma mère. C'est là que je suis né. Mais il serait bien oiseux de dire que je n'ai pas vécu auparavant, — que l'âme n'a pas une existence antérieure. Vous le niez? — ne disputons pas sur cette matière. Je suis convaincu et ne cherche point à convaincre. Il y a d'ailleurs une ressouvenance de formes aériennes, — d'yeux intellectuels et parlants, — de sons mélodieux mais mélancoliques; une ressouvenance qui ne veut pas s'en aller; une sorte de mémoire semblable à une ombre, — vague, variable, indéfinie, vacillante ; et de cette ombre essentielle il me sera impossible de me défaire, tant que luira le soleil de ma raison.

C'est dans cette chambre que je suis né. Émergeant ainsi au milieu de la longue nuit qui semblait être, mais qui n'était pas la non-existence, pour tomber tout d'un coup dans un pays féerique, — dans un palais de fantaisie, — dans les étranges domaines de la pensée et de l'érudition monastiques, — il n'est pas singulier que j'aie contemplé autour de moi avec un œil effrayé et ardent, — que j'aie dépensé mon enfance dans les livres et prodigué ma jeunesse en rêveries ; mais ce qui est singulier, — les années ayant marché, et le midi de ma virilité m'ayant trouvé vivant encore dans le manoir de mes ancêtres, — ce qui est étrange, c'est cette stagnation qui tomba sur les sources de ma vie, — c'est cette complète interversion qui s'opéra dans le caractère de mes pensées les plus ordinaires. Les réalités du monde m'affectaient comme des visions, et seulement comme des visions, pendant que les idées folles du pays des songes devenaient en revanche, non la pâture de mon existence de tous les jours, mais positivement mon unique et entière existence elle-même.

. . . .

Bérénice et moi, nous étions cousins, et nous grandîmes ensemble dans le manoir paternel. Mais nous grandîmes différemment, — moi, maladif et enseveli dans ma mélancolie, — elle, agile, gracieuse et débordante d'énergie ; à elle, le vagabondage sur la colline, — à moi, les études du cloître ; moi, vivant dans mon propre cœur, et me dévouant, corps et âme, à la plus intense et à la plus pénible méditation, — elle, errant insoucieuse à travers la vie, sans penser aux ombres de son chemin, ou à la fuite silencieuse des heures au noir plumage. Bérénice! — J'invoque son nom, — Bérénice! — et des ruines grises de ma mémoire se dressent à ce son mille souvenirs tumultueux! Ah! son image est là vivante devant moi, comme dans les premiers jours de son allégresse et de sa joie! Oh! magnifique et pourtant fantastique beauté! Oh! sylphe parmi les bocages d'Arnheim! Oh! naïade parmi ses fontaines! Et puis, — et puis tout est mystère et terreur, une histoire qui ne veut pas être racontée. Un mal, — un mal fatal s'abattit sur sa constitution comme le simoun; et même pendant que je la contemplais, l'esprit de métamorphose passait sur elle et l'enlevait, pénétrant son esprit, ses habitudes, son caractère, et, de la manière la plus subtile et la plus terrible, perturbant même son identité! Hélas! le destructeur venait et s'en allait; — mais la victime, — la vraie Bérénice, — qu'est-elle devenue? Je ne connaissais pas celle-ci, ou du moins je ne la reconnaissais plus comme Bérénice.

Parmi la nombreuse série de maladies amenées par cette fatale et principale attaque, qui opéra une si horrible révolution dans l'être physique et moral de ma cousine, il faut mentionner, comme la plus affligeante et la plus opiniâtre, une espèce d'épilepsie qui souvent se terminait en catalepsie, — catalepsie ressemblant parfaitement à la mort, et dont elle se réveillait, dans quelques cas, d'une manière tout à fait brusque et soudaine. En même temps, mon propre mal, — car on m'a dit que je ne pouvais pas l'appeler d'un autre nom, — mon propre mal grandissait rapidement, et, ses symptômes s'aggravant par un usage immodéré de l'opium, il prit finalement le caractère d'une monomanie d'une forme nouvelle et extraordinaire. D'heure en heure, de minute en minute, il gagnait de l'énergie, et, à la longue, il usurpa sur moi la plus singulière et la plus incompréhensible domination. Cette monomanie, s'il faut que je me serve de ce terme, consistait dans une irritabilité morbide des facultés de l'esprit que la langue philosophique comprend dans le mot : facultés d'attention. Il est plus que probable que je ne suis pas compris ; mais je crains, en vérité, qu'il ne me soit absolument impossible de donner au commun des lecteurs une idée exacte de cette nerveuse *intensité d'intérêt* avec laquelle, dans mon cas, la faculté méditative, — pour éviter la langue technique, — s'appliquait et se plongeait dans la contemplation des objets les plus vulgaires du monde.

Réfléchir infatigablement de longues heures, l'attention rivée à quelque citation puérile sur la marge ou dans le texte d'un livre, — rester absorbé, la plus grande partie d'une journée d'été, dans une ombre bizarre s'allongeant obliquement sur la tapisserie ou sur le plancher, — m'oublier une nuit entière à surveiller la flamme droite d'une lampe ou les braises du foyer, — rêver des jours entiers sur le parfum d'une fleur, — répéter, d'une manière monotone, quelque mot vulgaire, jusqu'à ce que le son, à force d'être répété, cessât de présenter à l'esprit une idée quelconque, — perdre tout sentiment de mouvement ou d'existence physique dans un repos absolu obstinément prolongé, — telles étaient quelques-unes des plus communes et des moins pernicieuses aberrations de mes facultés mentales, aberrations qui, sans doute, ne sont pas absolument sans exemple, mais qui défient certainement toute explication et toute analyse.

Encore, je veux être bien compris. L'anormale, intense et morbide attention ainsi excitée par des objets frivoles en eux-mêmes est d'une nature qui ne doit pas être confondue avec ce penchant à la rêverie commun à toute l'humanité, et auquel se livrent surtout les personnes d'une imagination ardente. Non-seulement elle n'était pas, comme on pourrait le supposer d'abord, un terme excessif et une exagération de ce penchant, mais encore elle en était originairement et essentiellement distincte. Dans l'un de ces cas, le rêveur, l'homme imaginatif, étant intéressé par un objet généralement non frivole, perd peu à peu son objet de vue à travers une immensité de déductions et de suggestions qui en jaillit, si bien qu'à la fin d'une de ces songeries *souvent remplies de volupté*, il trouve l'*incitamentum*, ou cause première de ses réflexions, entièrement évanoui et oublié. Dans mon cas, le point de départ était *invariablement frivole*, quoique revêtant, à travers le milieu de ma vision maladive, une importance imaginaire et de réfraction. Je faisais peu de déductions, — si toutefois j'en faisais; et dans ce cas elles retournaient opiniâtrement à l'objet principe comme à un centre. Les méditations n'étaient *jamais* agréables; et, à la fin de la rêverie, la cause première, bien loin d'être hors de vue, avait atteint cet intérêt surnaturellement exagéré qui était le trait dominant de mon mal. En un mot, la faculté de l'esprit plus particulièrement excitée en moi était, comme je l'ai dit, la faculté de l'attention, tandis que, chez le rêveur ordinaire, c'est celle de la méditation.

Mes livres, à cette époque, s'ils ne servaient pas positivement à irriter le mal, participaient largement, on doit le comprendre, par leur nature imaginative et irrationnelle, des qualités caractéristiques du mal lui-même. Je me rappelle fort bien, entre autres, le traité du noble italien Cœlius Secundus Curio, *De Amplitudine Beati Regni Dei;* le grand ouvrage de Saint Augustin, *la Cité de Dieu*, et le *De Carne Christi*, de Tertullien, de qui l'inintelligible pensée : — *Mortuus est Dei Filius; credibile est quia ineptum est; et sepultus resurrexit; certum est quia impossibile est*, — absorba exclusivement tout mon temps, pendant plusieurs semaines d'une laborieuse et infructueuse investigation.

On jugera sans doute que, dérangée de son équilibre par des choses insignifiantes, ma raison avait quelque ressemblance avec cette roche marine dont parle Ptolémée Héphestion, qui résistait immuablement à toutes les attaques des hommes et à la fureur plus terrible des eaux et des vents, et qui tremblait seulement au toucher de la fleur nommée asphodèle. A un penseur inattentif il paraîtra tout simple et hors de doute que la terrible altération produite dans la condition *morale* de Bérénice par sa déplorable maladie dut me fournir maint sujet d'exercer cette intense et anormale méditation, dont j'ai eu quelque peine à expliquer la nature. Eh bien ! il n'en était absolument rien. Dans les intervalles lucides de mon infirmité, son malheur me causait, il est vrai, du chagrin ; cette ruine totale de sa belle et douce vie me touchait profondément le cœur ; je méditai fréquemment et amèrement sur les voies mystérieuses et étonnantes par lesquelles une si étrange et si soudaine révolution avait pu se produire. Mais ces réflexions ne participaient pas de l'idiosyncrasie de mon mal, et étaient telles qu'elles se seraient offertes dans des circonstances analogues à la masse ordinaire des hommes. Quant à ma maladie, fidèle à son caractère propre, elle se faisait une pâture des changements moins importants, mais plus saisissants, qui se manifestaient dans le système *physique* de Bérénice, — dans la singulière et effrayante distorsion de son identité personnelle.

Dans les jours les plus brillants de son incomparable beauté, très-sûrement je ne l'avais jamais aimée. Dans l'étrange anomalie de mon existence, les sentiments ne me sont *jamais* venus du cœur, et mes passions sont *toujours* venues de l'esprit. A travers les blancheurs du crépuscule, — à midi, parmi les ombres treillissées de la forêt, — et la nuit, dans le silence de ma bibliothèque, — elle avait traversé mes yeux, et je l'avais vue, — non comme la Bérénice vivante et respirante, mais comme la Bérénice d'un songe; non comme un être de la terre, un être charnel, mais comme l'abstraction d'un tel être; non comme une chose à admirer, mais à analyser ; non comme un objet d'amour, mais comme le thème d'une méditation aussi abstruse qu'irrégulière. Et *maintenant*, — maintenant je frissonnais en sa présence, je pâlissais à son approche; cependant, tout en me lamentant amèrement sur sa déplorable condition de déchéance, je me rappelai qu'elle m'avait longtemps aimé, et, dans un mauvais moment, je lui parlai de mariage.

Enfin l'époque fixée pour nos noces approchait, quand, dans une après-midi d'hiver, — dans une de ces journées intempestivement chaudes, calmes et brumeuses, qui sont les nourrices de la belle Halcyone, — je m'assis, me croyant seul, dans le cabinet de la bibliothèque. Mais en levant les yeux, je vis Bérénice debout devant moi.

Fut-ce mon imagination surexcitée, — ou l'influence brumeuse de l'atmosphère, — ou le crépuscule incertain de la chambre, — ou le vêtement obscur qui enveloppait sa taille, — qui lui prêta ce contour si tremblant et si indéfini? Je ne pourrais le dire. Peut-être avait-elle grandi depuis sa maladie. Elle ne dit pas un mot ; et moi, pour rien au monde, je n'aurais prononcé une syllabe. Un frisson de glace parcourut mon corps ; une sensation d'insupportable angoisse m'oppressait ; une dévorante curiosité pénétrait mon âme ; et, me renversant dans le fauteuil, je restai quelque temps sans souffle et sans mouvement, les yeux cloués sur sa personne. Hélas! son amaigrissement était excessif, et pas un vestige de l'être primitif n'avait survécu et ne s'était réfugié dans un seul contour. A la fin, mes regards tombèrent ardemment sur sa figure.

Le front était haut, très-pâle, et singulièrement placide ; et les cheveux, autrefois d'un noir de jais, le recouvraient en partie, et ombrageaient les tempes creuses d'innombrables boucles, actuellement d'un blond ardent, dont le caractère fantastique jurait cruellement avec la mélancolie dominante de sa physionomie. Les yeux étaient sans vie et sans éclat, en apparence sans pupilles, et involontairement je détournai ma vue de leur fixité vitreuse pour contempler les lèvres amincies et recroquevillées. Elles s'ouvrirent, et, dans un sourire singulièrement significatif, *les dents* de la nouvelle Bérénice se révélèrent lentement à ma vue. Plût à Dieu que je ne les eusse jamais regardées, ou que, les ayant regardées, je fusse mort !

. . . .

Une porte en se fermant me troubla, et, levant les yeux, je vis que ma cousine avait quitté la chambre. Mais la chambre dérangée de mon cerveau, le *spectre* blanc et terrible de ses dents ne l'avait pas quittée et n'en voulait pas sortir. Pas une piqûre sur leur surface, — pas une nuance dans leur émail, — pas une pointe sur leurs arêtes que ce passager sourire n'ait suffi à imprimer dans ma mémoire ! Je les vis *même alors* plus distinctement que je ne les avais vues *tout à l'heure*. — Les dents ! — les dents ! — Elles étaient là, — et puis là, — et partout, — visibles, palpables devant moi ; longues, étroites et excessivement blanches, avec les lèvres pâles se tordant autour, affreusement distendues comme elles étaient naguère. Alors arriva la pleine furie de ma monomanie, et je luttai en vain contre son irrésistible et étrange influence. Dans le nombre infini des objets du monde extérieur, je n'avais de pensées que pour les dents. J'éprouvais à leur endroit un désir frénétique. Tous les autres sujets, tous les intérêts divers, furent absorbés dans cette unique contemplation. Elles — elles seules, — étaient présentes à l'œil de mon esprit, et leur individualité exclusive devint l'essence de ma vie intellectuelle. Je les regardais dans tous les jours. Je les tournais dans tous les sens. J'étudiais leur caractère. J'observais leurs marques particulières. Je méditais sur leur conformation. Je réfléchissais à l'altération de leur nature. Je frissonnais en leur attribuant dans mon imagination une faculté de sensation et de sentiment, et même, sans le secours des lèvres, une puissance d'expression morale. On a fort bien dit de Mme Sallé que *tous ses pas étaient des sentiments*, et de Bérénice je croyais plus sérieusement que *toutes les dents étaient des idées. Des idées !* ah ! voilà la pensée absurde qui m'a perdu ! *Des idées !* — ah ! *voilà donc pourquoi* je les convoitais si follement ! Je sentais que leur possession pouvait seule me rendre la paix et rétablir ma raison.

Et le soir descendit ainsi sur moi, — et les ténèbres vinrent, s'installèrent, et puis s'en allèrent, — et un jour nouveau parut, — et les brumes d'une seconde nuit s'amoncelèrent autour de moi, — et toujours je restais immobile dans cette chambre solitaire, — toujours assis, toujours enseveli dans ma méditation, — et toujours le *fantôme* des dents maintenait son influence terrible, au point qu'avec la plus vivante et la plus hideuse netteté il flottait çà et là à travers la lumière et les ombres changeantes de la chambre. Enfin, au milieu de mes rêves, éclata un grand cri d'horreur et d'épouvante, auquel succéda, après une pause, un bruit de voix désolées, entrecoupées par de sourds gémissements de douleur ou de deuil. Je me levai, et, ouvrant une des portes de la bibliothèque, je trouvai dans l'antichambre une domestique tout en larmes, qui me dit que Bérénice n'existait plus! Elle avait été prise d'épilepsie dans la matinée ; et maintenant, à la tombée de la nuit, la fosse attendait sa future habitante, et tous les préparatifs de l'ensevelissement étaient terminés.

. . . .

Le cœur plein d'angoisse, et oppressé par la crainte, je me dirigeai avec répugnance vers la chambre à coucher de la défunte. La chambre était vaste et très-sombre, et à chaque pas je me heurtais contre les préparatifs de la sépulture. Les rideaux du lit, me dit un domestique, étaient fermés sur la bière, et dans cette bière, ajouta-t-il à voix basse, gisait tout ce qui restait de Bérénice.

Qui donc me demanda si je ne voulais pas voir le corps ? — Je ne vis remuer les lèvres de personne ; cependant la question avait été bien faite, et l'écho des dernières syllabes traînait encore dans la chambre. Il était impossible de refuser, et, avec un sentiment d'oppression, je me traînai à côté du lit. Je soulevai doucement les sombres draperies des courtines ; mais, en les laissant retomber, elles descendirent sur mes épaules, et, me séparant du monde vivant, elles m'enfermèrent dans la plus étroite communion avec la défunte.

Toute l'atmosphère de la chambre sentait la mort, mais l'air particulier de la bière me faisait mal, et je m'imaginais qu'une odeur délétère s'exhalait déjà du cadavre. J'aurais donné des mondes pour échapper, pour fuir la pernicieuse influence de la mortalité, pour respirer une fois encore l'air pur des cieux éternels. Mais je n'avais plus la puissance de bouger, mes genoux vacillaient sous moi, et j'avais pris racine dans le sol, regardant fixement le cadavre rigide étendu tout de son long dans la bière ouverte.

Dieu du ciel! est-ce possible? Mon cerveau s'est-il égaré? ou le doigt de la défunte a-t-il remué dans la toile blanche qui l'enfermait? Frissonnant d'une inexprimable crainte, je levai lentement les yeux pour voir la physionomie du cadavre. On avait mis un bandeau autour des mâchoires ; mais, je ne sais comment, il s'était dénoué. Les lèvres livides se tordaient en une espèce de sourire, et à travers leur cadre mélancolique les dents de Bérénice, blanches, luisantes, terribles, me *regardaient* encore avec une trop vivante réalité. Je m'arrachai convulsivement du lit, et, sans prononcer un mot, je m'élançai comme un maniaque hors de cette chambre de mystère, d'horreur et de mort.

. . . .

Je me retrouvai dans la bibliothèque ; j'étais assis, j'étais seul. Il me semblait que je sortais d'un rêve confus et agité. Je m'aperçus qu'il était minuit, et j'avais bien pris mes précautions pour que Bérénice fût enterrée après le coucher du soleil ; mais je n'ai pas gardé une intelligence bien positive ni bien définie de ce qui s'est passé durant ce lugubre intervalle. Cependant ma mémoire était pleine d'horreur, — horreur d'autant plus horrible qu'elle était plus vague, — d'une terreur que son ambiguïté rendait plus terrible. C'était comme une page effrayante du registre de mon existence, écrite tout entière avec des souvenirs obscurs, hideux et inintelligibles. Je m'efforçai de les déchiffrer, mais en vain. De temps à autre, cependant, semblable à l'âme d'un son envolé, un cri grêle et perçant, — une voix de femme, — semblait tinter dans mes oreilles. J'avais accompli quelque chose ; — mais qu'était-ce donc ? Je m'adressais à moi-même la question à haute voix, et les échos de la chambre me chuchotaient en manière de réponse : — *Qu'était-ce donc ?*

Sur la table, à côté de moi, brûlait une lampe, et auprès était une petite boîte d'ébène. Ce n'était pas une boîte d'un style remarquable, et je l'avais déjà vue fréquemment, car elle appartenait au médecin de la famille ; mais comment était-elle venue *là*, sur ma table, et pourquoi frissonnai-je en la regardant ? C'étaient là des choses qui ne valaient pas la peine d'y prendre garde ; mais mes yeux tombèrent à la fin sur les pages ouvertes d'un livre, et sur une phrase soulignée. C'étaient les mots singuliers, mais fort simples, du poète Ebn Zaiat : *Dicebant mihi sodales, si sepulchrum amicæ visitarem, curas meas aliquantulum fore levatas.* — D'où vient donc qu'en les lisant mes cheveux se dressèrent sur ma tête et que mon sang se glaça dans mes veines ?

On frappa un léger coup à la porte de la bibliothèque et, pâle comme un habitant de la tombe, un domestique entra sur la pointe du pied. Ses regards étaient égarés par la terreur, et il me parla d'une voix très-basse, tremblante, étranglée. Que me dit-il ? — J'entendis quelques phrases par-ci par-là. Il me raconta, ce me semble, qu'un cri effroyable avait troublé le silence de la nuit, — que tous les domestiques s'étaient réunis, — qu'on avait cherché dans la direction du son, — et enfin sa voix basse devint distincte à faire frémir quand il me parla d'une violation de sépulture, — d'un corps défiguré, dépouillé de son linceul, mais respirant encore, — palpitant encore, — *encore vivant !*

Il regarda mes vêtements ; ils étaient grumeleux de boue et de sang. Sans dire un mot, il me prit doucement par la main ; elle portait des stigmates d'ongles humains. Il dirigea mon attention vers un objet placé contre le mur. Je le regardai quelques minutes : c'était une bêche. Avec un cri je me jetai sur la table et me saisis de la boîte d'ébène. Mais je n'eus pas la force de l'ouvrir ; et dans mon tremblement, elle m'échappa des mains, tomba lourdement et se brisa en morceaux ; et il s'en échappa, roulant avec un vacarme de ferraille, quelques instruments de chirurgie dentaire, et avec eux trente-deux petites choses blanches, semblables à de l'ivoire, qui s'éparpillèrent çà et là sur le plancher.

PETITE DISCUSSION

AVEC UNE MOMIE

PETITE DISCUSSION

AVEC UNE MOMIE

E *symposium* de la soirée précédente avait un peu fatigué mes nerfs. J'avais une déplorable migraine et je tombais de sommeil. Au lieu de passer la soirée dehors, comme j'en avais le dessein, il me vint donc à l'esprit que je n'avais rien de plus sage à faire que de souper d'une bouchée, et de me mettre immédiatement au lit.

Un *léger* souper, naturellement. J'adore les rôties au fromage. En manger plus d'une livre à la fois, cela peut n'être pas toujours raisonnable. Toutefois, il ne peut pas y avoir d'objection matérielle au chiffre deux. Et, en réalité, entre deux et trois il n'y a que la différence d'une simple unité. Je m'aventurai peut-être jusqu'à quatre. Ma femme tient pour cinq; — mais évidemment elle a confondu deux choses bien distinctes. Le nombre abstrait cinq, je suis disposé à l'admettre; mais, au point de vue concret, il se rapporte aux bouteilles de *Brown Stout*, sans l'assaisonnement duquel la rôtie au fromage est une chose à éviter.

Ayant ainsi achevé un frugal repas, et mis mon bonnet de nuit avec la sereine espérance d'en jouir jusqu'au lendemain midi au moins, je plaçai ma tête sur l'oreiller, et, grâce à une excellente conscience, je tombai immédiatement dans un profond sommeil.

Mais quand les espérances de l'homme furent-elles remplies? Je n'avais peut-être pas achevé mon troisième ronflement, quand une furieuse sonnerie retentit à la porte de la rue, et puis d'impatients coups de marteau qui me réveillèrent en sursaut. Une minute après, et comme je me frottais encore les yeux, ma femme me fourra sous le nez un billet de mon vieil ami le docteur Ponnonner. Il me disait:

— Venez me trouver et laissez tout, mon cher ami, aussitôt que vous aurez reçu ceci. Venez partager notre joie. A la fin, grâce à une opiniâtre diplomatie, j'ai arraché l'assentiment des directeurs du *City Museum* pour l'examen de ma momie, — vous savez de laquelle je veux parler. J'ai la permission de la démailloter, et même de l'ouvrir, si je le juge à propos. Quelques amis seront présents ; — vous en êtes, cela va sans dire. La momie est présente chez moi, et nous commencerons à la dérouler à onze heures de la nuit.

Tout à vous,

Ponnonner.

Avant d'arriver à la signature, je m'aperçus que j'étais aussi éveillé qu'un homme peut désirer de l'être. Je sautai de mon lit dans un état de délire, bousculant tout ce qui me tombait sous la main ; je m'habillai avec une prestesse vraiment miraculeuse, et je me dirigeai de toute ma vitesse vers la maison du docteur.

Là je trouvai réunie une société très-animée. On m'avait attendu avec beaucoup d'impatience ; la momie était étendue sur la table à manger, et, au moment où j'entrai, l'examen était commencé.

Cette momie était une des deux qui furent rapportées, il y a quelques années, par le capitaine Arthur Sabretash, un cousin de Ponnonner. Il les avait prises dans une tombe près d'Eleithias, dans les montagnes de la Libye, à une distance considérable au-dessus de Thèbes sur le Nil. Sur ce point, les caveaux, quoique moins magnifiques que les sépulcres de Thèbes, sont d'un plus haut intérêt, en ce qu'ils offrent de plus nombreuses *illustrations* de la vie privée des Égyptiens. La salle d'où avait été tiré notre échantillon passait pour très-riche en documents de cette nature ; — les murs étaient complètement recouverts de peintures à fresque et de bas-reliefs ; des statues, des vases et une mosaïque d'un dessin très-riche témoignaient de la puissante fortune des défunts.

Cette rareté avait été déposée au *Museum* exactement dans le même état où le capitaine Sabretash l'avait trouvée, c'est-à-dire qu'on avait laissé la bière intacte. Pendant huit ans, elle était restée ainsi exposée à la curiosité publique, quant à l'extérieur seulement. Nous avions donc la momie complète à notre disposition, et ceux qui savent combien il est rare de voir des antiquités arriver dans nos contrées sans être saccagées jugeront que nous avions de fortes raisons de nous féliciter de notre bonne fortune.

En approchant de la table, je vis une grande boîte, ou caisse, longue d'environ sept pieds, large de trois pieds peut-être, et d'une profondeur de deux pieds et demi. Elle était oblongue, — mais pas en forme de bière. Nous supposâmes d'abord que la matière était du bois de sycomore ; mais, en l'entamant, nous reconnûmes que c'était du carton, ou, plus proprement, une pâte dure faite de papyrus. Elle était grossièrement décorée de peintures représentant des scènes funèbres et divers sujets lugubres, parmi lesquels serpentait un semis de caractères hiéroglyphiques, disposés en tous sens, qui signifiaient évidemment le nom du défunt. Par bonheur, M. Gliddon était de la partie, et il nous traduisit sans peine les signes, qui étaient simplement phonétiques et composaient le mot *Allamistakeo*.

Nous eûmes quelque peine à ouvrir cette boîte sans l'endommager ; mais, quand enfin nous y eûmes réussi, nous en trouvâmes une seconde, celle-ci en forme de bière, et d'une dimension beaucoup moins considérable que la caisse extérieure, mais lui ressemblant exactement sous tout autre rapport. L'intervalle entre les deux était comblé de résine, qui avait jusqu'à un certain point détérioré les couleurs de la boîte intérieure.

Après avoir ouvert celle-ci, — ce que nous fîmes très-aisément, — nous arrivâmes à une troisième, également en forme de bière, et ne différant en rien de la seconde, si ce n'est par la matière, qui était du cèdre et exhalait l'odeur fortement aromatique qui caractérise ce bois. Entre la seconde et la troisième caisse il n'y avait pas d'intervalle, — celle-ci s'adaptant exactement à celle-là.

En défaisant la troisième caisse, nous découvrîmes enfin le corps, et nous l'enlevâmes. Nous nous attendions à le trouver enveloppé comme d'habitude de nombreux rubans, ou bandelettes de lin; mais au lieu de cela nous trouvâmes une espèce de gaine, faite de papyrus, et revêtue d'une couche de plâtre grossièrement peinte et dorée. Les peintures représentaient des objets ayant trait aux divers devoirs supposés de l'âme et à sa présentation à différentes divinités, puis de nombreuses figures humaines identiques, — sans doute des portraits des personnes embaumées. De la tête aux pieds s'étendait une inscription columnaire, ou verticale, en *hiéroglyphes phonétiques*, donnant de nouveau le nom et les titres du défunt et les noms et les titres de ses parents.

Autour du cou, que nous débarrassâmes du fourreau, était un collier de grains de verre cylindriques, de couleurs différentes, et disposés de manière à figurer des images de divinités, l'image du Scarabée, et d'autres avec le globe ailé. La taille, dans sa partie la plus mince, était cerclée d'un collier ou ceinture semblable.

Ayant enlevé le papyrus, nous trouvâmes les chairs parfaitement conservées, et sans aucune odeur sensible. La couleur était rougeâtre; la peau, ferme, lisse et brillante. Les dents et les cheveux paraissaient en bon état. Les yeux, à ce qu'il semblait, avaient été enlevés, et on leur avait substitué des yeux de verre, fort beaux et simulant merveilleusement la vie, sauf leur fixité un peu trop prononcée. Les doigts et les ongles étaient brillamment dorés.

De la couleur rougeâtre de l'épiderme, M. Gliddon inféra que l'embaumement avait été pratiqué uniquement par l'asphalte: mais, ayant gratté la surface avec un instrument d'acier et jeté dans le feu les grains de poudre ainsi obtenus, nous sentîmes se dégager un parfum de camphre et d'autres gommes aromatiques.

Nous visitâmes soigneusement le corps pour trouver les incisions habituelles par où on extrait les entrailles, mais, à notre grande surprise, nous n'en pûmes découvrir la trace. Aucune personne de la société ne savait alors qu'il n'est pas rare de trouver des momies entières et non incisées. Ordinairement la cervelle se vidait par le nez; les intestins, par une incision dans le flanc; le corps était alors rasé, lavé et salé; on le laissait ainsi reposer quelques semaines, puis commençait, à proprement parler, l'opération de l'embaumement.

Comme on ne pouvait trouver aucune trace d'ouverture, le docteur Ponnonner préparait ses instruments de dissection, quand je fis remarquer qu'il était déjà deux heures passées. Là-dessus, on s'accorda à renvoyer l'examen interne à la nuit suivante; et nous étions au moment de nous séparer, quand quelqu'un lança l'idée d'une ou deux expériences avec la pile de Volta.

L'application de l'électricité à une momie vieille au moins de trois ou quatre mille ans était une idée, sinon très-sensée, du moins suffisamment originale, et nous la saisîmes au vol. Pour ce beau projet, dans lequel il entrait un dixième de sérieux et neuf bons dixièmes de plaisanterie, nous disposâmes une batterie dans le cabinet du docteur, et nous y transportâmes l'Égyptien.

Ce ne fut pas sans beaucoup de peine que nous réussîmes à mettre à nu une partie du muscle temporal, qui semblait être d'une rigidité moins marmoréenne que le reste du corps, mais qui, naturellement, comme nous nous y attendions bien, ne donna aucun indice de susceptibilité galvanique quand on le mit en contact avec le fil. Ce premier essai nous parut décisif; et, tout en riant de bon cœur de notre propre absurdité, nous nous souhaitions réciproquement une bonne nuit, quand mes yeux, tombant par hasard sur ceux de la momie, y restèrent immédiatement cloués d'étonnement. De fait, le premier coup d'œil m'avait suffi pour m'assurer que les globes, que nous avions tous supposé être de verre, et qui primitivement se distinguaient par une certaine fixité singulière, étaient maintenant si bien recouverts par les paupières qu'une petite portion de la *tunica albuginea* restait seule visible.

Je poussai un cri, et j'attirai l'attention sur ce fait, qui devint immédiatement évident pour tout le monde.

Je ne dirai pas que j'étais *alarmé* par le phénomène, parce que le mot alarmé, dans mon cas, ne serait pas précisément le mot propre. Il aurait pu se faire toutefois que, sans ma provision de *Brown Stout*, je me sentisse légèrement ému. Quant aux autres personnes de la société, elles ne firent vraiment aucun effort pour cacher leur naïve terreur. Le docteur Ponnonner était un homme à faire pitié. M. Gliddon, par je ne sais quel procédé particulier, s'était rendu invisible. Je présume que M. Silk Buckingham n'aura pas l'audace de nier qu'il ne se soit fourré à quatre pattes sous la table.

Après le premier choc de l'étonnement, nous résolûmes, cela va sans dire, de tenter tout de suite une nouvelle expérience. Nos opérations furent alors dirigées contre le gros orteil du pied droit. Nous fîmes une incision au-dessus de la région de l'*os sesamoideum pollicis pedis*, et nous arrivâmes ainsi à la naissance du muscle *abductor*. Rajustant la batterie, nous appliquâmes de nouveau le fluide aux nerfs mis à nu, — quand, avec un mouvement plus vif que la vie elle-même, la momie retira son genou droit comme pour le rapprocher le plus possible de l'abdomen, puis, redressant le membre avec une force inconcevable, allongea au docteur Ponnonner une ruade, qui eut pour effet de décocher ce gentleman, comme le projectile d'une catapulte, et de l'envoyer dans la rue à travers une fenêtre.

Nous nous précipitâmes en masse pour rapporter les débris mutilés de l'infortuné ; mais nous eûmes le bonheur de le rencontrer sur l'escalier, remontant avec une inconcevable diligence, bouillant de la plus grande ardeur philosophique, et plus que jamais frappé de la nécessité de poursuivre nos expériences, avec rigueur et avec zèle.

Ce fut donc d'après son conseil que nous fîmes sur-le-champ une incision profonde dans le bout du nez du sujet; et le docteur, y jetant des mains impétueuses, le fourra violemment en contact avec le fil métallique.

Moralement et physiquement, — métaphoriquement et littéralement, — l'effet fut *électrique*. D'abord le cadavre ouvrit les yeux et les cligna très-rapidement pendant quelques minutes, comme M. Barnes dans la pantomime; puis il éternua; en troisième lieu, il se dressa sur son séant; en quatrième lieu, il mit son poing sous le nez du docteur Ponnonner; enfin, se tournant vers MM. Gliddon et Buckingham, il leur adressa, dans l'égyptien le plus pur, le discours suivant :

« — Je dois vous dire, gentlemen, que je suis aussi surpris que mortifié de votre conduite. Du docteur Ponnonner je n'avais rien de mieux à attendre; c'est un pauvre petit gros sot qui ne sait rien de rien. J'ai pitié de lui et je lui pardonne. Mais vous, monsieur Gliddon, — et vous, Silk, qui avez voyagé et résidé en Égypte, à ce point qu'on pourrait croire que vous êtes né sur nos terres, — vous, dis-je, qui avez tant vécu parmi nous que vous parlez l'égyptien aussi bien, je crois, que vous écrivez votre langue maternelle, — vous que je m'étais accoutumé à regarder comme le plus ferme ami des momies, — j'attendais de vous une conduite plus courtoise. Que dois-je penser de votre impassible neutralité, quand je suis traité aussi brutalement? Que dois-je supposer, quand vous permettez à Pierre et à Paul de me dépouiller de mes bières et de mes vêtements sous cet affreux climat de glace? A quel point de vue, pour en finir, dois-je considérer votre fait d'aider et d'encourager ce misérable petit drôle de docteur Ponnonner, à me tirer par le nez ? »

On croira généralement, sans aucun doute, qu'en entendant un pareil discours, dans de telles circonstances, nous avons tous filé vers la porte, ou que nous sommes tombés dans de violentes attaques de nerfs, ou dans un évanouissement unanime. L'une de ces trois choses, dis-je, était probable. En vérité, chacune de ces trois lignes de conduite et toutes les trois étaient des plus légitimes. Et, sur ma parole, je ne puis comprendre comment il se fait que nous n'en suivîmes aucune. Mais, peut-être, la vraie raison doit-elle être cherchée dans l'esprit de ce siècle, qui procède entièrement par la loi des contraires, considérée aujourd'hui comme solution de toutes les antinomies et fusion de toutes les contradictoires. Ou peut-être, après tout, était-ce seulement l'air excessivement naturel et familier de la momie qui enlevait à ses paroles toute puissance scientifique. Quoi qu'il en soit, les faits sont positifs, et pas un membre de la société ne trahit d'effroi bien caractérisé et ne parut croire qu'il se fût passé quelque chose de particulièrement irrégulier.

Pour ma part j'étais convaincu que tout cela était fort naturel, et je me rangeai simplement de côté, hors de la portée du poing de l'Égyptien. Le docteur Ponnonner fourra ses mains dans les poches de sa culotte, regarda la momie d'un air bourru, et devint excessivement rouge. M. Gliddon caressait ses favoris et redressait le col de sa chemise. M. Buckingham baissa la tête et mit son pouce droit dans le coin gauche de sa bouche.

L'Égyptien le regarda avec une physionomie sévère

pendant quelques minutes, et à la longue, il lui dit avec un ricanement :

— Pourquoi ne parlez-vous pas, monsieur Buckingham? Avez-vous entendu, oui ou non, ce que je vous ai demandé? Voulez-vous bien ôter votre pouce de votre bouche!

Là-dessus, M. Buckingham fit un léger soubresaut, ôta son pouce droit du coin gauche de sa bouche, et en manière de compensation inséra son pouce gauche dans le coin droit de l'ouverture susdite.

Ne pouvant pas tirer une réponse de M. Buckingham, la momie se tourna avec humeur vers M. Gliddon, et lui demanda d'un ton péremptoire d'expliquer en gros ce que nous voulions tous.

M. Gliddon répliqua tout au long, en *phonétique*; et, n'était l'absence de caractères *hiéroglyphiques* dans les imprimeries américaines, c'eût été pour moi un grand plaisir de transcrire intégralement et en langue originale son excellent speech.

Je saisirai cette occasion pour faire remarquer que toute la conversation subséquente à laquelle prit part la momie eut lieu en égyptien primitif, — MM. Gliddon et Buckingham servant d'interprètes pour moi et les autres personnes de la société qui n'avaient pas voyagé. Ces messieurs parlaient la langue maternelle de la momie avec une grâce et une abondance inimitables; mais je ne pouvais pas m'empêcher de remarquer que les deux voyageurs, — sans doute à cause de l'introduction d'images entièrement modernes et, naturellement, tout à fait nouvelles pour l'étranger, — étaient quelquefois réduits à employer des formes sensibles pour traduire à cet esprit d'un autre âge un sens particulier. Il y eut un moment, par exemple, où M. Gliddon, ne pouvant pas faire comprendre à l'Égyptien le mot : *la Politique*, s'avisa heureusement de dessiner sur le mur, avec un morceau de charbon, un petit monsieur au nez bourgeonné, aux coudes troués, grimpé sur un piédestal, la jambe gauche tendue en arrière, le bras droit projeté en avant, le poing fermé, les yeux convulsés vers le ciel, et la bouche ouverte sous un angle de 90 degrés.

De même, M. Buckingham n'aurait jamais réussi à lui traduire l'idée absolument moderne de *Whig* (perruque), si, à une suggestion du docteur Ponnonner, il n'était devenu très-pâle et n'avait consenti à ôter la sienne.

Il était tout naturel que le discours de M. Gliddon roulât principalement sur les immenses bénéfices que la science pouvait tirer du démaillotement et du déboyautement des momies; moyen subtil de nous justifier de tous les dérangements que nous avions pu lui causer, à elle en particulier, momie nommée Allamistakeo; il conclut en insinuant, — car ce ne fut qu'une insinuation, — que, puisque toutes ces petites questions étaient maintenant éclaircies, on pouvait aussi bien procéder à l'examen projeté. Ici le docteur Ponnonner apprêta ses instruments.

Relativement aux dernières suggestions de l'orateur, il paraît qu'Allamistakeo avait certains scrupules de conscience, sur la nature desquels je n'ai pas été clairement renseigné; mais il se montra satisfait de notre justification et, descendant de la table, donna à toute la compagnie des poignées de mains à la ronde.

Quand cette cérémonie fut terminée, nous nous occupâmes immédiatement de réparer les dommages que le scalpel avait fait éprouver au sujet. Nous recousîmes la blessure de sa tempe, nous bandâmes son pied, et nous lui appliquâmes un pouce carré de taffetas noir sur le bout du nez.

On remarqua alors que le comte — tel était, à ce qu'il paraît, le titre d'Allamistakeo, — éprouvait quelques légers frissons, — à cause du climat, sans aucun doute. Le docteur alla immédiatement à sa garde-robe, et revint bientôt avec un habit noir, de la meilleure coupe de Jennings, un pantalon de tartan bleu de ciel à sous-pieds, une chemise rose de guingamp, un gilet de brocart à revers, un paletot-sac blanc, une canne à bec de corbin, un chapeau sans bords, des bottes en cuir breveté, des gants de chevreau couleur paille, un lorgnon, une paire de favoris et une cravate cascade. La différence de taille entre le comte et le docteur, — la proportion étant comme deux à un, — fut cause que nous eûmes quelque peu de mal à ajuster ces habillements à la personne de l'Égyptien ; mais, quand tout fut arrangé, au moins pouvait-il dire qu'il était bien mis. M. Gliddon lui donna donc le bras et le conduisit vers un bon fauteuil, en face du feu ; pendant ce temps-là, le docteur sonnait et demandait le vin et les cigares.

La conversation s'anima bientôt. On exprima, cela va sans dire, une grande curiosité relativement au fait quelque peu singulier d'Allamistakeo resté vivant.

— J'aurais pensé, — dit M. Buckingham, — qu'il y avait déjà beau temps que vous étiez mort.

— Comment ! — répliqua le comte très-étonné, —

je n'ai guère plus de sept cents ans ! Mon père en a vécu mille, et il ne radotait pas le moins du monde quand il est mort.

Il s'ensuivit une série étourdissante de questions et de calculs par lesquels on découvrit que l'antiquité de la momie avait été très-grossièrement estimée. Il y avait cinq mille cinquante ans et quelques mois qu'elle avait été déposée dans les catacombes d'Eleithias.

— Mais ma remarque, — reprit M. Buckingham, — n'avait pas trait à votre âge à l'époque de votre ensevelissement, (je ne demande pas mieux que d'accorder que vous êtes encore un jeune homme), et j'entendais parler de l'immensité de temps pendant lequel, d'après votre propre explication, vous êtes resté confit dans l'asphalte.

— Dans quoi ? — dit le comte.

— Dans l'asphalte, — persista M. Buckingham.

— Ah ! oui ; j'ai comme une idée vague de ce que vous voulez dire ; — en effet cela pourrait réussir, — mais de mon temps nous n'employions guère autre chose que le bichlorure de mercure.

— Mais ce qu'il nous est particulièrement impossible de comprendre, — dit le docteur Ponnonner, — c'est comment il se fait qu'étant mort et ayant été enseveli en Égypte, il y a cinq mille ans, vous soyez aujourd'hui parfaitement vivant, et avec un air de santé admirable.

— Si à cette époque j'étais *mort*, comme vous dites, — répliqua le comte, — il est plus que probable que mort je serais resté ; car je m'aperçois que vous en êtes encore à l'enfance du galvanisme, et que vous ne pouvez pas accomplir par cet agent ce qui, dans le vieux temps, était chez nous chose vulgaire. Mais le fait est que j'étais tombé en catalepsie, et que mes meilleurs amis jugèrent que j'étais mort, ou que je devais être mort ; c'est pourquoi ils m'embaumèrent tout de suite. — Je présume que vous connaissez le principe capital de l'embaumement ?

— Mais, pas le moins du monde.

— Ah ! je conçois ; — déplorable condition de l'ignorance ! Je ne puis donc pour le moment entrer dans aucun détail à ce sujet ; mais il est indispensable que je vous explique qu'en Égypte, embaumer, à proprement parler, était suspendre indéfiniment toutes les fonctions animales soumises au procédé. Je me sers du terme *animal* dans son sens le plus large, comme impliquant l'être moral et vital aussi bien que l'être physique. Je répète que le premier principe de l'embaumement consistait, chez nous, à arrêter immédiatement et à tenir perpétuellement en suspens toutes les fonctions animales soumises au procédé. Enfin, pour être bref, dans quelque état que se trouvât l'individu à l'époque de l'embaumement, il restait dans cet état. Maintenant, comme j'ai le bonheur d'être du sang du Scarabée, je fus embaumé vivant, tel que vous me voyez présentement.

— Le sang du Scarabée ! — s'écria le docteur Ponnonner.

— Oui. Le Scarabée était l'emblème, les armes d'une famille patricienne très-distinguée et peu nombreuse. Être du sang du Scarabée, c'est simplement être de la famille dont le Scarabée est l'emblème. Je parle figurativement.

— Mais qu'a cela de commun avec le fait de votre existence actuelle?

— Eh bien, c'était la coutume générale en Égypte, avant d'embaumer un cadavre, de lui enlever les intestins et la cervelle; la race des Scarabées seule n'était pas sujette à cette coutume. Si donc je n'avais pas été un Scarabée, j'eusse été privé de mes boyaux et de ma cervelle, et, sans ces deux viscères, vivre n'est pas chose commode.

— Je comprends cela, — dit M. Buckingham, — et je présume que toutes les momies qui nous parviennent *entières* sont de la race des Scarabées.

— Sans aucun doute.

— Je croyais, — dit M. Gliddon très-timidement, — que le Scarabée était un des Dieux Égyptiens.

— Un des *quoi* Égyptiens! — s'écria la momie, sautant sur ses pieds.

— Un des Dieux, — répéta le voyageur.

— Monsieur Gliddon, je suis réellement étonné de vous entendre parler de la sorte, — dit le comte en se rasseyant. — Aucune nation sur la face de la terre n'a jamais reconnu plus d'*un* Dieu. Le Scarabée, l'Ibis, etc., étaient pour nous (ce que d'autres créatures ont été pour d'autres nations) les symboles, les intermédiaires par lesquels nous offrions le culte au Créateur, trop auguste pour être approché directement.

Ici il se fit une pause. A la longue, l'entretien fut repris par le docteur Ponnonner.

— Il n'est donc pas improbable, d'après vos explications, — dit-il, — qu'il puisse exister dans les catacombes qui sont près du Nil d'autres momies de la race du Scarabée dans de semblables conditions de vitalité?

— Cela ne peut pas faire l'objet d'une question, — répliqua le comte; — tous les Scarabées qui, par accident, ont été embaumés vivants sont vivants. Quelques-uns même de ceux qui ont été ainsi embaumés *à dessein* peuvent avoir été oubliés par leurs exécuteurs testamentaires et sont encore dans leurs tombes.

— Seriez-vous assez bon, — dis-je, — pour expliquer ce que vous entendez par : *embaumés ainsi à dessein?*

— Avec le plus grand plaisir, — répliqua la momie, après m'avoir considéré à loisir à travers son lorgnon; car c'était la première fois que je me hasardais à lui adresser directement une question.

— Avec le plus grand plaisir, — dit-elle. — La durée ordinaire de la vie humaine, de mon temps, était de huit cents ans environ. Peu d'hommes mouraient, sauf par suite d'accidents très-extraordinaires, avant l'âge de six cents; très-peu vivaient plus de dix siècles; mais huit siècles étaient considérés comme le terme naturel. Après la découverte du principe de l'embaumement, tel que je vous l'ai expliqué, il vint à l'esprit de nos philosophes qu'on pourrait satisfaire une louable curiosité, et en même temps servir considérablement les intérêts de la science, en morcelant la durée moyenne et en vivant cette vie naturelle par à-comptes. Relativement à la science historique, l'expérience a démontré qu'il y avait quelque chose à faire dans ce sens, quelque chose d'indispensable. Un historien, par exemple, ayant atteint l'âge de cinq cents ans, écrivait un livre avec le plus grand soin ; puis il se faisait soigneusement embaumer, laissant commission à ses exécuteurs testamentaires *pro tempore* de le ressusciter après un certain laps de temps, — mettons cinq ou six cents ans. Rentrant dans la vie à l'expiration de cette époque, il trouvait invariablement son grand ouvrage converti en une espèce de cahier de notes accumulées au hasard, — c'est-à-dire en une sorte d'arène littéraire ouverte aux conjectures contradictoires, aux énigmes et aux chamailleries personnelles de toutes les bandes de commentateurs exaspérés. Ces conjectures, ces énigmes, qui passaient sous le nom d'annotations ou corrections, avaient si complètement enveloppé, torturé, écrasé le texte, que l'auteur était réduit à fureter partout dans ce fouillis avec une lanterne pour découvrir son propre livre. Mais une fois retrouvé, ce pauvre livre ne valait jamais les peines que l'auteur avait prises pour le ravoir. Après l'avoir récrit d'un bout à l'autre, il restait encore une besogne pour l'historien, un devoir impérieux : c'était de corriger, d'après sa science et son expérience personnelles, les traditions du jour concernant l'époque dans laquelle il avait primitivement vécu. Or, ce procédé de recomposition et de rectification personnelle, poursuivi de temps à autre par différents sages, avait pour résultat d'empêcher notre histoire de dégénérer en une pure fable.

— Je vous demande pardon, — dit alors le docteur Ponnonner, posant doucement sa main sur le bras de l'Égyptien, — je vous demande pardon, monsieur, mais puis-je me permettre de vous interrompre pour un moment ?

— Parfaitement, *monsieur*, — répliqua le comte en s'écartant un peu.

— Je désirais simplement vous faire une question, — dit le docteur. — Vous avez parlé de corrections personnelles de l'auteur relativement aux traditions qui concernaient son époque. En moyenne, monsieur, je vous prie, dans quelle proportion la vérité se trouvait-elle généralement mêlée à ce grimoire?

— On trouva généralement que ce grimoire, — pour me servir de votre excellente définition, monsieur, — était exactement au pair avec les faits rapportés dans l'histoire elle-même non récrite, — c'est-à-dire qu'on ne vit jamais dans aucune circonstance un simple iota de l'un ou de l'autre qui ne fût absolument et radicalement faux.

— Mais, puisqu'il est parfaitement clair, — reprit le docteur, — que cinq mille ans au moins se sont écoulés depuis votre enterrement, je tiens pour sûr que vos annales à cette époque, sinon vos traditions, étaient suffisamment explicites sur un sujet d'un intérêt universel, la Création, qui eut lieu, comme vous le savez sans doute, seulement dix siècles auparavant, ou peu s'en faut.

— Monsieur! — fit le comte Allamistakeo.

Le docteur répéta son observation, mais ce ne fut qu'après mainte explication additionnelle qu'il parvint à se faire comprendre de l'étranger. A la fin, celui-ci dit, non sans hésitation :

— Les idées que vous soulevez sont, je le confesse, entièrement nouvelles pour moi. De mon temps, je n'ai jamais connu personne qui eût été frappé d'une si singulière idée, que l'univers (ou ce monde, si vous l'aimez mieux) pouvait avoir eu un commencement. Je me rappelle qu'une fois, mais rien qu'une fois, un homme de grande science me parla d'une tradition vague concernant l'origine de la race humaine : et cet homme se servait comme vous du mot *Adam*, ou *terre rouge*. Mais il l'employait dans un sens générique, comme ayant trait à la germination spontanée par le limon, — juste comme un millier d'animalcules, — à la germination spontanée, dis-je, de cinq vastes hordes d'hommes, poussant simultanément dans cinq parties distinctes du globe presque égales entre elles.

Ici, la société haussa généralement les épaules, et une ou deux personnes se touchèrent le front avec un air très-significatif. M. Silk Buckingham, jetant un léger coup d'œil d'abord sur l'occiput, puis sur le sinciput d'Allamistakeo, prit ainsi la parole :

— La longévité humaine dans votre temps, unie à cette pratique fréquente que vous nous avez expliquée, consistant à vivre sa vie par à-comptes, aurait dû, en vérité, contribuer puissamment au développement général et à l'accumulation des connaissances. Je présume donc que nous devons attribuer l'infériorité marquée des anciens Égyptiens dans toutes les parties de la science, quand on les compare avec les modernes et plus spécialement avec les Yankees, uniquement à l'épaisseur plus considérable du crâne égyptien.

— Je confesse de nouveau, — répliqua le comte avec une parfaite urbanité, — que je suis quelque peu en peine de vous comprendre ; dites-moi, je vous prie, de quelles parties de la science voulez-vous parler ?

Ici, toute la compagnie, d'une voix unanime, cita les affirmations de la phrénologie et les merveilles du magnétisme animal.

Nous ayant écoutés jusqu'au bout, le comte se mit à raconter quelques anecdotes qui nous prouvèrent clairement que les prototypes de Gall et de Spurzheim avaient fleuri et dépéri en Égypte, mais dans une époque si ancienne qu'on en avait presque perdu le souvenir, — et que les procédés de Mesmer étaient des tours misérables en comparaison des miracles positifs opérés par les savants de Thèbes, qui créaient des poux et une foule d'autres êtres semblables.

Je demandai alors au comte si ses compatriotes étaient capables de calculer les éclipses. Il sourit avec une nuance de dédain et m'affirma que oui.

Ceci me troubla un peu; cependant, je commençais à lui faire d'autres questions relativement à leurs connaissances astronomiques, quand quelqu'un de la société, qui n'avait pas encore ouvert la bouche, me souffla à l'oreille que, si j'avais besoin de renseignements sur ce chapitre, je ferais mieux de consulter un certain monsieur Ptolémée aussi bien qu'un nommé Plutarque, à l'article *De facie lunæ*.

Je questionnai alors la momie sur les verres ardents et lenticulaires, et généralement sur la fabrication du verre; mais je n'avais pas fini mes questions que le camarade silencieux me poussait doucement par le coude, et me priait, pour l'amour de Dieu, de jeter un coup d'œil sur Diodore de Sicile. Quant au comte, il me demanda simplement en manière de réplique, si, nous autres modernes, nous possédions des microscopes qui nous permissent de graver des onyx avec la perfection des Égyptiens. Pendant que je cherchais la réponse à faire à cette question, le petit docteur Ponnonner s'aventura dans une voie très-extraordinaire.

— Voyez notre architecture! — s'écria-t-il, à la grande indignation des deux voyageurs qui le pinçaient jusqu'au bleu, mais sans réussir à le faire taire.

— Allez voir, — criait-il avec enthousiasme, — la fontaine du Jeu de boule à New-York! ou, si c'est une trop écrasante contemplation, regardez un instant le Capitole à Washington, D. C.!

Et le bon petit homme médical alla jusqu'à détailler minutieusement les proportions du bâtiment en question. Il expliqua que le portique seul n'était pas orné de moins de vingt-quatre colonnes de cinq pieds de diamètre, et situées à dix pieds de distance l'une de l'autre.

Le comte dit qu'il regrettait de ne pouvoir se rappeler pour le moment la dimension précise d'aucune des principales constructions de la cité d'Aznac, dont les fondations plongeaient dans la nuit du temps, mais dont les ruines étaient encore debout, à l'époque de son enterrement, dans une vaste plaine de sable à l'ouest de Thèbes. Il se souvenait néanmoins, à propos de portiques, qu'il y en avait un, appliqué à un palais secondaire, dans une espèce de faubourg appelé Carnac, et formé de cent quarante quatre colonnes de trente-sept pieds de circonférence chacune, et distantes de vingt-cinq pieds l'une de l'autre. On arrivait du Nil à ce portique par une avenue de deux milles de long, formée par des sphinx, des statues, des obélisques de vingt, de soixante et de cent pieds de haut. Le palais lui-même, autant qu'il pouvait se rappeler, avait, dans un sens seulement, deux milles de long, et pouvait bien avoir en tout sept milles de circuit. Ses murs étaient richement décorés, en dedans et en dehors, de peintures hiéroglyphiques. Il ne prétendait pas *affirmer* qu'on aurait pu bâtir entre ses murs cinquante ou soixante des Capitoles du docteur; mais il ne lui était pas démontré que deux ou trois cents n'eussent pas pu y être empilés sans trop d'embarras. Ce palais de Carnac était une insignifiante petite bâtisse, après tout. Le comte, néanmoins, ne pouvait pas, en stricte conscience, se refuser à reconnaître le style ingénieux, la magnificence et la supériorité de la fontaine du Jeu de boule, telle que le docteur l'avait décrite. Rien de semblable, il était forcé de l'avouer, n'avait jamais été vu en Égypte ni ailleurs.

Je demandai alors au comte ce qu'il pensait de nos chemins de fer.

— Rien de particulier, — dit-il. — Ils sont un peu faibles, assez mal conçus et grossièrement assemblés. Ils ne peuvent donc pas être comparés aux vastes chaussées à rainures de fer, horizontales et directes, sur lesquelles les Égyptiens transportaient des temples entiers et des obélisques massifs de cent cinquante pieds de haut.

Je lui parlai de nos gigantesques mécaniques. Il convint que nous savions faire quelque chose dans ce genre, mais il me demanda comment nous nous y serions pris pour dresser les impostes sur les linteaux du plus petit palais de Carnac.

Je jugeai à propos de ne pas entendre cette question, et je lui demandai s'il avait quelque idée des puits artésiens ; mais il releva simplement les sourcils, pendant que M. Gliddon me faisait un clignement d'yeux très-prononcé, et me disait à voix basse que les ingénieurs chargés de forer le terrain pour trouver de l'eau dans la Grande Oasis en avaient découvert un tout récemment.

Alors je citai nos aciers ; mais l'étranger leva le nez, et me demanda si notre acier aurait pu jamais exécuter les sculptures si vives et si nettes qui décorent les obélisques, et qui avaient été entièrement exécutées avec des outils de cuivre.

Cela nous déconcerta si fort que nous jugeâmes à propos de faire une diversion sur la métaphysique. Nous envoyâmes chercher un exemplaire d'un ouvrage qui s'appelle le *Dial*, et nous en lûmes un chapitre ou deux sur un sujet qui n'est pas très-clair, mais que les gens de Boston définissent : le Grand Mouvement ou Progrès.

Le comte dit simplement que, de son temps, les grands mouvements étaient choses terriblement communes, et que, quant au Progrès, il fut à une certaine époque une vraie calamité, mais ne progressa jamais.

Nous parlâmes alors de la grande beauté et de l'importance de la Démocratie, et nous eûmes beaucoup de peine à bien faire comprendre au comte la nature positive des avantages dont nous jouissions en vivant dans un pays où le suffrage était *ad libitum*, et où il n'y avait pas de roi.

Il nous écouta avec un intérêt marqué, et en somme

il parut réellement s'amuser. Quand nous eûmes fini, il nous dit qu'il s'était passé là-bas, il y avait déjà bien longtemps, quelque chose de tout à fait semblable. Treize provinces égyptiennes résolurent tout d'un coup d'être libres, et de donner ainsi un magnifique exemple au reste de l'humanité. Elles rassemblèrent leurs sages, et brassèrent la plus ingénieuse constitution qu'il est possible d'imaginer. Pendant quelque temps, tout alla le mieux du monde ; seulement il y avait là des habitudes de blague qui étaient quelque chose de prodigieux. La chose néanmoins finit ainsi : les treize États, avec quelque chose comme quinze ou vingt autres, se consolidèrent dans le plus odieux et le plus insupportable despotisme dont on ait jamais ouï parler sur la surface du globe.

Je demandai quel était le nom du tyran usurpateur.

Autant que le comte pouvait se le rappeler, ce tyran se nommait : *La Canaille*.

Ne sachant que dire à cela, j'élevai la voix, et je déplorai l'ignorance des Égyptiens relativement à la vapeur.

Le comte me regarda avec beaucoup d'étonnement, mais ne répondit rien. Le gentleman silencieux me donna toutefois un violent coup de coude dans les côtes, — me dit que je m'étais suffisamment compromis pour une fois, — et me demanda si j'étais réellement assez innocent pour ignorer que la machine à vapeur moderne descendait de l'invention de Héro en passant par Salomon de Caus.

Nous étions pour lors en grand danger d'être battus ;

mais notre bonne étoile fit que le docteur Ponnonner, s'étant rallié, accourut à notre secours, et demanda si la nation égyptienne prétendait sérieusement rivaliser avec les modernes dans l'article de la toilette, si important et si compliqué.

A ce mot, le comte jeta un regard sur les sous-pieds de son pantalon ; puis, prenant par le bout une des basques de son habit, il l'examina curieusement pendant quelques minutes. A la fin, il la laissa retomber, et sa bouche s'étendit graduellement d'une oreille à l'autre; mais je ne me rappelle pas qu'il ait dit quoi que ce soit en manière de réplique.

Là-dessus, nous recouvrâmes nos esprits, et le docteur, s'approchant de la momie d'un air plein de dignité, la pria de dire avec candeur, sur son honneur de gentleman, si les Égyptiens avaient compris, à une époque quelconque, la fabrication soit des pastilles de Ponnonner, soit des pilules de Brandreth.

Nous attendions la réponse dans une profonde anxiété, — mais bien inutilement. Cette réponse n'arrivait pas. L'Égyptien rougit et baissa la tête. Jamais triomphe ne fut plus complet; jamais défaite ne fut supportée de plus mauvaise grâce. Je ne pouvais vraiment pas endurer le spectacle de l'humiliation de la pauvre momie. Je pris mon chapeau, je la saluai avec un certain embarras, et je pris congé.

En rentrant chez moi, je m'aperçus qu'il était quatre heures passées, et je me mis immédiatement au lit. Il est maintenant dix heures du matin. Je suis levé depuis sept, et j'écris ces notes pour l'instruction de ma famille et de l'humanité. Quant à la première, je ne la verrai plus. Ma femme est une mégère. La vérité est que cette vie et généralement tout le dix-neuvième siècle me donnent des nausées. Je suis convaincu que tout va de travers. En outre, je suis anxieux de savoir qui sera élu Président en 2045. C'est pourquoi, une fois rasé et mon café avalé, je vais tomber chez Ponnonner, et je me fais embaumer pour une couple de siècles.

LE
CŒUR RÉVÉLATEUR

LE CŒUR RÉVÉLATEUR

RAI ! — je suis très-nerveux, épouvantablement nerveux, — je l'ai toujours été ; mais pourquoi prétendez-vous que je suis fou ? La maladie a aiguisé mes sens, — elle ne les a pas détruits, — elle ne les a pas émoussés. Plus que tous les autres, j'avais le sens de l'ouïe très-fin. J'ai entendu toutes choses du ciel et de la terre, j'ai entendu bien des choses de l'enfer. Comment donc suis-je fou ? Attention ! Et observez avec quelle santé, — avec quel calme je puis vous raconter toute l'histoire.

Il est impossible de dire comment l'idée entra primitivement dans ma cervelle; mais, une fois conçue, elle me hanta nuit et jour. D'objet, il n'y en avait pas. La passion n'y était pour rien. J'aimais le vieux bonhomme. Il ne m'avait jamais fait de mal, il ne m'avait jamais insulté. De son or je n'avais aucune envie. Je crois que c'était son œil! Oui, c'était cela! Un de ses yeux ressemblait à celui d'un vautour, — un œil bleu pâle, avec une taie dessus. Chaque fois que cet œil tombait sur moi, mon sang se glaçait; et ainsi, lentement, — par degrés, — je me mis en tête d'arracher la vie du vieillard, et par ce moyen de me délivrer de l'œil à tout jamais.

Maintenant, voici le hic! Vous me croyez fou. Les fous ne savent rien de rien. Mais si vous m'aviez vu! Si vous aviez vu avec quelle sagesse je procédai! — avec quelle précaution, — avec quelle prévoyance, — avec quelle dissimulation je me mis à l'œuvre! Je ne fus jamais plus aimable pour le vieux que pendant la semaine entière qui précéda le meurtre. Et chaque nuit, vers minuit, je tournais le loquet de sa porte, et je l'ouvrais, — oh! si doucement! Et alors, quand je l'avais suffisamment entrebâillée pour ma tête, j'introduisais une lanterne sourde, bien fermée, bien fermée, ne laissant filtrer aucune lumière; puis je passais la tête. Oh! vous auriez ri de voir avec quelle adresse je passais ma tête! Je la mouvais lentement, — très, très-lentement, — de manière à ne pas troubler le sommeil du vieillard. Il me fallait bien une heure pour introduire toute ma tête à travers l'ouverture, assez avant pour le voir couché sur son lit. Ah! un fou aurait-il été aussi prudent? — Et alors, quand ma tête était bien dans la chambre, j'ouvrais la lanterne, avec quelle précaution ! — oh ! avec quelle précaution, avec quelle précaution ! — car la charnière criait. — Je l'ouvrais juste assez pour qu'un filet imperceptible de lumière tombât sur l'œil de vautour. Et cela, je l'ai fait pendant sept longues nuits, — chaque nuit, juste à minuit ; — mais je trouvai toujours l'œil fermé ; et ainsi il me fut impossible d'accomplir l'œuvre ; car ce n'était pas le vieux homme qui me vexait, mais son Mauvais OEil. Et chaque matin, quand le jour paraissait, j'entrais hardiment dans sa chambre, je lui parlais courageusement, l'appelant par son nom d'un ton cordial, et m'informant comment il avait passé la nuit. Ainsi, vous voyez qu'il eût été un vieillard bien profond, en vérité, s'il avait soupçonné que chaque nuit, juste à minuit, je l'examinais pendant son sommeil.

La huitième nuit, je mis encore plus de précaution à ouvrir la porte. La petite aiguille d'une montre se meut plus vite que ne faisait ma main. Jamais, avant cette nuit, je n'avais senti toute l'étendue de mes facultés, de ma sagacité. Je pouvais à peine contenir mes sensations de triomphe. Penser que j'étais là, ouvrant la porte, petit à petit, et qu'il ne rêvait même pas de mes actions ou de mes pensées secrètes ! A cette idée, je lâchai un petit rire ; et peut-être m'entendit-il ; car il remua soudainement sur son lit, comme s'il se réveillait. Maintenant, vous croyez peut-être que je me retirai, — mais non. Sa chambre était aussi noire que de la poix, tant les ténèbres étaient épaisses, — car les volets étaient soigneusement fermés, de crainte des voleurs, — et, sachant qu'il ne pouvait pas voir l'entre-baillement de la porte, je continuai à la pousser davantage, toujours davantage.

J'avais passé ma tête, et j'étais au moment d'ouvrir la lanterne, quand mon pouce glissa sur la fermeture de fer-blanc, et le vieux homme se dressa sur son lit, criant : — Qui est là ?

Je restai complètement immobile et ne dis rien. Pendant une heure entière, je ne remuai pas un muscle, et pendant tout ce temps je ne l'entendis pas se recoucher. Il était toujours sur son séant, aux écoutes ; — juste comme j'avais fait pendant des nuits entières, écoutant les horloges-de-mort dans le mur.

Mais voilà que j'entendis un faible gémissement, et je reconnus que c'était le gémissement d'une terreur mortelle. Ce n'était pas un gémissement de douleur ou de chagrin ; — oh ! non, — c'était le bruit sourd et étouffé qui s'élève du fond d'une âme surchargée d'effroi. Je connaissais bien ce bruit. Bien des nuits, à minuit juste, pendant que le monde entier dormait, il avait jailli de mon propre sein, creusant avec son terrible écho les terreurs qui me travaillaient. Je dis que je le connaissais bien. Je savais ce qu'éprouvait le vieux homme, et j'avais pitié de lui, quoique j'eusse le rire dans le cœur. Je savais qu'il était resté éveillé, depuis le premier petit bruit, quand il s'était retourné dans son lit. Ses craintes avaient toujours été grossissant. Il avait tâché de se persuader qu'elles étaient sans cause ; mais il n'avait pas pu. Il s'était dit à lui-même : — Ce n'est rien, que le vent dans la cheminée ; — ce n'est qu'une souris qui traverse le parquet ; — ou : c'est simplement un grillon qui a poussé son cri. — Oui, il s'est efforcé de se fortifier avec ces hypothèses; mais tout cela a été vain. *Tout a été vain,* parce que la Mort qui s'approchait avait passé devant lui avec sa grande ombre noire, et qu'elle avait ainsi enveloppé sa victime. Et c'était l'influence funèbre de l'ombre inaperçue qui lui faisait sentir, — quoiqu'il ne vît et n'entendît rien, — qui lui faisait *sentir* la présence de ma tête dans la chambre.

Quand j'eus attendu un long temps, très-patiemment, sans l'entendre se recoucher, je me résolus à entr'ouvrir un peu la lanterne, — mais si peu, si peu que rien. Je l'ouvris donc, — si furtivement, si furtivement que vous ne sauriez l'imaginer, — jusqu'à ce qu'enfin un seul rayon pâle, comme un fil d'araignée, s'élançât de la fente et s'abattît sur l'œil de vautour.

Il était ouvert, — tout grand ouvert, — et j'entrai en fureur aussitôt que je l'eus regardé. Je le vis avec une parfaite netteté, — tout entier d'un bleu terne et recouvert d'un voile hideux qui glaçait la moëlle dans mes os; mais je ne pouvais voir que cela de la face ou de la personne du vieillard; car j'avais dirigé le rayon, comme par instinct, précisément sur la place maudite.

Et maintenant, ne vous ai-je pas dit que ce que vous preniez pour de la folie n'est qu'une hyperacuité des sens? Maintenant, je vous le dis, un bruit sourd, étouffé, fréquent, vint à mes oreilles, semblable à celui que fait une montre enveloppée dans du coton. *Ce son-là* je le reconnus bien aussi. C'était le battement du cœur du vieux. Il accrut ma fureur, comme le battement du tambour exaspère le courage du soldat.

Mais je me contins encore, et je restai sans bouger.

Je respirais à peine. Je tenais la lanterne immobile. Je m'appliquais à maintenir le rayon droit sur l'œil. En même temps, la charge infernale du cœur battait plus fort ; elle devenait de plus en plus précipitée, et à chaque instant de plus en plus haute. La terreur du vieillard *devait* être extrême ! Ce battement, dis-je, devenait de plus en plus fort à chaque minute ! — Me suivez-vous bien ? Je vous ai dit que j'étais nerveux ; je le suis en effet. Et maintenant, au plein cœur de la nuit, parmi le silence redoutable de cette vieille maison, un si étrange bruit jeta en moi une terreur irrésistible. Pendant quelques minutes encore je me contins et restai calme. Mais le battement devenait toujours plus fort, toujours plus fort ! Je croyais que le cœur allait crever. Et voilà qu'une nouvelle angoisse s'empara de moi ; — le bruit pouvait être entendu par un voisin ! L'heure du vieillard était venue ! Avec un grand hurlement, j'ouvris brusquement la lanterne et m'élançai dans la chambre. Il ne poussa qu'un cri, — un seul. En un instant, je le précipitai sur le parquet, et je renversai sur lui tout le poids écrasant du lit. Alors je souris avec bonheur, voyant ma besogne fort avancée. Mais, pendant quelques minutes, le cœur battit avec un son voilé. Cela toutefois ne me tourmenta pas ; on ne pouvait l'entendre à travers le mur. A la longue il cessa. Le vieux était mort. Je relevai le lit, et j'examinai le corps. Oui, il était roide, roide mort. Je plaçai ma main sur le cœur, et l'y maintins plusieurs minutes. Aucune pulsation. Il était roide mort. Son œil désormais ne me tourmenterait plus.

Si vous persistez à me croire fou, cette croyance s'évanouira quand je vous décrirai les sages précautions que j'employai pour dissimuler le cadavre. La nuit avançait, et je travaillai vivement, mais en silence. Je coupai la tête, puis les bras, puis les jambes.

Puis j'arrachai trois planches du parquet de la chambre, et je déposai le tout entre les voliges. Puis je replaçai les feuilles si habilement, si adroitement, qu'aucun œil humain, — pas même *le sien!* — n'aurait pu y découvrir quelque chose de louche. Il n'y avait rien à laver, — pas une souillure, — pas une tache de sang. J'avais été trop bien avisé pour cela. Un baquet avait tout absorbé, — ha! ha!

Quand j'eus fini tous ces travaux il était quatre heures, — il faisait toujours aussi noir qu'à minuit. Pendant que le timbre sonnait l'heure, on frappa à la porte de la rue. Je descendis pour ouvrir avec un cœur léger, — car qu'avais-je à craindre *maintenant?* Trois hommes entrèrent qui se présentèrent, avec une parfaite suavité, comme officiers de police. Un cri avait été entendu par un voisin pendant la nuit; cela avait éveillé le soupçon de quelque mauvais coup; une dénonciation avait été transmise au bureau de police, et ces messieurs (les officiers) avaient été envoyés pour visiter les lieux.

Je souris, — car qu'avais-je à craindre? Je souhaitai la bienvenue à ces gentlemen. — Le cri, dis-je, c'était moi qui l'avais poussé dans un rêve. Le vieux bonhomme, ajoutai-je, était en voyage dans le pays. Je promenai mes visiteurs par toute la maison. Je les invitai à chercher, et à *bien* chercher. A la fin je les conduisis dans *sa* chambre. Je leur montrai ses trésors, en parfaite sûreté, parfaitement en ordre. Dans l'enthousiasme de ma confiance, j'apportai des siéges dans la chambre, et les priai de s'y reposer de leur fatigue, tandis que moi-même, avec la folle audace d'un triomphe parfait, j'installai ma propre chaise sur l'endroit même qui recouvrait le corps de la victime.

Les officiers étaient satisfaits. Mes manières les avaient convaincus. Je me sentais singulièrement à l'aise. Ils s'assirent, et ils causèrent de choses familières auxquelles je répondis gaiement. Mais, au bout de peu de temps, je sentis que je devenais pâle, et je souhaitai leur départ. Ma tête me faisait mal, et il me semblait que les oreilles me tintaient; mais ils restaient toujours assis, et toujours ils causaient. Le tintement devint plus distinct; — il persista et devint encore plus distinct; je bavardai plus abondamment pour me débarrasser de cette sensation; mais elle tint bon, et prit un caractère tout à fait décidé, — tant qu'à la fin je découvris que le bruit n'était pas dans mes oreilles.

Sans doute je devins alors très-pâle; — mais je bavardais encore plus couramment et en haussant la voix. Le son augmentait toujours, — et que pouvais-je faire? C'était *un bruit sourd, étouffé, fréquent, ressemblant beaucoup à celui que ferait une montre enveloppée dans du coton.* Je respirai laborieusement, — les officiers n'entendaient pas encore. Je causai plus vite, — avec plus de véhémence; mais le bruit croissait incessamment. — Je me levai, et je disputai sur des niaiseries, dans un diapason très-élevé et avec une violente gesticulation; mais le bruit montait, montait toujours. — Pourquoi ne *voulaient-ils pas* s'en aller? — J'arpentai çà et là le plancher lourdement et à grands pas, comme exaspéré par les observations de mes contradicteurs; — mais le bruit croissait régulièrement. Oh! Dieu! que pouvais-je faire? J'écumais, — je battais la campagne, — je jurais! j'agitais la chaise sur laquelle j'étais assis, et je la faisais crier sur le parquet; mais le bruit dominait toujours, et croissait indéfiniment. Il devenait plus fort, — plus fort! — toujours plus fort! Et toujours les hommes causaient, plaisantaient et souriaient. Était-il possible qu'ils n'entendissent pas? Dieu tout-puissant! — Non, non! Ils entendaient! — ils soupçonnaient! — ils *savaient*, — ils se faisaient un amusement de mon effroi! — je le crus, et je le crois encore. Mais n'importe quoi était plus tolérable que cette dérision! Je ne pouvais pas supporter plus longtemps ces hypocrites sourires! Je sentis qu'il fallait crier ou mourir! — et maintenant encore, l'entendez-vous? — écoutez! plus haut! — plus haut! — toujours plus haut! — *toujours plus haut!*

— Misérables! — m'écriai-je, — ne dissimulez pas plus longtemps! J'avoue la chose! — arrachez ces planches! c'est là, c'est là! — c'est le battement de son affreux cœur!

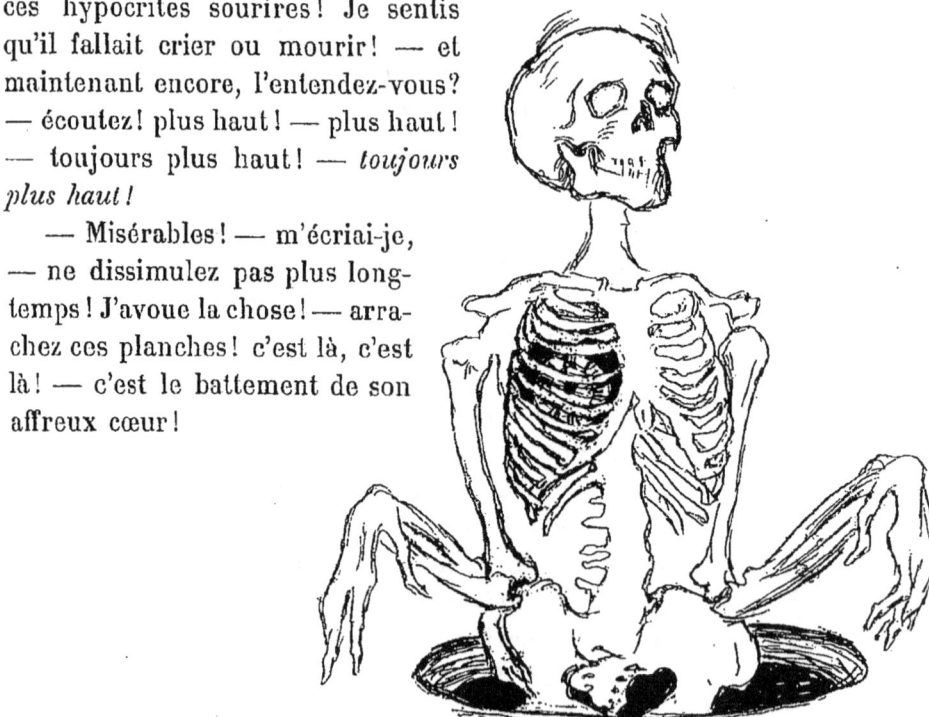

L'HOMME DES FOULES

L'HOMME DES FOULES

> Ce grand malheur de ne pouvoir être seul.
> LA BRUYÈRE.

N a dit judicieusement d'un certain livre allemand : *Es lœsst sich nicht lesen*, — il ne se laisse pas lire. Il y a des secrets qui ne veulent pas être dits. Des hommes meurent la nuit dans leurs lits, tordant les mains des spectres qui les confessent, et les regardant pitoyablement dans les yeux; — des hommes meurent avec le désespoir dans le cœur et des convulsions dans le gosier, à cause de l'horreur des mystères qui *ne veulent pas* être révélés. Quelquefois, hélas! la conscience humaine supporte un fardeau d'une si lourde horreur qu'elle ne peut s'en décharger que dans le tombeau. Ainsi l'essence du crime reste inexpliquée.

Il n'y a pas longtemps, sur la fin d'un soir d'automne, j'étais assis devant la grande fenêtre cintrée du café D..., à Londres. Pendant quelques mois j'avais été malade; mais j'étais alors convalescent, et, la force me revenant, je me trouvais dans une de ces heureuses dispositions qui sont précisément le contraire de l'ennui, — dispositions où l'appétence morale est merveilleusement aiguisée, quand la taie qui recouvrait la vision spirituelle est arrachée, l'ἀχλὺς ἣ πρίν ἐπῆεν, — où l'esprit électrisé dépasse aussi prodigieusement sa puissance journalière que la raison ardente et naïve de Leibnitz l'emporte sur la folle et molle rhétorique de Gorgias. Respirer seulement, c'était une jouissance, et je tirais un plaisir positif même de plusieurs sources très-plausibles de peine. Chaque chose m'inspirait un intérêt calme, mais plein de curiosité. Un cigare à la bouche, un journal sur mes genoux, je m'étais amusé, pendant la plus grande partie de l'après-midi, tantôt à regarder attentivement les annonces, tantôt à observer la société mêlée du salon, tantôt à regarder dans la rue à travers les vitres voilées par la fumée.

Cette rue est une des principales artères de la ville, et elle avait été pleine de monde toute la journée. Mais à la tombée de la nuit, quand tous les réverbères furent allumés, deux courants de population s'écoulaient, épais et continus, devant la porte. Je ne m'étais jamais senti dans une situation semblable à celle où je me trouvais en ce moment particulier de la soirée, et ce tumultueux océan de têtes humaines me remplissait d'une délicieuse émotion toute nouvelle. A la longue, je ne fis plus aucune attention aux choses qui se passaient dans l'hôtel, et m'absorbai dans la contemplation de la scène du dehors.

Mes observations prirent d'abord un tour abstrait et généralisateur. Je regardais les passants par masses, et ma pensée ne les considérait que dans leurs rapports collectifs. Bientôt, cependant, je descendis au détail, et j'examinai avec un intérêt minutieux les innombrables variétés de figure, de toilette, d'air, de démarche, de visage et d'expression physionomique.

Le plus grand nombre de ceux qui passaient avaient un maintien convaincu et propre aux affaires, et ne semblaient occupés qu'à se frayer un chemin à travers la foule. Ils fronçaient les sourcils et roulaient les yeux vivement; quand ils étaient bousculés par quelques passants voisins, ils ne montraient aucun symptôme d'impatience, mais rajustaient leurs vêtements et se dépêchaient. D'autres, une classe fort nombreuse encore, étaient inquiets dans leurs mouvements, avaient le sang à la figure, se parlaient à eux-mêmes et gesticulaient, comme s'ils se sentaient seuls par le fait même de la multitude innombrable qui les entourait. Quand ils étaient arrêtés dans leur marche, ces gens-là cessaient tout à coup de marmotter, mais redoublaient leurs gesticulations, et attendaient, avec un sourire distrait et exagéré, le passage des personnes qui leur faisaient obstacle. S'ils étaient poussés, ils saluaient abondamment les pousseurs, et paraissaient accablés de confusion. — Dans ces deux vastes classes d'hommes, au delà de ce que je viens de noter, il n'y avait rien de bien caractéristique. Leurs vêtements appartenaient à cet ordre qui est exactement défini par le terme: décent. C'étaient indubitablement des gentilshommes, des marchands, des attorneys, des fournisseurs, des agioteurs, — les eupatrides et l'ordinaire banal de la société, — hommes de loisir et hommes activement engagés dans des affaires personnelles, et les conduisant sous leur propre responsabilité. Ils n'excitèrent pas chez moi une très-grande attention.

La race des commis sautait aux yeux, et là je distinguai deux divisions remarquables. Il y avait les petits commis des maisons à *esbrouffe*, — jeunes messieurs serrés dans leurs habits, les bottes brillantes, les cheveux pommadés, et la lèvre insolente. En mettant de côté un certain je ne sais quoi de fringant dans les manières qu'on pourrait définir *genre calicot*, faute d'un meilleur mot, le genre de ces individus me parut un exact *fac-simile* de ce qui avait été la perfection du bon ton douze ou dix-huit mois auparavant. Ils portaient les grâces de rebut de la *gentry*; — et cela, je crois, implique la meilleure définition de cette classe.

Quant à la classe des premiers commis de maisons solides, ou des *steady old fellows*, il était impossible de s'y méprendre. On les reconnaissait à leurs habits et pantalons noirs ou bruns, d'une tournure confortable, à leurs cravates et à leurs gilets blancs, à leurs larges souliers d'apparence solide, avec des bas épais ou des guêtres. Ils avaient tous la tête légèrement chauve, et l'oreille droite, accoutumée dès longtemps à tenir la plume, avait contracté un singulier tic d'écartement. J'observai qu'ils ôtaient ou remettaient toujours leurs chapeaux avec les deux mains, et qu'ils portaient des montres avec de courtes chaînes d'or d'un modèle solide et ancien. Leur affectation, c'était la respectabilité, — si toutefois il peut y avoir une affectation aussi honorable.

Il y avait bon nombre de ces individus d'une apparence brillante que je reconnus facilement pour appartenir à la race des filous de la *haute pègre* dont toutes les grandes villes sont infestées. J'étudiai très-curieusement cette espèce de *gentry*, et je trouvai difficile de comprendre comment ils pouvaient être pris pour des gentlemen par les gentlemen eux-mêmes. L'exagération de leurs manchettes, avec un air de franchise excessive, devait les trahir du premier coup.

Les joueurs de profession, — et j'en découvris un grand nombre, — étaient encore plus aisément reconnaissables. Ils portaient toutes les espèces de toilettes, depuis celle du parfait *maquereau*, joueur de gobelets, au gilet de velours, à la cravate de fantaisie, aux chaînes de cuivre doré, aux boutons de filigrane, jusqu'à la toilette cléricale, si scrupuleusement simple que rien n'était moins propre à éveiller le soupçon. Tous cependant se distinguaient par un teint cuit et basané, par je ne sais quel obscurcissement vaporeux de l'œil, par la compression et la pâleur de la lèvre. Il y avait, en outre, deux autres traits qui me les faisaient toujours deviner : — un ton bas et réservé dans la conversation, et une disposition plus qu'ordinaire du pouce à s'étendre jusqu'à faire angle droit avec les doigts. — Très-souvent, en compagnie de ces fripons, j'ai observé quelques hommes qui différaient un peu par leurs habitudes ; cependant c'étaient toujours des oiseaux de même plumage. On peut les définir : des gentlemen qui vivent de leur esprit. Ils se divisent, pour dévorer le public, en deux bataillons, — le genre dandy et le genre militaire. Dans la première classe, les caractères principaux sont longs cheveux et sourires; et dans la seconde, longues redingotes et froncements de sourcils.

En descendant l'échelle de ce qu'on appelle *gentility*, je trouvai des sujets de méditation plus noirs et plus profonds. Je vis des colporteurs juifs avec des yeux de faucon étincelants dans des physionomies dont le reste n'était qu'abjecte humilité; de hardis mendiants de profession bousculant des pauvres d'un meilleur titre, que le désespoir seul avait jetés dans les ombres de la nuit pour implorer la charité; des invalides tout faibles et pareils à des spectres sur qui la mort avait placé une main sûre, et qui clopinaient et vacillaient à travers la foule, regardant chacun au visage avec des yeux pleins de prières, comme en quête de quelque consolation fortuite, de quelque espérance perdue ; de modestes jeunes filles qui revenaient d'un labeur prolongé vers un sombre logis, et reculaient plus éplorées qu'indignées devant les œillades des drôles dont elles ne pouvaient même pas éviter le contact direct; des prostituées de toute sorte et de tout âge, — l'incontestable beauté dans la primeur de sa féminéité, faisant rêver de la statue de Lucien dont la surface était de marbre de Paros, et l'intérieur rempli d'ordures, — la lépreuse en haillons, dégoûtante et absolument déchue, — la vieille sorcière, ridée, peinte, plâtrée, chargée de bijouterie, faisant un dernier effort vers la jeunesse, — la pure enfant à la forme non mûre, mais déjà façonnée par une longue camaraderie aux épouvantables coquetteries de son commerce, et brûlant de l'ambition dévorante d'être rangée au niveau de ses aînées dans le vice ; des ivrognes innombrables et indescriptibles, ceux-ci déguenillés, chancelants, désarticulés, avec le visage meurtri et les yeux ternes, — ceux-là avec leurs vêtements entiers, mais sales, une crânerie légèrement vacillante, de grosses lèvres sensuelles, des faces rubicondes et sincères, — d'autres vêtus d'étoffes qui jadis avaient été bonnes, et qui maintenant encore étaient scrupuleusement brossées, — des hommes qui marchaient d'un pas plus ferme et plus élastique que nature, mais dont les physionomies étaient terriblement pâles, les yeux atrocement effarés et rouges, et qui, tout en allant à grands pas à travers la foule, agrippaient avec des doigts tremblants tous les objets qui se trouvaient à leur portée; et puis des pâtissiers, des commissionnaires, des porteurs de charbon, des ramoneurs; des joueurs d'orgue, des montreurs de singes, des marchands de chansons, ceux qui vendaient avec ceux qui chantaient; des artisans déguenillés et des travailleurs de toute sorte épuisés à la peine, — et tous pleins d'une activité bruyante et désordonnée qui affligeait l'oreille par ses discordances et apportait à l'œil une sensation douloureuse.

A mesure que la nuit devenait plus profonde, l'intérêt de la scène s'approfondissait aussi pour moi ; car non seulement le caractère général de la foule était altéré (ses traits les plus nobles s'effaçant avec la retraite graduelle de la partie la plus sage de la population, et les plus grossiers venant plus vigoureusement en relief, à mesure que l'heure plus avancée tirait chaque espèce d'infamie de sa tanière), mais les rayons des becs de gaz, faibles d'abord quand ils luttaient avec le jour mourant, avaient maintenant pris le dessus et jetaient sur toutes choses une lumière étincelante et agitée. Tout était noir, mais éclatant — comme cette ébène à laquelle on a comparé le style de Tertullien.

Les étranges effets de la lumière me forcèrent à examiner les figures des individus ; et, bien que la rapidité avec laquelle ce monde de lumière fuyait devant la fenêtre m'empêchât de jeter plus d'un coup d'œil sur chaque visage, il me semblait toutefois que, grâce à ma singulière disposition d'esprit, je pouvais souvent lire dans ce bref intervalle d'un coup d'œil l'histoire de longues années.

Le front collé à la vitre, j'étais ainsi occupé à examiner la foule, quand soudainement apparut une physionomie, (celle d'un vieux homme décrépit de soixante-cinq à soixante-dix ans), — une physionomie qui tout d'abord arrêta et absorba toute mon attention, en raison de l'absolue idiosyncrasie de son expression. Jusqu'alors je n'avais jamais rien vu qui ressemblât à cette expression, même à un degré très-éloigné. Je me rappelle bien que ma première pensée, en le voyant, fut que Retzch, s'il l'avait contemplé, l'aurait grandement préféré aux figures dans lesquelles il a essayé d'incarner le démon. Comme je tâchais, durant le court instant de mon premier coup d'œil, de former une analyse quelconque du sentiment général qui m'était communiqué, je sentis s'élever confusément et paradoxalement dans mon esprit les idées de vaste intelligence, de circonspection, de lésinerie, de cupidité, de sang-froid, de méchanceté, de soif sanguinaire, de triomphe, d'allégresse, d'excessive terreur, d'intense et suprême désespoir. Je me sentis singulièrement éveillé, saisi, fasciné. — Quelle étrange histoire, me dis-je à moi-même, est écrite dans cette poitrine ! — Il me vint alors un désir ardent de ne pas perdre l'homme de vue, — d'en savoir plus long sur lui. Je mis précipitamment mon paletot, je saisis mon chapeau et ma canne, je me jetai dans la rue, et me poussai à travers la foule dans la direction que je lui avais vu prendre ; car il avait déjà disparu. Avec un peu de difficulté je parvins enfin à le découvrir, je m'approchai de lui et le suivis de très-près, mais avec de grandes précautions, de manière à ne pas attirer son attention.

Je pouvais maintenant étudier commodément sa personne. Il était de petite taille, très-maigre et très-faible en apparence. Ses habits étaient sales et déchirés ; mais, comme il passait de temps à autre dans le feu éclatant d'un candélabre, je m'aperçus que son linge, quoique sale, était d'une belle qualité ; et, si mes yeux ne m'ont pas abusé, à travers une déchirure du manteau, évidemment acheté d'occasion, dont il était soigneusement enveloppé, j'entrevis la lueur d'un diamant et d'un poignard. Ces observations surexcitèrent ma curiosité, et je résolus de suivre l'inconnu partout où il lui plairait d'aller.

Il faisait maintenant tout à fait nuit, et un brouillard humide et épais s'abattait sur la ville, qui bientôt se résolut en une pluie lourde et continue. Ce changement de temps eut un effet bizarre sur la foule, qui fut agitée tout entière d'un nouveau mouvement, et se déroba sous un monde de parapluies. L'ondulation, le coudoiement, le brouhaha, devinrent dix fois plus forts. Pour ma part, je ne m'inquiétai pas beaucoup de la pluie, — j'avais encore dans le sang une vieille fièvre aux aguets, pour qui l'humidité était une dangereuse volupté. Je nouai un mouchoir autour de ma bouche, et je tins bon. Pendant une demi-heure, le vieux homme se fraya son chemin avec difficulté à travers la grande artère, et je marchais presque sur ses talons dans la crainte de le perdre de vue. Comme il ne tournait jamais la tête pour regarder derrière lui, il ne fit pas attention à moi. Bientôt il se jeta dans une rue traversière, qui, bien que remplie de monde, n'était pas aussi encombrée que la principale qu'il venait de quitter. Ici, il se fit un changement évident dans son allure. Il marcha plus lentement, avec moins de décision que tout à l'heure, — avec plus d'hésitation. Il traversa et retraversa la rue fréquemment, sans but apparent; et la foule était si épaisse, qu'à chaque nouveau mouvement j'étais obligé de le suivre de très-près. C'était une rue étroite et longue, et la promenade qu'il y fit dura près d'une heure, pendant laquelle la multitude des passants se réduisit graduellement à la quantité de gens qu'on voit ordinairement à Broadway, près du parc, vers midi, — tant est grande la différence entre une foule de Londres et celle de la cité américaine la plus populeuse. Un second crochet nous jeta sur une place brillamment éclairée et débordante de vie. La première *manière* de l'inconnu reparut. Son menton tomba sur sa poitrine, et ses yeux roulèrent étrangement sous ses sourcils froncés, dans tous les sens, vers tous ceux qui l'enveloppaient. Il pressa le pas, régulièrement, sans interruption. Je m'aperçus toutefois avec surprise, quand il eut fait le tour de la place, qu'il retournait sur ses pas. Je fus encore bien plus étonné de lui voir recommencer la même promenade plusieurs fois ; — une fois, comme il tournait avec un mouvement brusque, je faillis être découvert.

À cet exercice il dépensa encore une heure, à la fin de laquelle nous fûmes beaucoup moins empêchés par les passants qu'au commencement. La pluie tombait dru, l'air devenait froid, et chacun rentrait chez soi. Avec un geste d'impatience, l'homme errant passa dans une rue obscure, comparativement déserte. Tout le long de celle-ci, un quart de mille à peu près, il courut avec une agilité que je n'aurais jamais soupçonnée dans un être aussi vieux, — une agilité telle que j'eus beaucoup de peine à le suivre. En quelques minutes, nous débouchâmes sur un vaste et tumultueux bazar. L'inconnu avait l'air parfaitement au courant des localités, et il reprit une fois encore son allure primitive, se frayant un chemin çà et là, sans but, parmi la foule des acheteurs et des vendeurs.

Pendant une heure et demie, à peu près, que nous passâmes dans cet endroit, il me fallut beaucoup de prudence pour ne pas le perdre de vue sans attirer son attention. Par bonheur, je portais des claques en caoutchouc, et je pouvais aller et venir sans faire le moindre bruit. Il ne s'aperçut pas un seul instant qu'il était épié. Il entrait successivement dans toutes les boutiques, ne marchandait rien, ne disait pas un mot, et jetait sur tous les objets un regard fixe, effaré, vide. J'étais maintenant prodigieusement étonné de sa conduite, et je pris la ferme résolution de ne pas le quitter avant d'avoir satisfait en quelque façon ma curiosité à son égard.

Une horloge au timbre éclatant sonna onze heures, et tout le monde désertait le bazar en grande hâte. Un boutiquier, en fermant un volet, coudoya le vieux homme, et à l'instant même je vis un violent frisson parcourir tout son corps. Il se précipita dans la rue, regarda un instant avec anxiété autour de lui, puis fila avec une incroyable vélocité à travers plusieurs ruelles tortueuses et désertes, jusqu'à ce que nous aboutîmes de nouveau à la grande rue d'où nous étions partis, — la rue de l'hôtel D... Cependant elle n'avait plus le même aspect. Elle était toujours brillante de gaz; mais la pluie tombait furieusement, et l'on n'apercevait que de rares passants. L'inconnu pâlit. Il fit quelques pas d'un air morne dans l'avenue naguère populeuse ; puis, avec un profond soupir, il tourna dans la direction de la rivière, et, se plongeant à travers un labyrinthe de chemins détournés, arriva enfin devant un des principaux théâtres. On était au moment de le fermer, et le public s'écoulait par les portes. Je vis le vieux homme ouvrir la bouche, comme pour respirer, et se jeter parmi la foule; mais il me sembla que l'angoisse profonde de sa physionomie était en quelque sorte calmée. Sa tête tomba de nouveau sur sa poitrine; il apparut tel que je l'avais vu la première fois. Je remarquai qu'il se dirigeait maintenant du même côté que la plus grande partie du public, — mais, en somme, il m'était impossible de rien comprendre à sa bizarre obstination.

Pendant qu'il marchait, le public se disséminait ; son malaise et ses premières hésitations le reprirent. Pendant quelque temps, il suivit de très-près un groupe de dix ou douze tapageurs ; peu à peu, un à un, le nombre s'éclaircit et se réduisit à trois individus qui restèrent ensemble, dans une ruelle étroite, obscure et peu fréquentée. L'inconnu fit une pause, et pendant un moment parut se perdre dans ses réflexions ; puis, avec une agitation très-marquée, il enfila rapidement une route qui nous conduisit à l'extrémité de la ville, dans des régions bien différentes de celles que nous avions traversées jusqu'à présent. C'était le quartier le plus malsain de Londres, où chaque chose porte l'affreuse empreinte de la plus déplorable pauvreté et du vice incurable. A la lueur accidentelle d'un sombre réverbère, on apercevait des maisons de bois, hautes, antiques, vermoulues, menaçant ruine, et dans de si nombreuses et si capricieuses directions qu'à peine pouvait-on deviner au milieu d'elles l'apparence d'un passage. Les pavés étaient éparpillés à l'aventure, repoussés de leurs alvéoles par le gazon victorieux. Une horrible saleté croupissait dans les ruisseaux obstrués. Toute l'atmosphère regorgeait de désolation. Cependant, comme nous avancions, les bruits de la vie humaine se ravivèrent clairement et par degrés ; et enfin de vastes bandes d'hommes, les plus infâmes parmi la populace de Londres, se montrèrent, oscillantes çà et là. Le vieux homme sentit de nouveau palpiter ses esprits, comme une lampe qui est près de son agonie. Une fois encore il s'élança en avant d'un pas élastique. Tout à coup, nous tournâmes un coin; une lumière flamboyante éclata à notre vue, et nous nous trouvâmes devant un des énormes temples suburbains de l'Intempérance, — un des palais du démon Gin.

C'était presque le point du jour; mais une foule de misérables ivrognes se pressaient encore en dedans et en dehors de la fastueuse porte. Presque avec un cri de joie, le vieux homme se fraya un passage au milieu, reprit sa physionomie primitive, et se mit à arpenter la cohue dans tous les sens, sans but apparent. Toutefois il n'y avait pas longtemps qu'il se livrait à cet exercice, quand un grand mouvement dans les portes témoigna que l'hôte allait les fermer en raison de l'heure. Ce que j'observai sur la physionomie du singulier être que j'épiais si opiniâtrément fut quelque chose de plus intense que le désespoir. Cependant il n'hésita pas dans sa carrière, mais, avec une énergie folle, il revint tout à coup sur ses pas, au cœur du puissant Londres. Il courut vite et longtemps, et toujours je le suivais avec un effroyable étonnement, résolu à ne pas lâcher une recherche dans laquelle j'éprouvais un intérêt qui m'absorbait tout entier. Le soleil se leva pendant que nous poursuivions notre course, et quand nous eûmes une fois encore atteint le rendez-vous commercial de la populeuse cité, la rue de l'hôtel D..., celle-ci présentait un aspect d'activité et de mouvement humains presque égal à ce que j'avais vu dans la soirée précédente. Et là encore, au milieu de la confusion toujours croissante, longtemps je persistai dans ma poursuite de l'inconnu. Mais, comme d'ordinaire, il allait et venait, et de la journée entière il ne sortit pas du tourbillon de cette rue. Et comme les ombres du second soir approchaient, je me sentais brisé jusqu'à la mort, et, m'arrêtant tout droit devant l'homme errant, je le regardai intrépidement en face. Il ne fit pas attention à moi, mais reprit sa solennelle promenade, pendant que, renonçant à le poursuivre, je restais absorbé dans cette contemplation.

— Ce vieux homme, — me dis-je à la longue, — est le type et le génie du crime profond. Il refuse d'être seul. *Il est l'homme des foules*. Il serait vain de le suivre ; car je n'apprendrai rien de plus de lui ni de ses actions. Le pire cœur du monde est un livre plus rebutant que le *Hortulus animæ*[1], et peut-être est-ce une des grandes miséricordes de Dieu que *es læsst sich nicht lesen*, — qu'il ne se laisse pas lire.

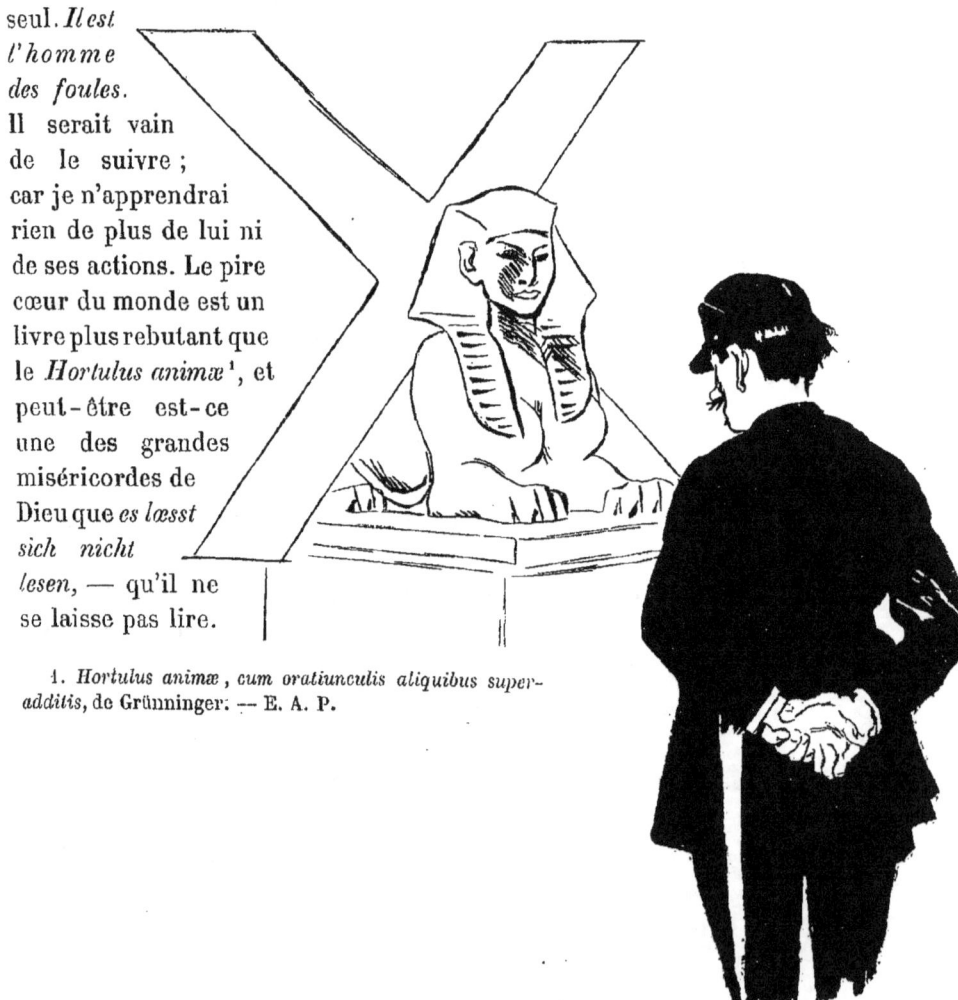

1. *Hortulus animæ, cum oratiunculis aliquibus superadditis*, de Grünninger: — E. A. P.

LE SCARABÉE D'OR

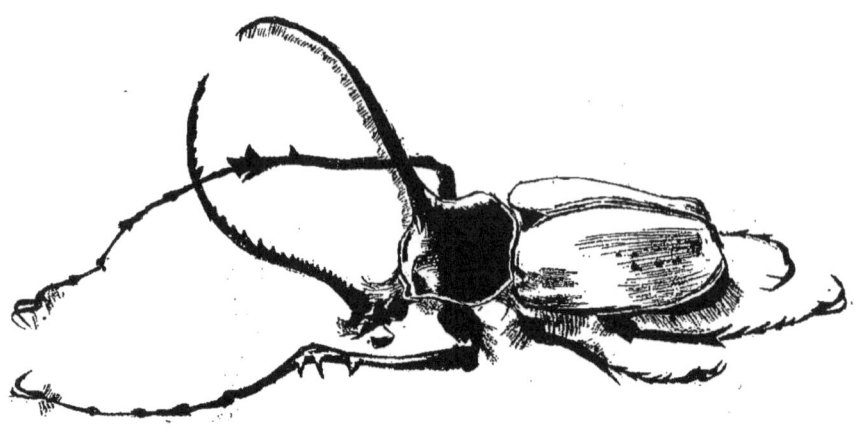

LE
SCARABÉE D'OR

> Oh! oh! qu'est-ce que cela? Ce garçon a une folie dans les jambes! Il a été mordu par la tarentule.
>
> *(Tout de travers.)*

Il y a quelques années, je me liai intimement avec un monsieur William Legrand. Il était d'une ancienne famille protestante, et jadis il avait été riche; mais une série de malheurs l'avait réduit à la misère. Pour éviter l'humiliation de ses désastres, il quitta la Nouvelle-Orléans, la ville de ses aïeux, et établit sa demeure dans l'île de Sullivan, près Charleston, dans la Caroline du Sud.

Cette île est des plus singulières. Elle n'est guère composée

que de sable de mer et a environ trois milles de long. En largeur, elle n'a jamais plus d'un quart de mille. Elle est séparée du continent par une crique à peine visible, qui filtre à travers une masse de roseaux et de vase, rendez-vous habituel des poules d'eau. La végétation, comme on peut le supposer, est pauvre, ou, pour ainsi dire, naine. On n'y trouve pas d'arbres d'une certaine dimension. Vers l'extrémité occidentale, à l'endroit où s'élèvent le fort Moultrie et quelques misérables bâtisses de bois habitées pendant l'été par les gens qui fuient les poussières et les fièvres de Charleston, on rencontre, il est vrai, le palmier nain sétigère ; mais toute l'île, à l'exception de ce point occidental et d'un espace triste et blanchâtre qui borde la mer, est couverte d'épaisses broussailles de myrte odoriférant, si estimé par les horticulteurs anglais. L'arbuste y monte souvent à une hauteur de quinze ou vingt pieds ; il y forme un taillis presque impénétrable et charge l'atmosphère de ses parfums.

Au plus profond de ce taillis, non loin de l'extrémité orientale de l'île, c'est-à-dire de la plus éloignée, Legrand s'était bâti lui-même une petite hutte, qu'il occupait quand, pour la première fois et par hasard, je fis sa connaissance. Cette connaissance mûrit bien vite en amitié, — car il y avait, certes, dans le cher reclus de quoi exciter l'intérêt et l'estime. Je vis qu'il avait reçu une forte éducation, heureusement servie par des facultés spirituelles peu communes, mais qu'il était infecté de misanthropie et sujet à de malheureuses alternatives d'enthousiasme et de mélancolie. Bien qu'il eût chez lui beaucoup de livres, il s'en servait rarement. Ses principaux amusements consistaient à chasser et à pêcher, ou à flâner sur la plage et à travers les myrtes, en quête de coquillages et d'échantillons entomologiques; — sa collection aurait pu faire envie à un Swammerdam. Dans ces excursions, il était ordinairement accompagné par un vieux nègre nommé Jupiter, qui avait été affranchi avant les revers de la famille, mais qu'on n'avait pu décider, ni par menaces ni par promesses, à abandonner son jeune *massa Will;* il considérait comme son droit de le suivre partout. Il n'est pas improbable que les parents de Legrand, jugeant que celui-ci avait la tête un peu dérangée, se soient appliqués à confirmer Jupiter dans son obstination, dans le but de mettre une espèce de gardien et de surveillant auprès du fugitif.

Sous la latitude de l'île de Sullivan, les hivers sont rarement rigoureux, et c'est un événement quand, au déclin de l'année, le feu devient indispensable. Cependant, vers le milieu d'octobre 18.., il y eut une journée d'un froid remarquable. Juste avant le coucher du soleil, je me frayais un chemin à travers les taillis vers la hutte de mon ami, que je n'avais pas vu depuis quelques semaines; je demeurais alors à Charleston, à une distance de neuf milles de l'île, et les facilités pour aller et revenir étaient bien moins grandes qu'aujourd'hui. En arrivant à la hutte, je frappai selon mon habitude, et, ne recevant pas de réponse, je cherchai la clef où je savais qu'elle était cachée, j'ouvris la porte et j'entrai. Un beau feu flambait dans le foyer. C'était une surprise, et, à coup sûr, une des plus agréables. Je me débarrassai de mon paletot, je traînai un fauteuil auprès des bûches pétillantes, et j'attendis patiemment l'arrivée de mes hôtes.

Peu après la tombée de la nuit, ils arrivèrent et me firent un accueil tout à fait cordial. Jupiter, tout en riant d'une oreille à l'autre, se donnait du mouvement et préparait quelques poules d'eau pour le souper. Legrand était dans une de ses *crises* d'enthousiasme ; — car de quel autre nom appeler cela ? Il avait trouvé un bivalve inconnu, formant un genre nouveau, et, mieux encore, il avait chassé et attrapé, avec l'assistance de Jupiter, un scarabée qu'il croyait tout à fait nouveau, et sur lequel il désirait avoir mon opinion le lendemain matin.

— Et pourquoi pas ce soir ? — demandai-je, en me frottant les mains devant la flamme, et envoyant mentalement au diable toute la race des scarabées.

— Ah ! si j'avais seulement su que vous étiez ici ! — dit Legrand ; — mais il y a si longtemps que je ne vous ai vu ! Et comment pouvais-je deviner que vous me rendriez visite justement cette nuit ? En revenant au logis, j'ai rencontré le lieutenant G..., du fort, et très étourdiment je lui ai prêté le scarabée ; de sorte qu'il vous sera impossible de le voir avant demain matin. Restez ici cette nuit, et j'enverrai Jupiter le chercher au lever du soleil. C'est bien la plus ravissante chose de la création !

— Quoi ? — le lever du soleil ?

— Eh non ! que diable ! — le scarabée. Il est d'une brillante couleur d'or, — gros à peu près comme une grosse noix, — avec deux taches d'un noir de jais à une extrémité du dos, et une troisième, un peu plus allongée, à l'autre. Les antennes sont...

— Il n'y a pas du tout d'étain sur lui[1], Massa Will, je vous le parie, — interrompit Jupiter ; — le scarabée est un scarabée d'or, d'or massif, d'un bout à l'autre, dedans et partout, excepté les ailes ; — je n'ai jamais vu de ma vie un scarabée à moitié aussi lourd.

— C'est bien, mettons que vous avez raison, Jup, — répliqua Legrand un peu plus vivement, à ce qu'il me sembla, que ne le comportait la situation, — est-ce une raison pour laisser brûler les poules ? La couleur de l'insecte, — et il se tourna vers moi, — suffirait en vérité à rendre plausible l'idée de Jupiter. Vous n'avez jamais vu un éclat métallique plus brillant que celui de ses élytres : mais vous ne pourrez en juger que demain matin. En attendant, j'essaierai de vous donner une idée de sa forme.

Tout en parlant, il s'assit à une petite table sur laquelle il y avait une plume et de l'encre, mais pas de papier. Il chercha dans son tiroir, mais n'en trouva pas.

— N'importe, — dit-il à la fin, — cela suffira.

Et il tira de la poche de son gilet quelque chose qui me fit l'effet d'un morceau de vieux vélin fort sale, et il fit dessus une espèce de croquis à la plume. Pen-

---

[1]. La prononciation du mot *antennæ* fait commettre une méprise au nègre qui croit qu'il est question d'étain : *Dey aint no tin in him*. Calembour intraduisible. Le nègre parlera toujours dans une espèce de patois anglais, que le patois nègre français n'imiterait pas mieux que le bas-normand ou le breton ne traduirait l'irlandais. En se rappelant les orthographes figuratives de Balzac, on se fera une idée de ce que ce moyen un peu *physique* peut ajouter de pittoresque et de comique, mais j'ai dû renoncer à m'en servir, faute d'équivalent. — C. B.

dant ce temps, j'avais gardé ma place auprès du feu, car j'avais toujours très-froid. Quand son dessin fut achevé, il me le passa, sans se lever. Comme je le recevais de sa main, un fort grognement se fit entendre, suivi d'un grattement à la porte. Jupiter ouvrit, et un énorme terre-neuve, appartenant à Legrand, se précipita dans la chambre, sauta sur mes épaules et m'accabla de caresses; car je m'étais fort occupé de lui dans mes visites précédentes. Quand il eut fini ses gambades, je regardai le papier, et, pour dire la vérité, je me trouvai passablement intrigué par le dessin de mon ami.

— Oui! — dis-je, après l'avoir contemplé quelques minutes, — c'est là un étrange scarabée, je le confesse; il est nouveau pour moi; je n'ai jamais rien vu d'approchant, à moins que ce ne soit un crâne ou une tête de mort, à quoi il ressemble plus qu'à aucune autre chose qu'il m'ait jamais été donné d'examiner.

— Une tête de mort! — répéta Legrand. — Ah! oui, il y a un peu de cela sur le papier, je comprends. Les deux taches noires supérieures font les yeux, et la plus longue qui est plus bas figure une bouche, n'est-ce pas? D'ailleurs la forme générale est ovale...

— C'est peut-être cela, — dis-je, — mais je crains, Legrand, que vous ne soyez pas très-artiste. J'attendrai que j'aie vu la bête elle-même, pour me faire une idée quelconque de sa physionomie.

— Fort bien! je ne sais comment cela se fait, — dit-il, un peu piqué, — je dessine assez joliment, ou du moins je le devrais, car j'ai eu de bons maîtres, et je me flatte de n'être pas tout à fait une brute.

— Mais alors, mon cher camarade, — dis-je, — vous plaisantez ; ceci est un crâne fort passable, je puis même dire que c'est un crâne parfait, d'après toutes les idées reçues relativement à cette partie de l'ostéologie, — et votre scarabée serait le plus étrange de tous les scarabées du monde, s'il ressemblait à ceci. Nous pourrions établir là-dessus quelque petite superstition saisissante. Je présume que vous nommerez votre insecte *scarabœus caput hominis,* ou quelque chose d'approchant ; — il y a dans les livres d'histoire naturelle beaucoup d'appellations de ce genre. — Mais où sont les antennes dont vous parliez ?

— Les antennes ! — dit Legrand, qui s'échauffait inexplicablement ; — vous devez voir les antennes, j'en suis sûr. Je les ai faites aussi distinctes qu'elles le sont dans l'original, et je présume que cela est bien suffisant.

— A la bonne heure, — dis-je ; — mettons que vous les ayez faites, — toujours est-il que je ne les vois pas.

Et je lui tendis le papier, sans ajouter aucune remarque, ne voulant pas le pousser à bout ; mais j'étais fort étonné de la tournure que l'affaire avait prise ; sa mauvaise humeur m'intriguait, — et, quant au croquis de l'insecte, il n'y avait positivement pas d'antennes visibles, et l'ensemble ressemblait, à s'y méprendre, à l'image ordinaire d'une tête de mort.

Il reprit son papier d'un air maussade, et il était au moment de le froisser, sans doute pour le jeter dans le feu, quand, son regard étant tombé par hasard sur le dessin, toute son attention y parut enchaînée. En un instant, son visage devint d'un rouge intense, puis excessivement pâle. Pendant quelques minutes, sans bouger de sa place, il continua à examiner minutieusement le dessin. A la longue, il se leva, prit une chandelle sur la table, et alla s'asseoir sur un coffre, à l'autre extrémité de la chambre. Là, il recommença à examiner curieusement le papier, le tournant dans tous les sens. Néanmoins il ne dit rien, et sa conduite me causait un étonnement extrême ; mais je jugeai prudent de n'exaspérer par aucun commentaire sa mauvaise humeur croissante. Enfin, il tira de la poche de son habit un portefeuille, y serra soigneusement le papier, et déposa le tout dans un pupitre qu'il ferma à clef. Il revint dès lors à des allures plus calmes, mais son premier enthousiasme avait totalement disparu. Il avait l'air plutôt concentré que boudeur. A mesure que la soirée s'avançait, il s'absorbait de plus en plus dans sa rêverie, et aucune de mes saillies ne put l'en arracher. Primitivement, j'avais eu l'intention de passer la nuit dans la cabane, comme j'avais déjà fait plus d'une fois ; mais, en voyant l'humeur de mon hôte, je jugeai plus convenable de prendre congé. Il ne fit aucun effort pour me retenir ; mais quand je partis, il me serra la main avec une cordialité encore plus vive que de coutume.

Un mois environ après cette aventure, — et durant cet intervalle je n'avais pas entendu parler de Legrand, — je reçus à Charleston une visite de son serviteur Jupiter. Je n'avais jamais vu le bon vieux nègre si complètement abattu, et je fus pris de la crainte qu'il ne fût arrivé à mon ami quelque sérieux malheur.

— Eh bien, Jup, — dis-je, — quoi de neuf ? Comment va ton maître ?

— Dame! pour dire la vérité, massa, il ne va pas aussi bien qu'il devrait.

— Pas bien! vraiment je suis navré d'apprendre cela. Mais de quoi se plaint-il?

— Ah! voilà la question! — il ne se plaint jamais de rien, mais il est tout de même bien malade.

— Bien malade, Jupiter! — Eh! que ne disais-tu cela tout de suite? Est-il au lit?

— Non, non, il n'est pas au lit! Il n'est bien nulle part; — voilà justement où le soulier me blesse; — j'ai l'esprit très-inquiet au sujet du pauvre Massa Will.

— Jupiter, je voudrais bien comprendre quelque chose à tout ce que tu me racontes là. Tu dis que ton maître est malade. Ne t'a-t-il pas dit de quoi il souffre?

— Oh! massa, c'est bien inutile de se creuser la tête. — Massa Will dit qu'il n'a absolument rien; — mais alors, pourquoi donc s'en va-t-il, deçà et delà, tout pensif, les regards sur son chemin, la tête basse, les épaules voûtées, et pâle comme une oie? Et pourquoi donc fait-il toujours, et toujours, des chiffres?

— Il fait quoi, Jupiter?

— Il fait des chiffres avec des signes sur une ardoise, — les signes les plus bizarres que j'aie jamais vus. Je commence à avoir peur, tout de même. Il faut que j'aie toujours un œil braqué sur lui, rien que sur lui. L'autre jour, il m'a échappé avant le lever du soleil, et il a décampé pour toute la sainte journée. J'avais coupé un bon bâton exprès pour lui administrer une correction de tous les diables quand il reviendrait; — mais je suis si bête que je n'en ai pas eu le courage; — il a l'air si malheureux!

— Ah! vraiment! — Eh bien! après tout, je crois que tu as mieux fait d'être indulgent pour le pauvre garçon. — Il ne faut pas lui donner le fouet, Jupiter ; — il n'est peut-être pas en état de le supporter. — Mais ne peux-tu pas te faire une idée de ce qui a occasionné cette maladie, ou plutôt ce changement de conduite ? Lui est-il arrivé quelque chose de fâcheux depuis que je vous ai vus?

— Non, massa, il n'est rien arrivé de fâcheux *depuis* lors, — mais *avant* cela, — oui, — j'en ai peur, — c'était le jour même que vous étiez là-bas.

— Comment? que veux-tu dire?

— Eh! massa, je veux parler du scarabée, voilà tout.

— Du quoi?

— Du scarabée ; — je suis sûr que Massa Will a été mordu quelque part à la tête par ce scarabée d'or.

— Et quelle raison as-tu, Jupiter, pour faire une pareille supposition?

— Il a bien assez de pinces pour cela, massa, et une bouche aussi. Je n'ai jamais vu un scarabée aussi endiablé ; — il attrape et il mord tout ce qui l'approche. Massa Will l'avait d'abord attrapé, mais il l'a bien vite lâché, je vous assure ; — c'est alors, sans doute, qu'il a été mordu. La mine de ce scarabée et sa bouche ne me plaisaient guère, certes ; — aussi je ne voulus pas le prendre avec mes doigts ; mais je pris un morceau de papier, et j'empoignai le scarabée dans le papier ; je l'enveloppai donc dans le papier, avec un petit morceau de papier dans la bouche ; — voilà comment je m'y pris.

— Et tu penses donc que ton maître a été réellement

mordu par le scarabée, et que cette morsure l'a rendu malade?

— Je ne pense rien du tout, — je le sais[1]. Pourquoi donc rêve-t-il toujours d'or, si ce n'est parce qu'il a été mordu par le scarabée d'or? J'en ai déjà entendu parler, de ces scarabées d'or.

— Mais comment sais-tu qu'il rêve d'or?

— Comment je le sais? parce qu'il en parle, même en dormant; — voilà comment je le sais.

— Au fait, Jupiter, tu as peut-être raison; mais à quelle bienheureuse circonstance dois-je l'honneur de ta visite aujourd'hui?

— Que voulez-vous dire, massa?

— M'apportes-tu un message de M. Legrand?

— Non, massa, je vous apporte une lettre que voici.

Et Jupiter me tendit un papier, où je lus :

« Mon cher,

« Pourquoi donc ne vous ai-je pas vu depuis si longtemps? J'espère que vous n'avez pas été assez enfant pour vous formaliser d'une petite brusquerie de ma part; mais non, — cela est par trop improbable.

« Depuis que je vous ai vu, j'ai eu un grand sujet d'inquiétude. J'ai quelque chose à vous dire, mais à peine sais-je comment vous le dire. Sais-je même si je vous le dirai?

« Je n'ai pas été tout à fait bien depuis quelques jours, et le pauvre vieux Jupiter m'ennuie insupportablement par toutes ses bonnes intentions et attentions.

---

[1]. Calembour. *I nose* pour *I Know*. — *Je le sens* pour *Je le sais*. — C.B.

Le croiriez-vous ? Il avait, l'autre jour, préparé un gros bâton à l'effet de me châtier, pour lui avoir échappé et avoir passé la journée, seul, au milieu des collines, sur le continent. Je crois vraiment que ma mauvaise mine m'a seule sauvé de la bastonnade.

« Je n'ai rien ajouté à ma collection depuis que nous nous sommes vus.

« Revenez avec Jupiter, si vous le pouvez sans trop d'inconvénients. *Venez, venez.* Je désire vous voir ce soir, pour affaire grave. Je vous assure que c'est de *la plus haute* importance.

« Votre tout dévoué,

« William Legrand. »

Il y avait dans le ton de cette lettre quelque chose qui me causa une forte inquiétude. Ce style différait absolument du style habituel de Legrand. A quoi diable rêvait-il ? Quelle nouvelle lubie avait pris possession de sa trop excitable cervelle ? Quelle affaire de *si haute importance* pouvait-il avoir à accomplir ? Le rapport de Jupiter ne présageait rien de bon ; — je tremblais que la pression continue de l'infortune n'eût, à la longue, singulièrement dérangé la raison de mon ami. Sans hésiter un instant, je me préparai donc à accompagner le nègre.

En arrivant au quai, je remarquai une faux et trois bêches, toutes également neuves, qui gisaient au fond du bateau dans lequel nous allions nous embarquer.

— Qu'est-ce que tout cela signifie, Jupiter ? — demandai-je.

— Ça, c'est une faux, massa, et des bêches.

— Je le vois bien ; mais qu'est-ce que tout cela fait ici ?

— Massa Will m'a dit d'acheter pour lui cette faux et ces bêches à la ville, et je les ai payées bien cher ; cela nous coûte un argent de tous les diables.

— Mais, au nom de tout ce qu'il y a de mystérieux, qu'est-ce que ton Massa Will a à faire de faux et de bêches ?

— Vous m'en demandez plus que je ne sais ; lui-même, massa, n'en sait pas davantage ; le diable m'emporte si je n'en suis pas convaincu. Mais tout cela vient du scarabée.

Voyant que je ne pouvais tirer aucun éclaircissement de Jupiter dont tout l'entendement paraissait absorbé par le scarabée, je descendis dans le bateau, et je déployai la voile. Une belle et forte brise nous poussa bien vite dans la petite anse au nord du fort Moultrie, et après une promenade de deux milles environ nous arrivâmes à la hutte. Il était à peu près trois heures de l'après-midi. Legrand nous attendait avec une vive impatience. Il me serra la main avec un empressement nerveux qui m'alarma et renforça mes soupçons naissants. Son visage était d'une pâleur spectrale, et ses yeux, naturellement fort enfoncés, brillaient d'un éclat surnaturel. Après quelques questions relatives à sa santé je lui demandai, ne trouvant rien de mieux à dire, si le lieutenant G... lui avait enfin rendu son scarabée.

— Oh, oui ! — répliqua-t-il en rougissant beaucoup, — je le lui ai repris le lendemain matin. Pour rien au monde je ne me séparerais de ce scarabée. Savez-vous bien que Jupiter a tout à fait raison à son égard?

— En quoi? — demandai-je, avec un triste pressentiment dans le cœur.

— En supposant que c'est un scarabée d'or véritable.

Il dit cela avec un sérieux profond, qui me fit indiciblement mal.

— Ce scarabée est destiné à faire ma fortune, — continua-t-il, avec un sourire de triomphe, — à me réintégrer dans mes possessions de famille. Est-il donc étonnant que je le tienne en si haut prix ? Puisque la Fortune a jugé bon de me l'octroyer, je n'ai qu'à en user convenablement, et j'arriverai jusqu'à l'or dont il est l'indice. Jupiter, apporte-le-moi.

— Quoi? le scarabée, massa? J'aime mieux n'avoir rien à démêler avec le scarabée ; — vous saurez bien le prendre vous-même.

Là-dessus, Legrand se leva avec un air grave et imposant, et alla me chercher l'insecte sous un globe de verre où il était déposé. C'était un superbe scarabée, inconnu à cette époque aux naturalistes, et qui devait avoir un grand prix au point de vue scientifique. Il portait à l'une des extrémités du dos deux taches noires et rondes, et à l'autre une tache de forme allongée. Les élytres étaient excessivement dures et luisantes et avaient positivement l'aspect de l'or bruni. L'insecte était remarquablement lourd, et, tout bien considéré, je ne pouvais pas trop blâmer Jupiter de son opinion ; mais que Legrand s'entendît avec lui sur ce sujet, voilà ce qu'il m'était impossible de comprendre, et, quand il se serait agi de ma vie, je n'aurais pas trouvé le mot de l'énigme.

— Je vous ai envoyé chercher, — dit-il d'un ton

magnifique, quand j'eus achevé d'examiner l'insecte, — je vous ai envoyé chercher pour vous demander conseil et assistance dans l'accomplissement des vues de la Destinée et du Scarabée...

— Mon cher Legrand, — m'écriai-je en l'interrompant, — vous n'êtes certainement pas bien, et vous feriez beaucoup mieux de prendre quelques précautions. Vous allez vous mettre au lit, et je resterai auprès de vous quelques jours, jusqu'à ce que vous soyez rétabli. Vous avez la fièvre, et...

— Tâtez mon pouls, — dit-il.

Je le tâtai, et, pour dire la vérité, je ne trouvai pas le plus léger symptôme de fièvre.

— Mais vous pourriez bien être malade sans avoir la fièvre. Permettez-moi, pour cette fois seulement, de faire le médecin avec vous. Avant toutes choses, allez vous mettre au lit. Ensuite...

— Vous vous trompez, — interrompit-il ; — je suis aussi bien que je puis espérer de l'être dans l'état d'excitation que j'endure. Si réellement vous voulez me voir tout à fait bien, vous soulagerez cette excitation.

— Et que faut-il faire pour cela?

— C'est très-facile. Jupiter et moi, nous partons pour une expédition dans les collines, sur le continent, et nous avons besoin de l'aide d'une personne en qui nous puissions absolument nous fier. Vous êtes cette personne unique. Que notre entreprise échoue ou réussisse, l'excitation que vous voyez en moi maintenant sera également apaisée.

— J'ai le vif désir de vous servir en toutes choses, — répliquai-je ; — mais prétendez-vous dire que cet infernal scarabée ait quelque rapport avec votre expédition dans les collines?

— Oui, certes.

— Alors, Legrand, il m'est impossible de coopérer à une entreprise aussi parfaitement absurde.

— J'en suis fâché, — très-fâché, — car il nous faudra tenter l'affaire à nous seuls.

— A vous seuls! Ah! le malheureux est fou, à coup sûr! — Mais, voyons, combien de temps durera votre absence?

— Probablement toute la nuit. Nous allons partir immédiatement, et, dans tous les cas, nous serons de retour au lever du soleil.

— Et vous me promettez, sur votre honneur, que ce caprice passé, et l'affaire du scarabée — bon Dieu! — vidée à votre satisfaction, vous rentrerez au logis, et que vous y suivrez exactement mes prescriptions, comme celles de votre médecin?

— Oui, je vous le promets; et maintenant partons, car nous n'avons pas de temps à perdre.

J'accompagnai mon ami, le cœur gros. A quatre heures, nous nous mîmes en route, Legrand, Jupiter, le chien et moi. Jupiter prit la faux et les bêches; il insista pour s'en charger, plutôt, à ce qu'il me parut, par crainte de laisser un de ces instruments dans la main de son maître que par excès de zèle et de complaisance. Il était d'ailleurs d'une humeur de chien, et ces mots : *Damné scarabée!* furent les seuls qui lui échappèrent tout le long du voyage. J'avais, pour ma part, la charge de deux lanternes sourdes; quant à Legrand, il s'était contenté du scarabée, qu'il portait attaché au bout d'un morceau de ficelle, et qu'il faisait tourner autour de lui, tout en marchant, avec des airs de magicien. Quand j'observais ce symptôme suprême de démence dans mon pauvre ami, je pouvais à peine retenir mes larmes. Je pensai toutefois qu'il valait mieux épouser sa fantaisie, au moins pour le moment, ou jusqu'à ce que je pusse prendre quelques mesures énergiques avec chance de succès. Cependant, j'essayais, mais fort inutilement, de le sonder relativement au but de l'expédition. Il avait réussi à me persuader de l'accompagner, et semblait désormais peu disposé à lier conversation sur un sujet d'une si maigre importance. A toutes mes questions, il ne daignait répondre que par un : Nous verrons bien !

Nous traversâmes dans un esquif la crique à la pointe de l'île, et, grimpant sur les terrains montueux de la rive opposée, nous nous dirigeâmes vers le nord-ouest, à travers un pays horriblement sauvage et désolé, où il était impossible de découvrir la trace d'un pied humain. Legrand suivait sa route avec décision, s'arrêtant seulement de temps en temps pour consulter certaines indications qu'il paraissait avoir laissées lui-même dans une occasion précédente.

Nous marchâmes ainsi deux heures environ, et le soleil était au moment de se coucher quand nous entrâmes dans une région infiniment plus sinistre que tout ce que nous avions vu jusqu'alors. C'était une espèce de plateau près du sommet d'une montagne affreusement escarpée, couverte de bois de la base au sommet, et semée d'énormes blocs de pierre qui semblaient éparpillés pêle-mêle sur le sol, et dont plusieurs se seraient infailliblement précipités dans les vallées inférieures sans le secours des arbres contre lesquels ils s'appuyaient. De profondes ravines irradiaient dans diverses directions et donnaient à la scène un caractère de solennité plus lugubre.

La plate-forme naturelle sur laquelle nous étions grimpés était si profondément encombrée de ronces que nous vîmes bien que, sans la faux, il nous eût été impossible de nous frayer un passage. Jupiter, d'après les ordres de son maître, commença à nous éclaircir un chemin jusqu'au pied d'un tulipier gigantesque qui se dressait, en compagnie de huit ou dix chênes, sur la plate-forme, et les surpassait tous, ainsi que tous les arbres que j'avais vus jusqu'alors, par la beauté de sa forme et de son feuillage, par l'immense développement de son branchage et par la majesté générale de son aspect. Quand nous eûmes atteint cet arbre, Legrand se tourna vers Jupiter, et lui demanda s'il se croyait capable d'y grimper. Le pauvre vieux parut légèrement étourdi par cette question, et resta quelques instants sans répondre. Cependant il s'approcha de l'énorme tronc, en fit lentement le tour et l'examina avec une attention minutieuse. Quand il eut achevé son examen, il dit simplement :

— Oui, massa ; Jup n'a pas vu d'arbre où il ne puisse grimper.

— Alors, monte ; allons, allons ! et rondement ! car il fera bientôt trop noir pour voir ce que nous faisons.

— Jusqu'où faut-il monter, massa ? — demanda Jupiter.

— Grimpe d'abord sur le tronc, et puis je te dirai

quel chemin tu dois suivre. — Ah ! un instant ! — prends ce scarabée avec toi.

— Le scarabée, Massa Will ! — le scarabée d'or ! — cria le nègre reculant de frayeur ; — pourquoi donc faut-il que je porte avec moi ce scarabée sur l'arbre ? — Que je sois damné si je le fais !

— Jup, si vous avez peur, vous, un grand nègre, un gros et fort nègre, de toucher à un petit insecte mort et inoffensif, eh bien ! vous pouvez l'emporter avec cette ficelle ; — mais, si vous ne l'emportez pas avec vous d'une manière ou d'une autre, je serai dans la cruelle nécessité de vous fendre la tête avec cette bêche.

— Mon Dieu ! qu'est-ce qu'il y a donc, massa ? — dit Jup, que la honte rendait évidemment plus complaisant ; — il faut toujours que vous cherchiez noise à votre vieux nègre. C'était une farce, voilà tout. Moi, avoir peur du scarabée ! je m'en soucie bien, du scarabée !

Et il prit avec précaution l'extrême bout de la corde, et, maintenant l'insecte aussi loin de sa personne que les circonstances le permettaient, il se mit en devoir de grimper à l'arbre.

Dans sa jeunesse, le tulipier, ou *Liriodendron Tulipiferum*, le plus magnifique des forestiers américains, a un tronc singulièrement lisse et s'élève souvent à une grande hauteur, sans pousser de branches latérales ; mais quand il arrive à sa maturité, l'écorce devient rugueuse et inégale, et de petits rudiments de branches se manifestent en grand nombre sur le tronc. Aussi l'escalade, dans le cas actuel, était beaucoup plus difficile en apparence qu'en réalité. Embrassant de son mieux l'énorme cylindre avec ses bras et ses genoux, empoignant avec les mains quelques-unes des pousses, appuyant ses pieds nus sur les autres, Jupiter, après avoir failli tomber une ou deux fois, se hissa à la longue jusqu'à la première grande fourche, et sembla dès lors regarder la besogne comme virtuellement accomplie. En effet, le risque principal de l'entreprise avait disparu, bien que le brave nègre se trouvât à soixante ou soixante-dix pieds du sol.

— De quel côté faut-il que j'aille maintenant, Massa Will? — demanda-t-il.

— Suis toujours la plus grosse branche, — celle de ce côté, — dit Legrand.

Le nègre lui obéit promptement, et apparemment sans trop de peine ; il monta, monta toujours plus haut, de sorte qu'à la fin sa personne rampante et ramassée disparut dans l'épaisseur du feuillage ; il était tout à fait invisible. Alors sa voix lointaine se fit entendre ; il criait :

— Jusqu'où faut-il monter encore ?

— A quelle hauteur es-tu ? — demanda Legrand.

— Si haut, si haut, — répliqua le nègre, — que je peux voir le ciel à travers le sommet de l'arbre.

— Ne t'occupe pas du ciel, mais fais attention à ce que je te dis. Regarde le tronc, et compte les branches au-dessous de toi, de ce côté. Combien de branches as-tu passées?

— Une, deux, trois, quatre, cinq ; — j'ai passé cinq grosses branches, massa, de ce côté-ci.

— Alors, monte encore d'une branche.

Au bout de quelques minutes, sa voix se fit entendre de nouveau. Il annonçait qu'il avait atteint la septième branche.

— Maintenant, Jup, — cria Legrand, en proie à une agitation manifeste, — il faut que tu trouves le moyen de t'avancer sur cette branche aussi loin que tu pourras. Si tu vois quelque chose de singulier, tu me le diras.

Dès lors, les quelques doutes que j'avais essayé de conserver relativement à la démence de mon pauvre ami disparurent complètement. Je ne pouvais plus ne pas le considérer comme frappé d'aliénation mentale, et je commençai à m'inquiéter sérieusement des moyens de le ramener au logis. Pendant que je méditais sur ce que j'avais de mieux à faire, la voix de Jupiter se fit entendre de nouveau.

— J'ai bien peur de m'aventurer un peu loin sur cette branche ; — c'est une branche morte presque dans toute sa longueur.

— Tu dis bien que c'est une branche morte, Jupiter ? — cria Legrand d'une voix tremblante d'émotion.

— Oui, massa, morte comme un vieux clou de porte, c'est une affaire faite, — elle est bien morte, tout à fait sans vie.

— Au nom du ciel, que faire ? — demanda Legrand, qui semblait en proie à un vrai désespoir.

— Que faire ? — dis-je, heureux de saisir l'occasion pour placer un mot raisonnable, — retourner au logis et nous aller coucher. Allons, venez ! — Soyez gentil, mon camarade. — Il se fait tard, et puis souvenez-vous de votre promesse.

— Jupiter, — criait-il, sans m'écouter le moins du monde, — m'entends-tu ?

— Oui, Massa Will, je vous entends parfaitement.

— Entame donc le bois avec ton couteau, et dis-moi si tu le trouves bien pourri.

— Pourri, massa, assez pourri, — répliqua bientôt le nègre, — mais pas aussi pourri qu'il pourrait l'être. Je pourrais m'aventurer un peu plus sur la branche, mais moi seul.

— Toi seul ! — qu'est-ce que tu veux dire ?

— Je veux parler du scarabée. Il est bien lourd, le scarabée. Si je le lâchais d'abord, la branche porterait bien, sans casser, le poids d'un nègre seul.

— Infernal coquin ! — cria Legrand, qui avait l'air fort soulagé, — quelles sottises me chantes-tu là ? Si tu laisses tomber l'insecte, je te tords le cou. Fais-y attention, Jupiter ; — tu m'entends, n'est-ce pas ?

— Oui, massa, ce n'est pas la peine de traiter comme ça un pauvre nègre.

— Eh bien ! écoute-moi, maintenant ! — Si tu te hasardes sur la branche aussi loin que tu pourras le faire sans danger, et sans lâcher le scarabée, je te ferai cadeau d'un dollar d'argent aussitôt que tu seras descendu.

— J'y vais, Massa Will, — m'y voilà, — répliqua lestement le nègre, — je suis presque au bout.

— Au bout ! cria Legrand, très-radouci. — Veux-tu dire que tu es au bout de cette branche ?

— Je suis bientôt au bout, massa ; — oh ! oh ! oh ! Seigneur Dieu ! miséricorde ! qu'y a-t-il sur l'arbre ?

— Eh bien! — cria Legrand, au comble de la joie, — qu'est-ce qu'il y a?

— Eh! ce n'est rien qu'un crâne; — quelqu'un a laissé sa tête sur l'arbre, et les corbeaux ont becqueté toute la viande.

— Un crâne, dis-tu? — Très-bien! — Comment est-il attaché à la branche? — qu'est-ce qui le retient?

— Oh! il tient bien; — mais il faut voir. — Ah! c'est une drôle de chose, sur ma parole; — il y a un gros clou dans le crâne, qui le retient à l'arbre.

— Bien! maintenant, Jupiter, fais exactement ce que je vais te dire; — tu m'entends?

— Oui, massa.

— Fais bien attention! — trouve l'œil gauche du crâne.

— Oh! oh! voilà qui est drôle! il n'y a pas d'œil gauche du tout.

— Maudite stupidité! Sais-tu distinguer ta main droite de ta main gauche?

— Oui, je sais, — je sais tout cela; ma main gauche est celle avec laquelle je fends le bois.

— Sans doute, tu es gaucher; et ton œil gauche est du même côté que ta main gauche. Maintenant, je suppose, tu peux trouver l'œil gauche du crâne, ou la place où était l'œil gauche. As-tu trouvé?

Il y eut ici une longue pause. Enfin, le nègre demanda :

— L'œil gauche du crâne est aussi du même côté que la main gauche du crâne? — Mais le crâne n'a pas de mains du tout! — Cela ne fait rien! j'ai trouvé l'œil gauche! que faut-il faire maintenant?

— Laisse filer le scarabée à travers, aussi loin que la ficelle peut aller; mais prends bien garde de lâcher le bout de la corde.

— Voilà qui est fait, Massa Will ; c'était chose facile de faire passer le scarabée par le trou ; — tenez, voyez-le descendre.

Pendant tout ce dialogue, la personne de Jupiter était restée invisible; mais l'insecte qu'il laissait filer apparaissait maintenant au bout de la ficelle, et brillait comme une boule d'or bruni aux derniers rayons du soleil couchant, dont quelques-uns éclairaient encore faiblement l'éminence où nous étions placés. Le scarabée en descendant émergeait des branches, et, si Jupiter l'avait laissé tomber, il serait tombé à nos pieds. Legrand prit immédiatement la faux et éclaircit un espace circulaire de trois ou quatre yards de diamètre, juste au-dessous de l'insecte, et, ayant achevé cette besogne, ordonna à Jupiter de lâcher la corde et de descendre de l'arbre.

Avec un soin scrupuleux, mon ami enfonça dans la terre une cheville, à l'endroit précis où le scarabée était tombé, et tira de sa poche un ruban à mesurer. Il l'attacha par un bout à l'endroit du tronc de l'arbre qui était le plus près de la cheville, le déroula jusqu'à la cheville, et continua ainsi à le dérouler dans la direction donnée par ces deux points, — la cheville et le tronc, — jusqu'à la distance de cinquante pieds. Pendant ce temps, Jupiter nettoyait les ronces avec la faux. Au point ainsi trouvé, il enfonça une seconde cheville, qu'il prit comme centre, et autour duquel il décrivit grossièrement un cercle de quatre pieds de diamètre environ. Il s'empara alors d'une bêche, en donna une à Jupiter, une à moi, et nous pria de creuser aussi vivement que possible.

Pour parler franchement, je n'avais jamais eu beaucoup de goût pour un pareil amusement, et dans le cas présent je m'en serais bien volontiers passé; car la nuit s'avançait, et je me sentais passablement fatigué de l'exercice que j'avais déjà pris; mais je ne voyais aucun moyen de m'y soustraire, et je tremblais de troubler par un refus la prodigieuse sérénité de mon pauvre ami. Si j'avais pu compter sur l'aide de Jupiter, je n'aurais pas hésité à ramener par la force notre fou chez lui ; mais je connaissais trop bien le caractère du vieux nègre pour espérer son assistance, dans le cas d'une lutte personnelle avec son maître, et dans n'importe quelle circonstance. Je ne doutais pas que Legrand n'eût le cerveau infecté de quelqu'une des innombrables superstitions du Sud relatives aux trésors enfouis, et que cette imagination n'eût été confirmée par la trouvaille du scarabée, ou peut-être même par l'obstination de Jupiter à soutenir que c'était un scarabée d'or véritable. Un esprit tourné à la folie pouvait bien se laisser entraîner par de pareilles suggestions, surtout quand elles s'accordaient avec ses idées favorites préconçues; puis je me rappelais le discours du pauvre garçon relativement au scarabée, *indice de sa fortune!* Par dessus tout, j'étais cruellement tourmenté et embarrassé; mais enfin je résolus de faire contre fortune bon cœur et de bêcher de bonne volonté, pour convaincre mon visionnaire le plus tôt possible, par une démonstration oculaire, de l'inanité de ses rêveries.

Nous allumâmes les lanternes, et nous attaquâmes notre besogne avec un ensemble et un zèle dignes d'une cause plus rationnelle ; et, comme la lumière tombait sur nos personnes et nos outils, je ne pus m'empêcher de songer que nous composions un groupe vraiment pittoresque, et que, si quelque intrus était tombé par hasard au milieu de nous, nous lui aurions apparu comme faisant une besogne bien étrange et bien suspecte.

Nous creusâmes ferme deux heures durant. Nous parlions peu. Notre principal embarras était causé par les aboiements du chien qui prenait un intérêt excessif à nos travaux. A la longue, il devint tellement turbulent, que nous craignîmes qu'il ne donnât l'alarme à quelques rôdeurs du voisinage, — ou plutôt, c'était la grande appréhension de Legrand, — car, pour mon compte, je me serais réjoui de toute interruption qui m'aurait permis de ramener mon vagabond à la maison. A la fin, le vacarme fut étouffé, grâce à Jupiter qui, s'élançant hors du trou avec un air furieusement décidé, musela la gueule de l'animal avec une de ses bretelles, et puis retourna à sa tâche avec un petit rire de triomphe très-grave.

Les deux heures écoulées, nous avions atteint une profondeur de cinq pieds et aucun indice de trésor ne se montrait. Nous fîmes une pause générale, et je commençai à espérer que la farce touchait à sa fin. Cependant Legrand, quoique évidemment très-déconcerté, s'essuya le front d'un air pensif et reprit sa bêche. Notre trou occupait déjà toute l'étendue du cercle de quatre pieds de diamètre ; nous entamâmes légèrement cette limite, et nous creusâmes encore de deux pieds. Rien n'apparut. Mon chercheur d'or, dont j'avais sérieusement pitié, sauta enfin hors du trou avec le plus affreux désappointement écrit sur le visage, et se décida, lentement et comme à regret, à reprendre son habit qu'il avait ôté avant de se mettre à l'ouvrage. Pour moi, je me gardai bien de faire aucune remarque. Jupiter, à un signal de son maître, commença à rassembler les outils. Cela fait, et le chien étant démuselé, nous reprîmes notre chemin dans un profond silence.

Nous avions peut-être fait une douzaine de pas, quand Legrand, poussant un terrible juron sauta sur Jupiter et l'empoigna au collet. Le nègre stupéfait ouvrit les yeux et la bouche dans toute leur ampleur, lâcha les bêches et tomba sur les genoux.

— Scélérat ! — criait Legrand, en faisant siffler les syllabes entre ses dents, — infernal noir ! gredin de noir ! — parle, te dis-je ! — réponds-moi à l'instant, et surtout ne prévarique pas ! — Quel est, quel est ton œil gauche ?

— Ah ! miséricorde ! Massa Will ? n'est-ce pas là, pour sûr, mon œil gauche ? — rugissait Jupiter épouvanté, plaçant sa main sur l'organe *droit* de la vision, et l'y maintenant avec l'opiniâtreté du désespoir, comme s'il eût craint que son maître ne voulût le lui arracher.

— Je m'en doutais ! — je le savais bien ! hourra ! — vociféra Legrand, en lâchant le nègre, et exécutant une série de gambades et de cabrioles, au grand étonnement de son domestique, qui, en se relevant, promenait, sans mot dire, ses regards de son maître à moi et de moi à son maître.

— Allons, il nous faut retourner, — dit celui-ci ; — la partie n'est pas perdue.

Et il reprit son chemin vers le tulipier.

— Jupiter, — dit-il, quand nous fûmes arrivés au pied de l'arbre, — viens ici ! — Le crâne est-il cloué à la branche avec la face tournée à l'extérieur ou tournée contre la branche?

— La face est tournée à l'extérieur, massa, de sorte que les corbeaux ont pu manger les yeux sans aucune peine.

— Bien. Alors, est-ce par cet œil-ci ou par celui-là que tu as fait couler le scarabée?

Et Legrand touchait alternativement les deux yeux de Jupiter.

— Par cet œil-ci, massa, — par l'œil gauche, — juste comme vous me l'aviez dit.

Et c'était encore son œil droit qu'indiquait le pauvre nègre.

— Allons, allons ! il nous faut recommencer.

Alors, mon ami, dans la folie duquel je voyais maintenant ou croyais voir certains indices de méthode, reporta la cheville qui marquait l'endroit où le scarabée était tombé, à trois pouces vers l'ouest de sa première position. Étalant de nouveau son cordeau du point le plus rapproché du tronc jusqu'à la cheville, comme il avait déjà fait, et continuant à l'étendre en ligne droite à une distance de cinquante pieds, il marqua un nouveau point, éloigné de plusieurs yards de l'endroit où nous avions précédemment creusé.

Autour de ce nouveau centre, un cercle fut tracé, un peu plus large que le premier, et nous nous mîmes derechef à jouer de la bêche. J'étais effroyablement fatigué ; mais, sans me rendre compte de ce qui occasionnait un changement dans ma pensée, je ne sentais plus une aussi grande aversion pour le labeur qui m'était imposé. Je m'y intéressais inexplicablement ; je dirai plus, je me sentais excité. Peut-être y avait-il dans toute l'extravagante conduite de Legrand un certain air délibéré, une certaine allure prophétique qui m'impressionnaient moi-même. Je bêchais ardemment, et de temps à autre je me surprenais cherchant, pour ainsi dire, des yeux, avec un sentiment qui ressemblait à de l'attente, ce trésor imaginaire dont la vision avait affolé mon infortuné camarade. Dans un de ces moments où ces rêvasseries s'étaient plus particulièrement emparées de moi, et comme nous avions déjà travaillé une heure et demie à peu près, nous fûmes de nouveau interrompus par les violents hurlements du chien. Son inquiétude, dans le premier cas, n'était évidemment que le résultat d'un caprice ou d'une gaieté folle ; mais cette fois elle prenait un ton plus violent et plus caractérisé. Comme Jupiter s'efforçait de nouveau de le museler, il fit une résistance furieuse, et, bondissant dans le trou, il se mit à gratter frénétiquement la terre avec ses griffes. En quelques secondes, il avait découvert une masse d'ossements humains, formant deux squelettes complets, et mêlés de plusieurs boutons de métal, avec quelque chose qui nous parut être de la vieille laine pourrie et émiettée. Un ou deux coups de bêche firent sauter la lame d'un grand couteau espagnol ; nous creusâmes encore, et trois ou quatre pièces de monnaie d'or et d'argent apparurent éparpillées.

A cette vue, Jupiter eut peine à contenir sa joie, mais la physionomie de son maître exprima un affreux désappointement. Il nous supplia toutefois de continuer nos efforts, et à peine avait-il fini de parler que je trébuchai et tombai en avant; la pointe de ma botte s'était engagée dans un gros anneau de fer qui gisait à moitié enseveli sous un amas de terre fraîche.

Nous nous remîmes au travail avec une ardeur nouvelle; jamais je n'ai passé dix minutes dans une aussi vive exaltation. Durant cet intervalle, nous déterrâmes complétement un coffre de bois de forme oblongue, qui, à en juger par sa parfaite conservation et son étonnante dureté, avait été évidemment soumis à quelque procédé de minéralisation, — peut-être au bichlorure de mercure. Ce coffre avait trois pieds et demi de long, trois de large et deux et demi de profondeur. Il était solidement maintenu par des lames de fer forgé, rivées et formant tout autour une espèce de treillage. De chaque côté du coffre, près du couvercle, étaient trois anneaux de fer, six en tout, au moyen desquels six personnes pouvaient s'en emparer. Tous nos efforts réunis ne réussirent qu'à le déranger légèrement de son lit. Nous vîmes tout de suite l'impossibilité d'emporter un si énorme poids. Par bonheur, le couvercle n'était retenu que par deux verrous que nous fîmes glisser, — tremblants et pantelants d'anxiété. En un instant, un trésor d'une valeur incalculable s'épanouit, étincelant, devant nous. Les rayons des lanternes tombaient dans la fosse, et faisaient jaillir d'un amas confus d'or et de bijoux des éclairs et des splendeurs qui nous éclaboussaient positivement les yeux.

Je n'essaierai pas de décrire les sentiments avec lesquels je contemplais ce trésor. La stupéfaction, comme on peut le supposer, dominait tous les autres. Legrand paraissait épuisé par son excitation même, et ne prononça que quelques paroles. Quant à Jupiter, sa figure devint aussi mortellement pâle que cela est possible à une figure de nègre. Il semblait stupéfié, foudroyé. Bientôt il tomba sur ses genoux dans la fosse, et, plongeant ses bras nus dans l'or jusqu'au coude, il les y laissa longtemps, comme s'il jouissait des voluptés d'un bain. Enfin, il s'écria avec un profond soupir, comme se parlant à lui-même :

— Et tout cela vient du scarabée d'or? Le joli scarabée d'or! le pauvre petit scarabée que j'injuriais, que je calomniais! N'as-tu pas honte de toi, vilain nègre? — hein! qu'as-tu à répondre?

Il fallut cependant que je réveillasse, pour ainsi dire, le maître et le valet, et que je leur fisse comprendre qu'il y avait urgence à emporter le trésor. Il se faisait tard, et il nous fallait déployer quelque activité, si nous voulions que tout fût en sûreté chez nous avant le jour. Nous ne savions quel parti prendre, et nous perdions beaucoup de temps en délibérations, tant nous avions les idées en désordre. Finalement, nous allégeâmes le coffre en enlevant les deux tiers de son contenu, et nous pûmes enfin, mais non sans peine encore, l'arracher de son trou. Les objets que nous en avions tirés furent déposés parmi les ronces, et confiés à la garde du chien, à qui Jupiter enjoignit strictement de ne bouger sous aucun prétexte, et de ne pas même ouvrir la bouche jusqu'à notre retour. Alors nous nous mîmes précipitamment en route avec le coffre ; nous atteignîmes la hutte sans accident, mais après une fatigue effroyable, et à une heure du matin. Épuisés comme nous l'étions, nous ne pouvions immédiatement nous remettre à la besogne, c'eût été dépasser les forces de la nature. Nous nous reposâmes jusqu'à deux heures, puis nous soupâmes ; enfin nous nous remîmes en route pour les montagnes, munis de trois gros sacs que nous trouvâmes par bonheur dans la hutte. Nous arrivâmes un peu avant quatre heures à notre fosse, nous nous partageâmes aussi également que possible le reste du butin, et, sans nous donner la peine de combler le trou, nous nous remîmes en marche vers notre case, où nous déposâmes pour la seconde fois nos précieux fardeaux, juste comme les premières bandes de l'aube apparaissaient à l'est, au-dessus de la cime des arbres.

Nous étions absolument brisés ; mais la profonde excitation actuelle nous refusa le repos. Après un sommeil inquiet de trois ou quatre heures, nous nous levâmes, comme si nous nous étions concertés, pour procéder à l'examen de notre trésor.

Le coffre avait été rempli jusqu'aux bords, et nous passâmes toute la journée et la plus grande partie de la nuit suivante à inventorier son contenu. On n'y avait mis aucune espèce d'ordre ni d'arrangement ; tout y avait été empilé pêle-mêle. Quand nous eûmes fait soigneusement un classement général, nous nous trouvâmes en possession d'une fortune qui dépassait tout ce que nous avions supposé. Il y avait en espèces plus de 450 000 dollars, — en estimant la valeur des pièces aussi rigoureusement que possible d'après les tables de l'époque. Dans tout cela pas une parcelle d'argent. Tout était en or de vieille date et d'une grande variété : monnaies françaises, espagnoles et allemandes, quelques guinées anglaises, et quelques jetons dont nous n'avions jamais vu aucun modèle. Il y avait plusieurs pièces de monnaie, très-grandes et très-lourdes, mais si usées qu'il nous fut impossible de déchiffrer les inscriptions. Aucune monnaie américaine. Quant à l'estimation des bijoux, ce fut une affaire un peu plus difficile. Nous trouvâmes des diamants, dont quelques-uns très-beaux et d'une grosseur singulière, — en tout cent dix, dont pas un n'était petit ; dix-huit rubis d'un éclat remarquable ; trois cent dix émeraudes, toutes très-belles ; vingt et un saphirs et une opale. Toutes ces pierres avaient été arrachées de leurs montures et jetées pêle-mêle dans le coffre. Quant aux montures elles-mêmes, dont nous fîmes une catégorie distincte de l'autre or, elles paraissaient avoir été broyées à coups de marteau, comme pour rendre toute reconnaissance impossible. Outre tout cela, il y avait une énorme quantité d'ornements en or massif ; — près de deux cents bagues ou boucles d'oreilles massives ; de belles chaînes, au nombre de trente, si j'ai bonne mémoire ; quatre-vingt-trois crucifix très-grands et très-lourds ; cinq encensoirs d'or d'un grand prix ; un gigantesque bol à punch en or, orné de feuilles de vigne et de figures de bacchantes largement ciselées ; deux poignées d'épée merveilleusement travaillées, et une foule d'autres articles plus petits et dont j'ai perdu le souvenir. Le poids de toutes ces valeurs dépassait 350 livres ; et dans cette estimation j'ai omis cent quatre-vingt-dix-sept montres d'or superbes, dont trois valaient bien chacune 500 dollars. Plusieurs étaient très-vieilles, et sans aucune valeur comme pièces d'horlogerie, les mouvements ayant plus ou moins souffert de l'action corrosive de la terre ; mais toutes étaient magnifiquement ornées de pierreries, et les boîtes étaient d'un grand prix. Nous évaluâmes cette nuit le contenu total du coffre à un million et demi de dollars ; et, lorsque plus tard nous disposâmes des bijoux et des pierreries, — après en avoir gardé quelques-uns pour notre usage personnel, — nous trouvâmes que nous avions singulièrement sous-évalué le trésor.

Lorsque nous eûmes enfin terminé notre inventaire, et que notre terrible exaltation fut en grande partie apaisée, Legrand, qui voyait que je mourais d'impatience de posséder la solution de cette prodigieuse énigme, entra dans un détail complet de toutes les circonstances qui s'y rapportaient.

— Vous vous rappelez, — dit-il, — le soir où je vous fis passer la grossière esquisse que j'avais faite du scarabée. Vous vous souvenez aussi que je fus passablement choqué de votre insistance à me soutenir que mon dessin ressemblait à une tête de mort. La première fois que vous lâchâtes cette assertion, je crus que vous plaisantiez ; ensuite je me rappelai les taches particulières sur le dos de l'insecte, et je reconnus en moi-même que votre remarque avait en somme quelque fondement. Toutefois, votre ironie à l'endroit de mes facultés graphiques m'irritait, car on me regarde comme un artiste fort passable ; aussi, quand vous me tendîtes le morceau de parchemin, j'étais au moment de le froisser avec humeur et de le jeter dans le feu.

— Vous voulez parler du morceau de *papier*, — dis-je.

— Non ; cela avait toute l'apparence du papier, et moi-même j'avais d'abord supposé que c'en était, mais quand je voulus dessiner dessus, je découvris tout de suite que c'était un morceau de parchemin très-mince. Il était fort sale, vous vous le rappelez. Au moment même où j'allais le chiffonner, mes yeux tombèrent sur le dessin que vous aviez regardé, et vous pouvez concevoir quel fut mon étonnement quand j'aperçus l'image positive d'une tête de mort à l'endroit même où j'avais cru dessiner un scarabée. Pendant un moment, je me sentis trop étourdi pour penser avec rectitude. Je savais que mon croquis différait de ce nouveau dessin par tous ses détails, bien qu'il y eût une certaine analogie dans le contour général. Je pris alors une chandelle, et, m'asseyant à l'autre bout de la chambre, je procédai à une analyse plus attentive du parchemin. En le retournant, je vis ma propre esquisse sur le revers, juste comme je l'avais faite. Ma première impression fut simplement de la surprise ; il y avait une analogie réellement remarquable dans le contour, et c'était une coïncidence singulière que ce fait de l'image d'un crâne, inconnue à moi, occupant l'autre côté du parchemin, immédiatement au-dessous de mon dessin du scarabée, — et d'un crâne qui ressemblait si exactement à mon dessin, non seulement par le contour, mais aussi par la dimension. Je dis que la singularité de cette coïncidence me stupéfia positivement pour un instant. C'est l'effet ordinaire de ces sortes de coïncidences. L'esprit s'efforce d'établir un rapport, une liaison de cause à effet, — et, se trouvant impuissant à y réussir, subit une espèce de paralysie momentanée. Mais quand je revins de cette stupeur, je sentis luire en moi par degrés une conviction qui me frappa bien autrement encore que cette coïncidence. Je commençai à me rappeler distinctement, positivement, qu'il n'y avait aucun dessin sur le parchemin quand j'y fis mon croquis du scarabée. J'en acquis la parfaite certitude ; car je me souvins de l'avoir tourné et retourné en cherchant l'endroit le plus propre. Si le crâne avait été visible, je l'aurais infailliblement remarqué. Il y avait réellement là un mystère que je me sentais incapable de débrouiller ; mais, dès ce moment même, il me sembla voir prématurément poindre une faible lueur dans les régions les plus profondes et les plus secrètes de mon entendement, une espèce de ver luisant intellectuel, une conception embryonnaire de la vérité, dont notre aventure de l'autre nuit nous a fourni une si splendide démonstration. Je me levai décidément, et, serrant soigneusement le parchemin, je renvoyai toute réflexion ultérieure jusqu'au moment où je pourrais être seul.

Quand vous fûtes parti et quand Jupiter fut bien endormi, je me livrai à une investigation un peu plus méthodique de la chose. Et d'abord je voulus comprendre de quelle manière ce parchemin était tombé dans mes mains. L'endroit où nous découvrîmes le scarabée était sur la côte du continent, à un mille environ à l'est de l'île, mais à une petite distance au-dessus du niveau de la marée haute. Quand je m'en emparai, il me mordit cruellement, et je le lâchai. Jupiter, avec sa prudence accoutumée, avant de prendre l'insecte qui s'était envolé de son côté, chercha autour de lui une feuille ou quelque chose d'analogue, avec quoi il pût s'en emparer. Ce fut en ce moment que ses yeux et les miens tombèrent sur le morceau de parchemin, que je pris alors pour du papier. Il était à moitié enfoncé dans le sable, avec un coin en l'air. Près de l'endroit où nous le trouvâmes, j'observai les restes d'une coque de grande embarcation, autant du moins que j'en pus juger. Ces débris de naufrage étaient là probablement depuis bien longtemps, car à peine pouvait-on y retrouver la physionomie d'une charpente de bateau.

Jupiter ramassa donc le parchemin, enveloppa l'insecte et me le donna. Peu de temps après, nous reprîmes le chemin de la hutte, et nous rencontrâmes le lieutenant G.... Je lui montrai l'insecte, et il me pria de lui permettre de l'emporter au fort. J'y consentis, et il le fourra dans la poche de son gilet, sans le parchemin qui lui servait d'enveloppe, et que je tenais toujours à la main pendant qu'il examinait le scarabée. Peut-être eut-il peur que je ne changeasse d'avis, et jugea-t-il prudent de s'assurer d'abord de sa prise; vous savez qu'il est fou d'histoire naturelle et de tout ce qui s'y rattache. Il est évident qu'alors, sans y penser, j'ai remis le parchemin dans ma poche.

Vous vous rappelez que, lorsque je m'assis à la table pour faire un croquis du scarabée, je ne trouvai pas de papier à l'endroit où on le met ordinairement. Je regardai dans le tiroir, il n'y en avait point. Je cherchais dans mes poches, espérant trouver une vieille lettre, quand mes doigts rencontrèrent le parchemin.

Je vous détaille minutieusement toute la série de circonstances qui l'ont jeté dans mes mains ; car toutes ces circonstances ont singulièrement frappé mon esprit.

Sans aucun doute, vous me considérerez comme un rêveur, — mais j'avais déjà établi une espèce de connexion. J'avais uni deux anneaux d'une grande chaîne. Un bateau échoué à la côte, et non loin de ce bateau un parchemin, — *non pas un papier*, — portant l'image d'un crâne. Vous allez naturellement me demander où est le rapport? Je répondrai que le crâne ou la tête de mort est l'emblème bien connu des pirates. Ils ont toujours, dans tous leurs engagements, hissé le pavillon à tête de mort.

Je vous ai dit que c'était un morceau de parchemin et non pas de papier. Le parchemin est une chose durable, presque impérissable. On confie rarement au parchemin des documents d'une minime importance, puisqu'il répond beaucoup moins bien que le papier aux besoins ordinaires de l'écriture et du dessin. Cette réflexion m'induisit à penser qu'il devait y avoir dans la tête de mort quelque rapport, quelque sens singulier. Je ne faillis pas non plus à remarquer la forme du parchemin. Bien que l'un des coins eût été détruit par quelque accident, on voyait bien que la forme primitive était oblongue. C'était donc une de ces bandes qu'on choisit pour écrire, pour consigner un document important, une note qu'on veut conserver longtemps et soigneusement.

— Mais, — interrompis-je, — vous dites que le crâne n'était pas sur le parchemin quand vous y dessinâtes le scarabée. Comment donc pouvez-vous établir un rapport entre le bateau et le crâne, — puisque ce dernier, d'après votre propre aveu, a dû être dessiné — Dieu sait comment ou par qui, — postérieurement à votre dessin du scarabée?

— Ah! c'est là-dessus que roule tout le mystère; bien que j'aie eu comparativement peu de peine à résoudre ce point de l'énigme. Ma marche était sûre, et ne pouvait me conduire qu'à un seul résultat. Je raisonnais ainsi, par exemple: quand je dessinai mon scarabée, il n'y avait pas trace de crâne sur le parchemin; quand j'eus finis mon dessin, je vous le fis passer, et je ne vous perdis pas de vue que vous ne me l'eussiez rendu. Conséquemment ce n'était pas vous qui aviez dessiné le crâne, et il n'y avait là aucune autre personne pour le faire. Il n'avait donc pas été créé par l'action humaine; et cependant, il était là, sous mes yeux!

Arrivé à ce point de mes réflexions, je m'appliquai à me rappeler et je me rappelai en effet, et avec une parfaite exactitude, tous les incidents survenus dans l'intervalle en question. La température était froide, — oh! l'heureux, le rare accident! — et un bon feu flambait dans la cheminée. J'étais suffisamment réchauffé par l'exercice, et je m'assis près de la table. Vous, cependant, vous aviez tourné votre chaise tout près de la cheminée. Juste au moment où je vous mis le parchemin dans la main, et comme vous alliez l'examiner, Wolf, mon terre-neuve, entra et vous sauta sur les épaules. Vous le caressiez avec la main gauche, et vous cherchiez à l'écarter, en laissant tomber nonchalamment votre main droite, celle qui tenait le parchemin, entre vos genoux et tout près du feu. Je crus un moment que la flamme allait l'atteindre, et j'allais vous dire de prendre garde ; mais avant que j'eusse parlé, vous l'aviez retiré, et vous vous étiez mis à l'examiner. Quand j'eus bien considéré toutes ces circonstances, je ne doutai pas un instant que la chaleur n'eût été l'agent qui avait fait apparaître sur le parchemin le crâne dont je voyais l'image. Vous savez bien qu'il y a, — il y en a eu de tout temps, — des préparations chimiques, au moyen desquelles on peut écrire sur du papier ou sur du vélin des caractères qui ne deviennent visibles que lorsqu'ils sont soumis à l'action du feu. On emploie quelquefois le safre, digéré dans l'eau régale et délayé dans quatre fois son poids d'eau ; il en résulte une teinte verte. Le régule de cobalt, dissous dans l'esprit de nitre, donne une couleur rouge. Ces couleurs disparaissent plus ou moins longtemps après que la substance sur laquelle on a écrit s'est refroidie, mais reparaissent à volonté par une application nouvelle de la chaleur.

J'examinai alors la tête de mort avec le plus grand soin. Les contours extérieurs, c'est-à-dire les plus rapprochés du bord du vélin, étaient beaucoup plus distincts que les autres. Évidemment l'action du calorique avait été imparfaite ou inégale. J'allumai immédiatement du feu, et je soumis chaque partie du parchemin à une chaleur brûlante. D'abord cela n'eut d'autre effet que de renforcer les lignes un peu pâles du crâne ; mais, en continuant l'expérience, je vis apparaître, dans un coin de la bande, au coin diagonalement opposé à celui où était tracée la tête de mort, une figure que je supposai d'abord être celle d'une chèvre. Mais un examen plus attentif me convainquit qu'on avait voulu représenter un chevreau.

— Ah! ah! — dis-je, — je n'ai certes pas le droit de me moquer de vous; — un million et demi de dollars! c'est chose trop sérieuse pour qu'on en plaisante; — mais vous n'allez pas ajouter un troisième anneau à votre chaîne; — vous ne trouverez aucun rapport spécial entre vos pirates et une chèvre; — les pirates, vous le savez, n'ont rien à faire avec les chèvres. — Cela regarde les fermiers.

— Mais je viens de vous dire que l'image n'était pas celle d'une chèvre.

— Bon! va pour un chevreau; c'est presque la même chose.

— Presque, mais pas tout à fait, — dit Legrand. — Vous avez entendu parler peut-être d'un certain capitaine Kidd. Je considérai tout de suite la figure de cet animal comme une espèce de signature logographique ou hiéroglyphique (*Kid*, chevreau). Je dis signature, parce que la place qu'elle occupait sur le vélin suggérait naturellement cette idée. Quant à la tête de mort placée au coin diagonalement opposé, elle avait l'air d'un sceau, d'une estampille. Mais je fus cruellement déconcerté par l'absence du reste, — du corps même de mon document rêvé, — du texte de mon contexte.

— Je présume que vous espériez trouver une lettre entre le timbre et la signature.

— Quelque chose comme cela. Le fait est que je me sentais comme irrésistiblement pénétré du pressentiment d'une immense bonne fortune imminente. Pourquoi? je ne saurais trop le dire. Après tout, peut-être était-ce plutôt un désir qu'une croyance positive ? — mais croiriez-vous que le dire absurde de Jupiter, que le scarabée était en or massif, a eu une influence remarquable sur mon imagination ? Et puis cette série d'accidents et de coïncidences était vraiment si extraordinaire ! Avez-vous remarqué tout ce qu'il y a de fortuit là-dedans ? Il a fallu que tous ces événements arrivassent le seul jour de toute l'année où il a fait, où il a pu faire assez froid pour nécessiter du feu ; et sans ce feu, et sans l'intervention du chien au moment précis où il a paru, je n'aurais jamais eu connaissance de la tête de mort, et n'aurais jamais possédé ce trésor.

— Allez, allez, — je suis sur des charbons.

— Eh bien ! vous avez donc connaissance d'une foule d'histoires qui courent, de mille rumeurs vagues relatives aux trésors enfouis quelque part sur la côte de l'Atlantique par Kidd et ses associés ? En somme, tous ces bruits devaient avoir quelque fondement. Et si ces bruits duraient depuis longtemps, et avec tant de persistance, cela ne pouvait, selon moi, tenir qu'à un fait, c'est que le trésor enfoui était resté enfoui. Si Kidd avait caché son butin pendant un certain temps et l'avait ensuite repris, ces rumeurs ne seraient pas sans doute venues jusqu'à nous sous leur forme actuelle et invariable. Remarquez que les histoires en question roulent toujours sur des chercheurs et jamais sur des trouveurs de trésors. Si le pirate avait repris son argent, l'affaire en serait restée là. Il me semblait que quelque accident, par exemple la perte de la note qui indiquait l'endroit précis, avait dû le priver des moyens de le recouvrer.

Je supposais que cet accident était arrivé à la connaissance de ses compagnons, qui autrement n'auraient jamais su qu'un trésor avait été enfoui, et qui, par leurs recherches infructueuses, sans guide et sans notes positives, avaient donné naissance à cette rumeur universelle et à ces légendes aujourd'hui si communes. Avez-vous jamais entendu parler d'un trésor important qu'on aurait déterré sur la côte?

— Jamais.

— Or, il est notoire que Kidd avait accumulé d'immenses richesses. Je considérais donc comme chose sûre que la terre les gardait encore; et vous ne vous étonnerez pas trop quand je vous dirai que je sentais en moi une espérance, — une espérance qui montait presque à la certitude; — c'était que le parchemin, si singulièrement trouvé, contiendrait l'indication disparue du lieu où avait été fait le dépôt.

— Mais comment avez-vous procédé?

— J'exposai de nouveau le vélin au feu, après avoir augmenté la chaleur; mais rien ne parut. Je pensai que la couche de crasse pouvait bien être pour quelque chose dans cet insuccès; aussi je nettoyai soigneusement le parchemin en versant de l'eau chaude dessus, puis je le plaçai dans une casserole de fer blanc, le crâne en dessous, et je posai la casserole sur un réchaud de charbons allumés. Au bout de quelques minutes, la casserole étant parfaitement chauffée, je retirai la bande de vélin, et je m'aperçus, avec une joie inexprimable, qu'elle était mouchetée en plusieurs endroits de signes qui ressemblaient à des chiffres rangés en lignes. Je replaçai la chose dans la casserole, je l'y laissai encore une minute, et quand je l'en retirai, elle était juste comme vous allez la voir.

Ici, Legrand, ayant de nouveau chauffé le vélin, le soumit à mon examen. Les caractères suivants apparaissaient en rouge, grossièrement tracés entre la tête de mort et le chevreau :

53‡‡†305))6*;4826)4‡.)4‡);806*;48†8¶60))85;1‡(;:‡*8†83(88)5*†;46(;88*96*?;8)*‡(;485);5*†2:*‡(;4956*2(5*—4)8¶8*;4069285);)6†8)4‡‡;1(‡9;48081;8:8‡1;48†85;4)485†528806*81(‡9;48;(88;4(‡?34;48)4‡;161;:188;‡?;

— Mais, — dis-je, en lui rendant la bande de vélin, — je n'y vois pas plus clair. Si tous les trésors de Golconde devaient être pour moi le prix de la solution de cette énigme, je serais parfaitement sûr de ne pas les gagner.

— Et cependant, — dit Legrand, — la solution n'est certainement pas aussi difficile qu'on se l'imaginerait au premier coup d'œil. Ces caractères, comme chacun pourrait le deviner facilement, forment un chiffre, c'est-à-dire qu'ils présentent un sens; mais d'après ce que nous savons de Kidd, je ne devais pas le supposer capable de fabriquer un échantillon de cryptographie bien abstruse. Je jugeai donc tout d'abord que celui-ci était d'une espèce simple, — tel cependant qu'à l'intelligence grossière du marin il dût paraître absolument insoluble sans la clef.

— Et vous l'avez résolu, vraiment?

— Très-aisément; j'en ai résolu d'autres dix mille fois plus compliqués. Les circonstances et une certaine inclination d'esprit m'ont amené à prendre intérêt à ces sortes d'énigmes, et il est vraiment douteux que l'ingéniosité humaine puisse créer une énigme de ce genre dont l'ingéniosité humaine ne vienne à bout par une application suffisante. Aussi, une fois que j'eus réussi à établir une série de caractères lisibles, je daignai à peine songer à la difficulté d'en dégager la signification.

Dans le cas actuel, — et, en somme, dans tous les cas d'écriture secrète, — la première question à vider, c'est la *langue* du chiffre ; car les principes de solution, particulièrement quand il s'agit des chiffres les plus simples, dépendent du génie de chaque idiome, et peuvent en être modifiés. En général, il n'y a pas d'autre moyen que d'essayer successivement, en se dirigeant suivant les probabilités, toutes les langues qui vous sont connues, jusqu'à ce que vous ayez trouvé la bonne. Mais dans le chiffre qui nous occupe, toute difficulté à cet égard était résolue par la signature. Le rébus sur le mot *Kidd* n'est possible que dans la langue anglaise. Sans cette circonstance, j'aurais commencé mes essais par l'espagnol et le français, comme étant les langues dans lesquelles un pirate des mers espagnoles avait dû le plus naturellement enfermer un secret de cette nature. Mais, dans le cas actuel, je présumai que le cryptogramme était anglais.

Vous remarquez qu'il n'y a pas d'espaces entre les mots. S'il y avait eu des espaces, la tâche eût été singulièrement plus facile. Dans ce cas, j'aurais commencé par faire une collation et une analyse des mots les plus courts, et si j'avais trouvé, comme cela est toujours probable, un mot d'une seule lettre, *a* ou *I* (un, je) par exemple, j'aurais considéré la solution comme assurée. Mais puisqu'il n'y avait pas d'espaces, mon premier devoir était de relever les lettres prédominantes, ainsi que celles qui se rencontraient le plus rarement. Je les comptai toutes, et je dressai la table que voici :

Le caractère	8	se trouve	33	fois.
»	;	»	26	»
»	4	»	19	»
»	‡ et)	»	16	»
»	*	»	13	»
»	5	»	12	»
»	6	»	11	»
»	+ et 1	»	8	»
»	0	»	6	»
»	9 et 2	»	5	»
»	: et 3	»	4	»
»	?	»	3	»
»	¶	»	2	»
»	— et .	»	1	»

Or la lettre qui se rencontre le plus fréquemment en anglais est *e*. Les autres lettres se succèdent dans cet ordre : *a o i d h n r s t u y c f g l m w b k p q x z*. *E* prédomine si singulièrement qu'il est très-rare de trouver une phrase d'une certaine longueur, dont il ne soit pas le caractère principal.

Nous avons donc, tout en commençant, une base d'opérations qui donne quelque chose de mieux qu'une conjecture. L'usage général qu'on peut faire de cette table est évident, mais pour ce chiffre particulier nous ne nous en servirons que très-médiocrement. Puisque notre caractère dominant est 8, nous commencerons par le prendre pour l'*e* de l'alphabet naturel. Pour vérifier cette supposition, voyons si le 8 se rencontre souvent double; car l'*e* se redouble très-fréquemment en anglais, comme par exemple : *meet, fleet, speed, seen, been, agree*, etc. Or, dans le cas présent, nous voyons qu'il n'est pas redoublé moins de cinq fois, bien que le cryptogramme soit très-court.

Donc 8 représentera *e*. Maintenant, de tous les mots de la langue, *the* est le plus usité ; conséquemment, il nous faut voir si nous ne trouverons pas répétée plusieurs fois la même combinaison de trois caractères, ce 8 étant le dernier des trois. Si nous trouvons des répétitions de ce genre, elles représenteront très-probablement le mot *the*. Vérification faite, nous n'en trouvons pas moins de 7 ; et les caractères sont ;48. Nous pouvons donc supposer que ; représente *t*, que 4 représente *h*, et que 8 représente *e*, — la valeur du dernier se trouvant ainsi confirmée de nouveau. Il y a maintenant un grand pas de fait.

Nous n'avons déterminé qu'un mot, mais ce seul mot nous permet d'établir un point beaucoup plus important, c'est-à-dire les commencements et les terminaisons d'autres mots. Voyons, par exemple, l'avant-dernier cas où se présente la combinaison ;48, presque à la fin du chiffre. Nous savons que le ; qui vient immédiatement après est le commencement d'un mot, et, des six caractères qui suivent ce *the*, nous n'en connaissons pas moins de cinq. Remplaçons donc ces caractères par les lettres qu'ils représentent, en laissant un espace pour l'inconnu :

t eeth.

Nous devons tout d'abord écarter le *th* comme ne pouvant pas faire partie du mot qui commence par le premier *t*, puisque nous voyons, en essayant successivement toutes les lettres de l'alphabet pour combler la lacune, qu'il est impossible de former un mot dont ce *th* puisse faire partie. Réduisons donc nos caractères à

t ee,

et reprenant de nouveau tout l'alphabet, s'il le faut, nous concluons au mot *tree* (arbre), comme à la seule version possible. Nous gagnons ainsi une nouvelle lettre, *r*, représentée par (, plus deux mots juxtaposés, *the tree* (l'arbre).

Un peu plus loin, nous retrouvons la combinaison ;48, et nous nous en servons comme de terminaison à ce qui précède immédiatement. Cela nous donne l'arrangement suivant :

the tree ;4(‡?34 the,

ou, en substituant les lettres naturelles aux caractères que nous connaissons,

the tree thr‡?3h the.

Maintenant, si aux caractères inconnus nous substituons des blancs ou des points, nous aurons :

the tree thr... h the,

et le mot *throug* (par, à travers) se dégage pour ainsi dire de lui-même. Mais cette découverte nous donne trois lettres de plus, *o*, *u* et *g*, représentées par ‡ ? et 3.

Maintenant, cherchons attentivement dans le cryptogramme des combinaisons de caractères connus, et nous trouverons, non loin du commencement, l'arrangement suivant :

83(88, ou *egree,*

qui est évidemment la terminaison du mot *degree* (degré), et qui nous livre encore une lettre *d*, représentée par +.

Quatre lettres plus loin que ce mot *degree*, nous trouvons la combinaison

;46(;88.

dont nous traduisons les caractères connus et représentons l'inconnu par un point ; cela nous donne :

th .rtee,

arrangement qui nous suggère immédiatement le mot *thirteen* (treize), et nous fournit deux lettres nouvelles, *i* et *n,* représentées par 6 et .

Reportons-nous maintenant au commencement du cryptogramme, nous trouverons la combinaison

53‡‡+.

Traduisant comme nous avons déjà fait, nous obtenons

.*good,*

ce qui nous montre que la première lettre est un *a*, et que les deux premiers mots sont *a good* (un bon, une bonne).

Il serait temps maintenant, pour éviter toute confusion, de disposer toutes nos découvertes sous forme de table. Cela nous fera un commencement de clef :

5	représente	a
+	»	d
8	»	e
3	»	g
4	»	h
6	»	i
*	»	n
‡	»	o
(	»	s
;	»	t

Ainsi, nous n'avons pas moins de dix des lettres les plus importantes, et il est inutile que nous poursuivions la solution à travers tous ses détails. Je vous en ai dit assez pour vous convaincre que des chiffres de cette nature sont faciles à résoudre, et pour vous donner un aperçu de l'analyse raisonnée qui sert à les débrouiller. Mais tenez pour certain que le spécimen que nous avons sous les yeux appartient à la catégorie la plus simple de la cryptographie. Il ne me reste plus qu'à vous donner la traduction complète du document, comme si nous avions déchiffré successivement tous les caractères. La voici :

A good glass in the bishop's hostel in the devil's seat forty one degrees and thirteen minutes northeast and by north main branch seventh limb east side shoot from the left eye of the death's-head a bee line from the tree throug the shot fifty feet out.

(Un bon verre dans l'hostel de l'évêque dans la chaise du diable quarante et un degrés et treize minutes nord est quart de nord principale tige septième branche côté est lâchez de l'œil gauche de la tête de mort une ligne d'abeille de l'arbre à travers la balle cinquante pieds au large.)

— Mais, — dis-je, — l'énigme me paraît d'une qualité tout aussi désagréable qu'auparavant. Comment peut-on tirer un sens quelconque de tout ce jargon de *chaise du diable*, de *tête de mort* et d'*hostel de l'évêque*?

— Je conviens, — répliqua Legrand, — que l'affaire a l'air encore passablement sérieux, quand on y jette un simple coup d'œil. Mon premier soin fut d'essayer de retrouver dans la phrase les divisions naturelles qui étaient dans l'esprit de celui qui l'écrivit.

— De la ponctuer, voulez-vous dire?

— Quelque chose comme cela.

— Mais comment diable avez-vous fait?

— Je réfléchis que l'écrivain s'était fait une loi d'assembler ses mots sans aucune division, espérant rendre ainsi la solution plus difficile. Or, un homme qui n'est pas excessivement fin sera presque toujours enclin, dans une pareille tentative, à dépasser la mesure. Quand, dans le cours de sa composition, il arrive à une interruption de sens qui demanderait naturellement une pause ou un point, il est fatalement porté à serrer les caractères plus que d'habitude. Examinez ce manuscrit, et vous découvrirez facilement cinq endroits de ce genre, où il y a pour ainsi dire encombrement de caractères. En me dirigeant d'après cet indice, j'établis la division suivante :

A good glass in the bishop's hostel in the devil's seat — forty-one degrees and thirteen minutes — northeast and by north — main branch seventh limb east side — shoot from the left eye of the death's-head — a bee-line from the tree through the shot fifty feet out.

(Un bon verre dans l'hostel de l'évêque dans la chaise du diable — quarante et un degrés et treize minutes — nord-est quart de nord — principale tige septième branche côté est — lâchez de l'œil gauche de la tête de mort — une ligne d'abeille de l'arbre à travers la balle cinquante pieds au large.)

— Malgré votre division, — dis-je, — je reste toujours dans les ténèbres.

— J'y restai moi-même pendant quelques jours — répliqua Legrand. Pendant ce temps, je fis force recherches dans le voisinage de l'île de Sullivan sur un bâtiment qui devait s'appeler l'*Hôtel de l'Évêque;* car je ne m'inquiétai pas de la vieille orthographe du mot *hostel*. N'ayant trouvé aucun renseignement à ce sujet, j'étais sur le point d'étendre la sphère de mes recherches, et de procéder d'une manière plus systématique, quand, un matin, je m'avisai tout à coup que ce *Bishop's hostel* pouvait bien avoir rapport à une vieille famille du nom de Bessop, qui, de temps immémorial, était en possession d'un ancien manoir à quatre milles environ au nord de l'île. J'allai donc à la plantation, et je recommençai mes questions parmi les plus vieux nègres de l'endroit. Enfin, une des femmes les plus âgées me dit qu'elle avait entendu parler d'un endroit comme *Bessop's castle* (château de Bessop), et qu'elle croyait bien pouvoir m'y conduire, mais que ce n'était ni un château, ni une auberge, mais un grand rocher.

Je lui offris de la bien payer pour sa peine, et, après quelque hésitation, elle consentit à m'accompagner jusqu'à l'endroit précis. Nous le découvrîmes sans trop de difficulté, je la congédiai, et commençai à examiner la localité. Le *château* consistait en un assemblage irrégulier de pics et de rochers, dont l'un était aussi remarquable par sa hauteur que par son isolement et sa configuration quasi artificielle. Je grimpai au sommet, et là je me sentis fort embarrassé de ce que j'avais désormais à faire.

Pendant que j'y rêvais, mes yeux tombèrent sur une étroite saillie dans la face orientale du rocher, à un yard environ au-dessous de la pointe où j'étais placé. Cette saillie se projetait de dix-huit pouces à peu près, et n'avait guère plus d'un pied de large ; une niche creusée dans le pic juste au-dessus lui donnait une grossière ressemblance avec les chaises à dos concave dont se servaient nos ancêtres. Je ne doutai pas que ce ne fût là *la chaise du Diable* dont il était fait mention dans le manuscrit, et il me sembla que je tenais désormais tout le secret de l'énigme.

Le *bon verre*, je le savais, ne pouvait pas signifier autre chose qu'une longue-vue ; car nos marins emploient rarement le mot *glass* dans un autre sens. Je compris tout de suite qu'il fallait ici se servir d'une longue-vue, en se plaçant à un point de vue défini et *n'admettant aucune variation*. Or, les phrases : *quarante et un degrés et treize minutes*, et *nord est quart de nord*, — je n'hésitai pas un instant à le croire, — devaient donner la direction pour pointer la longue-vue. Fortement remué par toutes ces découvertes, je me précipitai chez moi, je me procurai une longue-vue, et je retournai au rocher.

Je me laissai glisser sur la corniche, et je m'aperçus qu'on ne pouvait s'y tenir assis que dans une certaine position. Ce fait confirma ma conjecture. Je pensai alors à me servir de la longue-vue. Naturellement les *quarante et un degrés et treize minutes* ne pouvaient avoir trait qu'à l'élévation au-dessus de l'horizon sensible, puisque la direction horizontale était clairement indiquée par les mots *nord est quart de nord*. J'établis cette direction au moyen d'une boussole de poche; puis, pointant, aussi juste que possible par approximation, ma longue-vue à un angle de quarante et un degrés d'élévation, je la fis mouvoir avec précaution de haut en bas et de bas en haut, jusqu'à ce que mon attention fût arrêtée par une espèce de trou circulaire ou de lucarne dans le feuillage d'un grand arbre qui dominait tous ses voisins dans l'étendue visible. Au centre de ce trou j'aperçus un point blanc, mais je ne pus pas tout d'abord distinguer ce que c'était. Après avoir ajusté le foyer de ma longue-vue, je regardai de nouveau, et je m'assurai enfin que c'était un crâne humain.

Après cette découverte qui me combla de confiance, je considérai l'énigme comme résolue; car la phrase: *principale tige, septième branche, côté est*, ne pouvait avoir trait qu'à la position du crâne sur l'arbre, et celle-ci: *lâchez de l'œil gauche de la tête de mort*, n'admettait aussi qu'une interprétation, puisqu'il s'agissait de la recherche d'un trésor enfoui. Je compris qu'il fallait laisser tomber une balle de l'œil gauche du crâne, et qu'une ligne d'abeille, ou, en d'autres termes, une ligne droite, partant du point le plus rapproché du tronc, et s'étendant *à travers la balle*, c'est-à-dire à travers le point où tomberait la balle, indiquerait l'endroit précis, — et sous cet endroit je jugeai qu'il était pour le moins possible qu'un dépôt précieux fût encore enfoui.

— Tout cela, — dis-je, — est excessivement clair,

et tout à la fois ingénieux, simple et explicite. Et quand vous eûtes quitté l'*Hôtel de l'Évêque*, que fîtes-vous?

— Mais, ayant soigneusement noté mon arbre, sa forme et sa position, je retournai chez moi. A peine eus-je quitté *la chaise du Diable*, que le trou circulaire disparut, et, de quelque côté que je me tournasse, il me fut désormais impossible de l'apercevoir. Ce qui me paraît le chef-d'œuvre de l'ingéniosité dans toute cette affaire, c'est ce fait (car j'ai répété l'expérience et me suis convaincu que c'était un fait), que l'ouverture circulaire en question n'est visible que d'un seul point, et cet unique point de vue, c'est l'étroite corniche sur le flanc du rocher.

Dans cette expédition à l'*Hôtel de l'Évêque* j'avais été suivi par Jupiter, qui observait sans doute depuis quelques semaines mon air préoccupé, et mettait un soin particulier à ne pas me laisser seul. Mais le jour suivant, je me levai de très-grand matin, je réussis à lui échapper, et je courus dans les montagnes à la recherche de mon arbre. J'eus beaucoup de peine à le trouver. Quand je revins chez moi à la nuit, mon domestique se disposait à me donner la bastonnade. Quant au reste de l'aventure, vous êtes, je présume, aussi bien renseigné que moi.

— Je suppose, — dis-je, — que, lors de nos premières fouilles, vous aviez manqué l'endroit par suite de la bêtise de Jupiter, qui laissa tomber le scarabée par l'œil droit du crâne au lieu de le laisser filer par l'œil gauche.

— Précisément. Cette méprise faisait une différence de deux pouces et demi environ relativement à *la balle*, c'est-à-dire à la position de la cheville près de l'arbre ; si le trésor avait été sous l'endroit marqué par *la balle*, cette erreur eût été sans importance ; mais *la balle* et le point le plus rapproché de l'arbre étaient deux points ne servant qu'à établir une ligne de direction ; naturellement, l'erreur, fort minime au commencement, augmentait en proportion de la longueur de la ligne, et, quand nous fûmes arrivés à une distance de cinquante pieds, elle nous avait totalement dévoyés. Sans l'idée fixe dont j'étais possédé, qu'il y avait positivement là, quelque part, un trésor enfoui, nous aurions peut-être bien perdu toutes nos peines.

— Mais votre emphase, vos attitudes solennelles, en balançant le scarabée ! — quelles bizarreries ! Je vous croyais positivement fou. Et pourquoi avez-vous absolument voulu laisser tomber du crâne votre insecte, au lieu d'une balle?

— Ma foi ! pour être franc, je vous avouerai que je me sentais quelque peu vexé par vos soupçons relativement à l'état de mon esprit, et je résolus de vous punir tranquillement, à ma manière, par un petit brin de mystification froide. Voilà pourquoi je balançais le scarabée, et voilà pourquoi je voulus le faire tomber du haut de l'arbre. Une observation que vous fîtes sur son poids singulier me suggéra cette dernière idée.

— Oui, je comprends ; et maintenant il n'y a plus qu'un point qui m'embarrasse. Que dirons-nous des squelettes trouvés dans le trou?

— Ah ! c'est une question à laquelle je ne saurais pas mieux répondre que vous. Je ne vois qu'une manière plausible de l'expliquer, — et mon hypothèse implique une atrocité telle, que cela est horrible à croire. Il est clair que Kidd, — si c'est bien Kidd qui a enfoui le trésor, ce dont je ne doute pas, pour mon compte, — il est clair que Kidd a dû se faire aider dans son travail. Mais, la besogne finie, il a pu juger convenable de faire disparaître tous ceux qui possédaient son secret. Deux bons coups de pioche ont peut-être suffi, pendant que ses aides étaient encore occupés dans la fosse ; il en a peut-être fallu une douzaine. — Qui nous le dira ?

METZENGERSTEIN

METZENGERSTEIN

Pestis eram vivus, — moriens tua mors ero
MARTIN LUTHER.

L'HORREUR et la fatalité se sont donné carrière dans tous les siècles. A quoi bon mettre une date à l'histoire que j'ai à raconter? Qu'il me suffise de dire qu'à l'époque dont je parle existait dans le centre de la Hongrie une croyance secrète, mais bien établie, aux doctrines de la métempsychose. De ces doctrines elles-mêmes, de leur fausseté ou de leur probabilité, — je ne dirai rien. J'affirme, toutefois, qu'une bonne partie de notre incrédulité *vient*, — comme dit La Bruyère, qui attribue tout notre malheur à cette cause unique, — *de ne pouvoir être seuls*[1].

Mais il y avait quelques points dans la superstition hongroise qui tendaient fortement à l'absurde. Les Hongrois différaient très-essentiellement de leurs autorités d'Orient. Par exemple, — l'*âme*, à ce qu'ils croyaient, — je cite les termes d'un subtil et intelligent Parisien, — *ne demeure qu'une seule fois dans un corps sensible. Ainsi, un cheval, un chien, un homme même, ne sont que la ressemblance illusoire de ces êtres*[2].

Les familles Berlifitzing et Metzengerstein avaient été en discord pendant des siècles. Jamais on ne vit deux maisons aussi illustres réciproquement aigries par une inimitié aussi mortelle. Cette haine pouvait tirer son origine des paroles d'une ancienne prophétie : — *Un grand nom tombera d'une chûte terrible, quand, comme le cavalier sur son cheval, la mortalité de Metzengerstein triomphera de l'immortalité de Berlifitzing.*

Certes, les termes n'avaient que peu ou point de sens. Mais des causes plus vulgaires ont donné naissance, — et cela, sans remonter bien haut, — à des conséquences

---

1. Mercier, dans *l'an deux mil quatre cent cinquante*, soutient sérieusement les doctrines de la métemsychose, et J. d'Israeli dit qu'*il n'y a pas de système aussi simple et qui répugne moins à l'intelligence*. Le colonel Ethan Allen, le *Green Mountain Boy*, passe aussi pour avoir été sérieux métempsychosiste. — E. A. P.

2. J'ignore quel est l'auteur de ce texte bizarre et obscur; cependant je me suis permis de le rectifier légèrement, en l'adaptant au sens moral du récit. Poë cite quelquefois de mémoire et incorrectement. Le sens, après tout, me semble se rapprocher de l'opinion attribuée au père Kircher, — que les animaux sont des esprits enfermés. — C. B.

également grosses d'événements. En outre, les deux maisons, qui étaient voisines, avaient longtemps exercé une influence rivale dans les affaires d'un gouvernement tumultueux. De plus, des voisins aussi rapprochés sont rarement amis ; et du haut de leurs terrasses massives les habitants du château Berlifitzing pouvaient plonger leurs regards dans les fenêtres même du palais Metzengerstein. Enfin, le déploiement d'une magnificence plus que féodale était peu fait pour calmer les sentiments irritables des Berlifitzing, moins anciens et moins riches. Y a-t-il donc lieu de s'étonner que les termes de cette prédiction, bien que tout à fait saugrenus, aient si bien créé et entretenu la discorde entre deux familles déjà prédisposées aux querelles par toutes les instigations d'une jalousie héréditaire? La prophétie semblait impliquer, — si elle impliquait quelque chose, — un triomphe final du côté de la maison déjà plus puissante, et naturellement vivait dans la mémoire de la plus faible et de la moins influente, et la remplissait d'une aigre animosité.

Wilhelm, comte Berlifitzing, bien qu'il fût d'une haute origine, n'était à l'époque de ce récit qu'un vieux radoteur infirme, et n'avait rien de remarquable, si ce n'est une antipathie invétérée et folle contre la famille de son rival, et une passion si vive pour les chevaux et la chasse que rien, ni ses infirmités physiques, ni son grand âge, ni l'affaiblissement de son esprit, ne pouvait l'empêcher de prendre journellement sa part des dangers de cet exercice.

De l'autre côté, Frédérick, baron Metzengerstein, n'était pas encore majeur. Son père, le ministre G...., était mort jeune. Sa mère, madame Marie, le suivit bientôt. Frédérick était à cette époque dans sa dix-huitième année. Dans une ville, dix-huit ans ne sont pas une longue période de temps; mais dans une solitude, dans une aussi magnifique solitude que cette vieille seigneurie, le pendule vibre avec une plus profonde et plus significative solennité.

Par suite de certaines circonstances résultant de l'administration de son père, le jeune baron, aussitôt après la mort de celui-ci, entra en possession de ses vastes domaines. Rarement on avait vu un noble de Hongrie posséder un tel patrimoine. Ses châteaux étaient innombrables. Le plus splendide et le plus vaste était le palais Metzengerstein. La ligne frontière de ses domaines n'avait jamais été clairement définie; mais son parc principal embrassait un circuit de cinquante milles.

L'avénement d'un propriétaire si jeune, et d'un caractère si bien connu, à une fortune si incomparable laissait peu de place aux conjectures relativement à sa ligne probable de conduite. Et, en vérité, dans l'espace de trois jours, la conduite de l'héritier fit pâlir le renom d'Hérode et dépassa magnifiquement les espérances de ses plus enthousiastes admirateurs. De honteuses débauches, de flagrantes perfidies, des atrocités inouïes, firent bientôt comprendre à ses vassaux tremblants que rien, — ni soumission servile de leur part, ni scrupules de conscience de la sienne, — ne leur garantirait désormais de sécurité contre les griffes sans remords de ce petit Caligula. Vers la nuit du quatrième jour, on s'aperçut que le feu avait pris aux écuries du château

Berlifitzing, et l'opinion unanime du voisinage ajouta le crime d'incendie à la liste déjà horrible des délits et des atrocités du baron.

Quant au jeune gentilhomme, pendant le tumulte occasionné par cet accident, il se tenait, en apparence, plongé dans une méditation, au haut du palais de famille des Metzengerstein, dans un vaste appartement solitaire. La tenture de tapisserie, riche, quoique fanée, qui pendait mélancoliquement aux murs, représentait les figures fantastiques et majestueuses de mille ancêtres illustres. Ici des prêtres richement vêtus d'hermine, des dignitaires pontificaux, siégeaient familièrement avec l'autocrate et le souverain, opposaient leur *veto* aux caprices d'un roi temporel, ou contenaient avec le *fiat* de la toute-puissance papale le sceptre rebelle du Grand-Ennemi, prince des ténèbres. Là, les sombres et grandes figures des princes Metzengerstein, — leurs musculeux chevaux de guerre piétinant sur les cadavres des ennemis tombés, — ébranlaient les nerfs les plus fermes par leur forte expression ; et ici, à leur tour, voluptueuses et blanches comme des cygnes, les images des dames des anciens jours flottaient au loin dans les méandres d'une danse fantastique aux accents d'une mélodie imaginaire.

Mais pendant que le baron prêtait l'oreille ou affectait de prêter l'oreille au vacarme toujours croissant des écuries de Berlifitzing, — et peut-être méditait quelque trait nouveau, quelque trait décidé d'audace, — ses yeux se tournèrent machinalement vers l'image d'un cheval énorme, d'une couleur hors nature, et représenté dans la tapisserie comme appartenant à un ancêtre sarrasin de la famille de son rival. Le cheval se tenait sur le premier plan du tableau, — immobile comme une statue, — pendant qu'un peu plus loin, derrière lui, son cavalier déconfit mourait sous le poignard d'un Metzengerstein.

Sur la lèvre de Frédérick surgit une expression diabolique, comme s'il s'apercevait de la direction que son regard avait prise involontairement. Cependant il ne détourna pas les yeux. Bien loin de là, il ne pouvait d'aucune façon avoir raison de l'anxiété accablante qui semblait tomber sur ses sens comme un drap mortuaire. Il conciliait difficilement ses sensations, incohérentes comme celles des rêves, avec la certitude d'être éveillé. Plus il contemplait, plus absorbant devenait le charme, — plus il lui paraissait impossible d'arracher son regard à la fascination de cette tapisserie. Mais le tumulte du dehors devenant soudainement plus violent, il fit enfin un effort, comme à regret, et tourna son attention vers une explosion de lumière rouge, projetée en plein des écuries enflammées sur les fenêtres de l'appartement.

L'action toutefois ne fut que momentanée; son regard retourna machinalement au mur. A son grand étonnement, la tête du gigantesque coursier — chose horrible! — avait pendant ce temps changé de position. Le cou de l'animal, d'abord incliné comme par la compassion vers le corps terrassé de son seigneur, était maintenant étendu, roide et dans toute sa longueur, dans la direction du baron. Les yeux, tout à l'heure invisibles, contenaient maintenant une expression énergique et humaine, et ils brillaient d'un rouge ardent et extraordinaire ; et les lèvres distendues de ce cheval à la physionomie enragée laissaient pleinement apercevoir ses dents sépulcrales et dégoûtantes.

Stupéfié par la terreur, le jeune seigneur gagna la porte en chancelant. Comme il l'ouvrait, un éclat de lumière rouge jaillit au loin dans la salle, qui dessina nettement son reflet sur la tapisserie frissonnante ; et, comme le baron hésitait un instant sur le seuil, il tressaillit en voyant que ce reflet prenait la position exacte et remplissait précisément le contour de l'implacable et triomphant meurtrier du Berlifitzing sarrasin.

Pour alléger ses esprits affaissés, le baron Frédérick chercha précipitamment le plein air. A la porte principale du palais, il rencontra trois écuyers. Ceux-ci, avec beaucoup de difficulté et au grand péril de leur vie, comprimaient les bonds convulsifs d'un cheval gigantesque couleur de feu.

— A qui ce cheval ? — Où l'avez-vous trouvé ? — demanda le jeune homme d'une voix querelleuse et rauque, reconnaissant immédiatement que le mystérieux coursier de la tapisserie était le parfait pendant du furieux animal qu'il avait devant lui.

— C'est votre propriété, monseigneur, — répliqua l'un des écuyers, — du moins il n'est réclamé par aucun autre propriétaire. Nous l'avons pris comme il échappait, tout fumant et écumant de rage, des écuries brûlantes du château Berlifitzing. Supposant qu'il appartenait au haras des chevaux étrangers du vieux comte, nous l'avons ramené comme épave. Mais les domestiques désavouent tout droit sur la bête ; ce qui est étrange, puisqu'il porte des traces évidentes du feu, qui prouvent qu'il l'a échappé belle.

— Les lettres W. V. B. sont également marquées au fer très-distinctement sur son front, — interrompit un second écuyer; — je supposais donc qu'elles étaient les initiales de Wilhelm Von Berlifitzing, mais tout le monde au château affirme positivement n'avoir aucune connaissance du cheval.

— Extrêmement singulier! — dit le jeune baron, avec un air rêveur et comme n'ayant aucune conscience du sens de ses paroles. — C'est, comme vous le dites, un remarquable cheval, — prodigieux cheval! bien qu'il soit, comme vous le remarquez avec justesse, d'un caractère ombrageux et intraitable; allons! qu'il soit à moi, je le veux bien, — ajouta-t-il après une pause; — peut-être un cavalier tel que Frédérick de Metzengerstein pourra-t-il dompter le diable même des écuries de Berlifitzing.

— Vous vous trompez, monseigneur; le cheval, comme nous vous l'avons dit, je crois, n'appartient pas aux écuries du comte. Si tel eût été le cas, nous connaissons trop bien notre devoir pour l'amener en présence d'une noble personne de votre famille.

— C'est vrai! — observa le baron, sèchement. — Et à ce moment un jeune valet de chambre arriva du palais, le teint échauffé et à pas précipités. Il chuchota à l'oreille de son maître l'histoire de la disparition soudaine d'un morceau de la tapisserie, dans une chambre qu'il désigna, entrant alors dans des détails d'un caractère minutieux et circonstancié; mais comme tout cela fut communiqué d'une voix très-basse, pas un mot ne transpira qui pût satisfaire la curiosité excitée des écuyers.

Le jeune Frédérick, pendant l'entretien, semblait agité d'émotions variées. Néanmoins, il recouvra bientôt son calme, et une expression de méchanceté décidée était déjà fixée sur sa physionomie, quand il donna des ordres péremptoires pour que l'appartement en question fût immédiatement condamné, et la clef remise entre ses mains propres.

— Avez-vous appris la mort déplorable de Berlifitzing, le vieux chasseur? — dit au baron un de ses vassaux, après le départ du page, pendant que l'énorme coursier que le gentilhomme venait d'adopter comme sien s'élançait et bondissait avec une furie redoublée à travers la longue avenue, qui s'étendait du palais aux écuries de Metzengerstein.

— Non, — dit le baron, se tournant brusquement vers celui qui parlait; — mort! dis-tu?

— C'est la pure vérité, monseigneur; et je présume que, pour un seigneur de votre nom, ce n'est pas un renseignement trop désagréable.

Un rapide sourire jaillit sur la physionomie du baron.

— Comment est-il mort?

— Dans ses efforts imprudents pour sauver la partie préférée de son haras de chasse, il a péri misérablement dans les flammes.

— En... vé...ri...té...! — exclama le baron, comme impressionné lentement et graduellement par quelque évidence mystérieuse.

— En vérité, — répéta le vassal.

— Horrible! — dit le jeune homme avec beaucoup de calme; et il rentra tranquillement dans le palais.

A partir de cette époque, une altération marquée eut lieu dans la conduite extérieure du jeune débauché, baron Frédérick von Metzengerstein. Véritablement, sa conduite désappointait toutes les espérances et déroutait les intrigues de plus d'une mère. Ses habitudes et ses manières tranchèrent de plus en plus et, moins que jamais, n'offrirent d'analogie sympathique quelconque avec celles de l'aristocratie du voisinage. On ne le voyait jamais au delà des limites de son propre domaine, et, dans le vaste monde social, il était absolument sans compagnon, — à moins que ce grand cheval impétueux, hors nature, couleur de feu, qu'il monta continuellement à partir de cette époque, n'eût en réalité quelque droit mystérieux au titre d'ami.

Néanmoins, de nombreuses invitations de la part du voisinage lui arrivaient périodiquement. — « Le baron honorera-t-il notre fête de sa présence? » — « Le baron se joindra-t-il à nous pour une chasse au sanglier? » — « Metzengerstein ne chasse pas; » — « Metzengerstein n'ira pas, » telles étaient ses hautaines et laconiques réponses.

Ces insultes répétées ne pouvaient pas être endurées par une noblesse impérieuse. De telles invitations devinrent moins cordiales, — moins fréquentes; — avec le temps elles cessèrent tout à fait. On entendit la veuve de l'infortuné comte Berlifitzing exprimer le vœu « que le baron fût au logis quand il désirerait n'y pas être, puisqu'il dédaignait la compagnie de ses égaux; et qu'il fût à cheval quand il voudrait n'y pas être, puisqu'il leur préférait la société d'un cheval ». Ceci, à coup sûr, n'était que l'explosion niaise d'une pique héréditaire et prouvait que nos paroles deviennent singulièrement absurdes quand nous voulons leur donner une forme extraordinairement énergique.

Les gens charitables, néanmoins, attribuaient le changement de manières du jeune gentilhomme au chagrin naturel d'un fils privé prématurément de ses parents, — oubliant toutefois son atroce et insouciante conduite durant les jours qui suivirent immédiatement cette perte. Il y en eut quelques-uns qui accusèrent simplement en lui une idée exagérée de son importance et de sa dignité. D'autres, à leur tour (et parmi ceux-là peut être cité le médecin de la famille), parlèrent sans hésiter d'une mélancolie morbide et d'un mal héréditaire; cependant, des insinuations plus ténébreuses, d'une nature plus équivoque, couraient parmi la multitude.

En réalité, l'attachement pervers du baron pour sa monture de récente acquisition, — attachement qui semblait prendre une nouvelle force dans chaque nouvel exemple que l'animal donnait de ses féroces et démoniaques inclinations, — devint à la longue, aux yeux de tous les gens raisonnables, une tendresse horrible et contre nature. Dans l'éblouissement du midi, — aux heures profondes de la nuit, — malade ou bien portant, — dans le calme ou dans la tempête, — le jeune Metzengerstein semblait cloué à la selle du cheval colossal dont les intraitables audaces s'accordaient si bien avec son propre caractère.

Il y avait de plus des circonstances qui, rapprochées des événements récents, donnaient un caractère surnaturel et monstrueux à la manie du cavalier et aux capacités de la bête. L'espace qu'elle franchissait d'un seul saut avait été soigneusement mesuré, et se trouva dépasser d'une différence stupéfiante les conjectures les plus larges et les plus exagérées. Le baron, en outre, ne se servait pour l'animal d'aucun *nom* particulier, quoique tous les chevaux de son haras fussent distingués par des appellations caractéristiques. Ce cheval-ci avait son écurie à une certaine distance des autres; et, quant au pansement et à tout le service nécessaire, nul, excepté le propriétaire en personne, ne s'était risqué à remplir ces fonctions, ni même à entrer dans l'enclos où s'élevait son écurie particulière. On observa aussi que, quoique les trois palefreniers qui s'étaient emparés du coursier, quand il fuyait l'incendie de Berlifitzing, eussent réussi à arrêter sa course à l'aide d'une chaîne à nœud coulant, cependant aucun des trois ne pouvait affirmer avec certitude que, durant cette dangereuse lutte, ou à aucun moment depuis lors, il eût jamais posé la main sur le corps de la bête. Des preuves d'intelligence particulière dans la conduite d'un noble cheval plein d'ardeur ne suffiraient certainement pas à exciter une attention déraisonnable ; mais il y avait ici certaines circonstances qui eussent violenté les esprits les plus sceptiques et les plus flegmatiques ; et l'on disait que parfois l'animal avait fait reculer d'horreur la foule curieuse devant la profonde et frappante signification de sa marque, — que parfois le jeune Metzengerstein était devenu pâle et s'était dérobé devant l'expression soudaine de son œil sérieux et quasi humain.

Parmi toute la domesticité du baron, il ne se trouva néanmoins personne pour douter de la ferveur extraordinaire d'affection qu'excitaient dans le jeune gentilhomme les qualités brillantes de son cheval; personne, excepté du moins un insignifiant petit page malvenu, dont on rencontrait partout l'offusquante laideur, et dont les opinions avaient aussi peu d'importance qu'il est possible. Il avait l'effronterie d'affirmer — si toutefois ses idées valent la peine d'être mentionnées, — que son maître ne s'était jamais mis en selle sans un inexplicable et presque imperceptible frisson, et qu'au retour de chacune de ses longues et habituelles promenades une expression de triomphante méchanceté faussait tous les muscles de sa face.

Pendant une nuit de tempête, Metzengerstein, sortant d'un lourd sommeil, descendit comme un maniaque de sa chambre, et, montant à cheval en toute hâte, s'élança en bondissant à travers le labyrinthe de la forêt.

Un événement aussi commun ne pouvait pas attirer particulièrement l'attention; mais son retour fut attendu avec une intense anxiété par tous ses domestiques, quand, après quelques heures d'absence, les prodigieux et magnifiques bâtiments du palais Metzengerstein se mirent à craqueter et à trembler jusque dans leurs fondements, sous l'action d'un feu immense et immaîtrisable, — une masse épaisse et livide.

Comme les flammes, quand on les aperçut pour la première fois, avaient déjà fait un si terrible progrès que tous les efforts pour sauver une portion quelconque des bâtiments eussent été évidemment inutiles, toute la population du voisinage se tenait paresseusement à l'entour, dans une stupéfaction silencieuse, sinon apathique. Mais un objet terrible et nouveau fixa bientôt l'attention de la multitude, et démontra combien est plus intense l'intérêt excité dans les sentiments d'une foule par la contemplation d'une agonie humaine que celui qui est créé par les plus effrayants spectacles de la matière inanimée.

Sur la longue avenue de vieux chênes qui commençait à la forêt et aboutissait à l'entrée principale du palais Metzengerstein, un coursier, portant un cavalier décoiffé et en désordre, se faisait voir bondissant avec une impétuosité qui défiait le Démon de la tempête lui-même.

Le cavalier n'était évidemment pas le maître de cette course effrénée. L'angoisse de sa physionomie, les efforts convulsifs de tout son être, rendaient témoignage d'une lutte surhumaine; mais aucun son, excepté un cri unique, ne s'échappa de ses lèvres lacérées, qu'il mordait d'outre en outre dans l'intensité de sa terreur. En un instant, le choc des sabots retentit avec un bruit aigu et perçant, plus haut que le mugissement des flammes et le glapissement du vent, — un instant encore, et, franchissant d'un seul bond la grande porte et le fossé, le coursier s'élança sur les escaliers branlants du palais et disparut avec son cavalier dans le tourbillon de ce feu chaotique.

La furie de la tempête s'apaisa tout à coup et un calme absolu prit solennellement sa place. Une flamme blanche enveloppait toujours le bâtiment comme un suaire, et, ruisselant au loin dans l'atmosphère tranquille, dardait une lumière d'un éclat surnaturel, pendant qu'un nuage de fumée s'abattait pesamment sur les bâtiments sous la forme distincte d'un gigantesque *cheval*.

LE CHAT NOIR

LE CHAT NOIR

Relativement à la très-étrange et pourtant très-familière histoire que je vais coucher par écrit, je n'attends ni ne sollicite la créance. Vraiment, je serais fou de m'y attendre dans un cas où mes sens eux-mêmes rejettent leur propre témoignage. Cependant, je ne suis pas fou, — et très-certainement je ne rêve pas. Mais demain je meurs, et aujourd'hui je voudrais décharger mon âme. Mon dessein immédiat est de placer devant le monde, clairement, succinctement et sans commentaires, une série de simples événements domestiques. Dans leurs conséquences, ces événements m'ont terrifié, — m'ont torturé, — m'ont anéanti. — Cependant, je n'essaierai pas de les élucider. Pour moi, ils ne m'ont guère présenté que de l'horreur; — à beaucoup de personnes ils paraîtront moins terribles que *baroques*. Plus tard peut-être, il se trouvera une intelligence qui réduira mon fantôme à l'état de lieu commun, — quelque intelligence plus calme, plus logique, et beaucoup moins excitable que la mienne, qui ne trouvera dans les circonstances que je raconte avec terreur qu'une succession ordinaire de causes et d'effets très-naturels.

Dès mon enfance, j'étais noté pour la docilité et l'humanité de mon caractère. Ma tendresse de cœur était même si remarquable qu'elle avait fait de moi le jouet de mes camarades. J'étais particulièrement fou des animaux, et mes parents m'avaient permis de posséder une grande variété de favoris. Je passais presque tout mon temps avec eux, et je n'étais jamais si heureux que quand je les nourrissais et les caressais. Cette particularité de mon caractère s'accrut avec ma croissance, et, quand je devins homme, j'en fis une de mes principales sources de plaisir. Pour ceux qui ont voué une affection à un chien fidèle et sagace, je n'ai pas besoin d'expliquer la nature ou l'intensité des jouissances qu'on peut en tirer. Il y a dans l'amour désintéressé d'une bête, dans ce sacrifice d'elle-même, quelque chose qui va directement au cœur de celui qui a eu fréquemment l'occasion de vérifier la chétive amitié et la fidélité de gaze de *l'homme naturel*.

Je me mariai de bonne heure, et je fus heureux de trouver dans ma femme une disposition sympathique à la mienne. Observant mon goût pour ces favoris domestiques, elle ne perdit aucune occasion de me procurer ceux de l'espèce la plus agréable. Nous eûmes des oiseaux, un poisson doré, un beau chien, des lapins, un petit singe et *un chat*.

Ce dernier était un animal remarquablement fort et beau, entièrement noir, et d'une sagacité merveilleuse. En parlant de son intelligence, ma femme, qui au fond n'était pas peu pénétrée de superstition, faisait de fréquentes allusions à l'ancienne croyance populaire qui regardait tous les chats noirs comme des sorcières déguisées. Ce n'est pas qu'elle fût toujours *sérieuse* sur ce point, — et, si je mentionne la chose, c'est simplement parce que cela me revient, en ce moment même, à la mémoire.

Pluton, — c'était le nom du chat, — était mon préféré, mon camarade. Moi seul, je le nourrissais, et il me suivait dans la maison partout où j'allais. Ce n'était même pas sans peine que je parvenais à l'empêcher de me suivre dans les rues.

Notre amitié subsista ainsi plusieurs années, durant lesquelles l'ensemble de mon caractère et de mon tempérament, — par l'opération du Démon Intempérance, je rougis de le confesser, — subit une altération radicalement mauvaise. Je devins de jour en jour plus morne, plus irritable, plus insoucieux des sentiments des autres. Je me permis d'employer un langage brutal à l'égard de ma femme. A la longue, je lui infligeai même des violences personnelles. Mes pauvres favoris, naturellement, durent ressentir le changement de mon caractère. Non seulement je les négligeais, mais je les maltraitais. Quant à Pluton, toutefois, j'avais encore pour lui une considération suffisante qui m'empêchait de le malmener, tandis que je n'éprouvais aucun scrupule à maltraiter les lapins, le singe et même le chien, quand, par hasard ou par amitié, ils se jetaient dans mon chemin. Mais mon mal m'envahissait de plus en plus, — car quel mal est comparable à l'Alcool! — et, à la longue, Pluton lui-même, qui maintenant se faisait vieux et qui naturellement devenait quelque peu maussade, — Pluton lui-même commença à connaître les effets de mon méchant caractère.

Une nuit, comme je rentrais au logis très-ivre, au sortir d'un de mes repaires habituels des faubourgs, je m'imaginai que le chat évitait ma présence. Je le saisis; — mais lui, effrayé de ma violence, il me fit à la main une légère blessure avec les dents. Une fureur de démon s'empara soudainement de moi. Je ne me connus plus. Mon âme originelle sembla tout d'un coup s'envoler de mon corps, et une méchanceté hyperdiabolique, saturée de gin, pénétra chaque fibre de mon être. Je tirai de la poche de mon gilet un canif, je l'ouvris, je saisis la pauvre bête par la gorge, et, délibérément, je fis sauter un de ses yeux de son orbite! Je rougis, je brûle, je frissonne en écrivant cette damnable atrocité!

Quand la raison me revint avec le matin, — quand j'eus cuvé les vapeurs de ma débauche nocturne, — j'éprouvai un sentiment moitié d'horreur, moitié de remords, pour le crime dont je m'étais rendu coupable; mais c'était tout au plus un faible et équivoque sentiment, et l'âme n'en subit pas les atteintes. Je me replongeai dans les excès, et bientôt je noyai dans le vin tout le souvenir de mon action.

Cependant le chat guérit lentement. L'orbite de l'œil perdu présentait, il est vrai, un aspect effrayant, mais il n'en parut plus souffrir désormais. Il allait et venait dans la maison selon son habitude ; mais, comme je devais m'y attendre, il fuyait avec une extrême terreur à mon approche. Il me restait assez de mon ancien cœur pour me sentir d'abord affligé de cette évidente antipathie de la part d'une créature qui jadis m'avait tant aimé. Mais ce sentiment fit bientôt place à l'irritation. Et alors apparut, comme pour ma chûte finale et irrévocable, l'esprit de PERVERSITÉ. De cet esprit la philosophie ne tient aucun compte. Cependant, aussi sûr que mon âme existe, je crois que la perversité est une des primitives impulsions du cœur humain, — une des indivisibles premières facultés ou sentiments qui donnent la direction au caractère de l'homme. Qui ne s'est pas surpris cent fois commettant une action sotte ou vile, par la seule raison qu'il savait devoir *ne pas* la commettre? N'avons-nous pas une perpétuelle inclination, malgré l'excellence de notre jugement, à violer ce qui est *la Loi*, simplement parce que nous comprenons que c'est *la Loi?* Cet esprit de perversité, dis-je, vint causer ma déroute finale. C'est ce désir ardent, insondable de l'âme *de se torturer elle-même*, — de violenter sa propre nature, — de faire le mal pour l'amour du mal seul, — qui me poussait à continuer, et finalement à consommer le supplice que j'avais infligé à la bête inoffensive. Un matin, de sang-froid, je glissai un nœud coulant autour de son cou, et je le pendis à la branche d'un arbre ; — je le pendis avec des larmes plein mes yeux, — avec le plus amer remords dans le cœur ; — je le pendis, *parce que* je savais qu'il m'avait aimé, et *parce que* je sentais qu'il ne m'avait donné aucun sujet de colère ; — je le pendis, *parce que* je savais qu'en faisant ainsi je commettais un péché, — un péché mortel qui compromettait mon âme immortelle, au point de la placer, — si une telle chose était possible, — même au delà de la miséricorde infinie du Dieu Très Miséricordieux et Très Terrible.

Dans la nuit qui suivit le jour où fut commise cette action cruelle, je fus tiré de mon sommeil par le cri : Au feu ! Les rideaux de mon lit étaient en flammes. Toute la maison flambait. Ce ne fut pas sans une grande difficulté que nous échappâmes à l'incendie, — ma femme, un domestique, et moi. La destruction fut complète. Toute ma fortune fut engloutie, et je m'abandonnai dès lors au désespoir.

Je ne cherche pas à établir une liaison de cause à effet entre l'atrocité et le désastre, je suis au-dessus de cette faiblesse. Mais je rends compte d'une chaîne de faits, — et je ne veux pas négliger un seul anneau. Le jour qui suivit l'incendie, je visitai les ruines. Les murailles étaient tombées, une seule exceptée ; et cette seule exception se trouva être une cloison intérieure, peu épaisse, située à peu près au milieu de la maison, et contre laquelle s'appuyait le chevet de mon lit. La maçonnerie avait ici, en grande partie, résisté à l'action du feu, — fait que j'attribuai à ce qu'elle avait été récemment remise à neuf. Autour de ce mur, une foule épaisse était rassemblée, et plusieurs personnes paraissaient en examiner une portion particulière avec une minutieuse et vive attention. Les mots : étrange !

singulier ! et autres semblables expressions, excitèrent ma curiosité. Je m'approchai, et je vis, semblable à un bas-relief sculpté sur la surface blanche, la figure d'un gigantesque *chat*. L'image était rendue avec une exactitude vraiment merveilleuse. Il y avait une corde autour du cou de l'animal.

Tout d'abord, en voyant cette apparition, — car je ne pouvais guère considérer cela que comme une apparition, — mon étonnement et ma terreur furent extrêmes. Mais, enfin, la réflexion vint à mon aide. Le chat, je m'en souvenais, avait été pendu dans un jardin adjacent à la maison. Aux cris d'alarme, ce jardin avait été immédiatement envahi par la foule, et l'animal avait dû être détaché de l'arbre par quelqu'un, et jeté dans ma chambre à travers une fenêtre ouverte. Cela avait été fait, sans doute, dans le but de m'arracher au sommeil. La chute des autres murailles avait comprimé la victime de ma cruauté dans la substance du plâtre fraîchement étendu ; la chaux de ce mur, combinée avec les flammes et l'ammoniaque du cadavre, avait ainsi opéré l'image telle que je la voyais.

Quoique je satisfisse ainsi lestement ma raison, sinon tout à fait ma conscience, relativement au fait surprenant que je viens de raconter, il n'en fit pas moins sur mon imagination une impression profonde. Pendant plusieurs mois je ne pus me débarrasser du fantôme du chat ; et durant cette période un demi-sentiment revint dans mon âme, qui paraissait être, mais qui n'était pas le remords. J'allai jusqu'à déplorer la perte de l'animal, et à chercher autour de moi, dans les bouges méprisables que maintenant je fréquentais habituellement, un autre favori de la même espèce et d'une figure à peu près semblable pour le suppléer.

Une nuit, comme j'étais assis à moitié stupéfié, dans un repaire plus qu'infâme, mon attention fut soudainement attirée vers un objet noir, reposant sur le haut d'un des immenses tonneaux de gin ou de rhum qui composaient le principal ameublement de la salle. Depuis quelques minutes je regardais fixement le haut de ce tonneau, et ce qui me surprenait maintenant, c'était de n'avoir pas encore aperçu l'objet situé dessus. Je m'en approchai, et je le touchai avec ma main. C'était un chat noir, — un très-gros chat, — au moins aussi gros que Pluton, lui ressemblant absolument, excepté en un point. Pluton n'avait pas un poil blanc sur tout le corps ; celui-ci portait une éclaboussure large et blanche, mais d'une forme indécise, qui couvrait presque toute la région de la poitrine.

A peine l'eus-je touché qu'il se leva subitement, ronronna fortement, se frotta contre ma main, et parut enchanté de mon attention. C'était donc là la vraie créature dont j'étais en quête. J'offris tout de suite au propriétaire de le lui acheter ; mais cet homme ne le revendiqua pas, — ne le connaissait pas, — ne l'avait jamais vu auparavant.

Je continuai mes caresses, et, quand je me préparai à retourner chez moi, l'animal se montra disposé à m'accompagner. Je lui permis de le faire ; me baissant de temps à autre, et le caressant en marchant. Quand il fut arrivé à la maison, il s'y trouva comme chez lui, et devint tout de suite le grand ami de ma femme.

Pour ma part, je sentis bientôt s'élever en moi une

antipathie contre lui. C'était justement le contraire de ce que j'avais espéré ; mais, — je ne sais ni comment ni pourquoi cela eut lieu, — son évidente tendresse pour moi me dégoûtait presque et me fatiguait. Par de lents degrés ces sentiments de dégoût et d'ennui s'élevèrent jusqu'à l'amertume de la haine. J'évitais la créature ; une certaine sensation de honte et le souvenir de mon premier acte de cruauté m'empêchèrent de la maltraiter. Pendant quelques semaines, je m'abstins de battre le chat ou de le malmener violemment ; mais graduellement, — insensiblement, — j'en vins à le considérer avec une indicible horreur, et à fuir silencieusement son odieuse présence, comme le souffle d'une peste.

Ce qui ajouta sans doute à ma haine contre l'animal, fut la découverte que je fis le matin, après l'avoir amené à la maison, que, comme Pluton, lui aussi avait été privé d'un de ses yeux. Cette circonstance, toutefois, ne fit que le rendre plus cher à ma femme, qui, comme je l'ai déjà dit, possédait à un haut degré cette tendresse de sentiment qui jadis avait été mon trait caractéristique et la source fréquente de mes plaisirs les plus simples et les plus purs.

Néanmoins, l'affection du chat pour moi paraissait s'accroître en raison de mon aversion contre lui. Il suivait mes pas avec une opiniâtreté qu'il serait difficile de faire comprendre au lecteur. Chaque fois que je m'asseyais, il se blottissait sous ma chaise, ou il sautait sur mes genoux, me couvrant de ses affreuses caresses. Si je me levais pour marcher, il se fourrait dans mes jambes, et me jetait presque par terre, ou bien, enfonçant ses griffes longues et aiguës dans mes habits, grimpait de cette manière jusqu'à ma poitrine. Dans ces moments-là, quoique je désirasse le tuer d'un bon coup, j'en étais empêché, en partie par le souvenir de mon premier crime, mais principalement, — je dois le confesser tout de suite, — par une véritable *terreur* de la bête.

Cette terreur n'était pas positivement la terreur d'un mal physique, — et cependant je serais fort en peine de la définir autrement. Je suis presque honteux d'avouer, — oui, même dans cette cellule de malfaiteur, je suis presque honteux d'avouer que la terreur et l'horreur que m'inspirait l'animal avaient été accrues par une des plus parfaites chimères qu'il fût possible de concevoir. Ma femme avait appelé mon attention plus d'une fois sur le caractère de la tache blanche dont j'ai parlé, et qui constituait l'unique différence visible entre l'étrange bête et celle que j'avais tuée. Le lecteur se rappellera sans doute que cette marque, quoique grande, était primitivement indéfinie dans sa forme; mais, lentement, par degrés, — par des degrés imperceptibles, et que ma raison s'efforça longtemps de considérer comme imaginaires, — elle avait à la longue pris une rigoureuse netteté de contours. Elle était maintenant l'image d'un objet que je frémis de nommer, — et c'était là surtout ce qui me faisait prendre le monstre en horreur et en dégoût, et m'aurait poussé à m'en délivrer, *si je l'avais osé;* — c'était maintenant, dis-je, l'image d'une hideuse, — d'une sinistre chose, — l'image du GIBET ! — oh ! lugubre et terrible machine ! machine d'Horreur et de Crime, — d'Agonie et de Mort !

Et, maintenant, j'étais en vérité misérable au delà de la misère possible de l'Humanité. Une bête brute, — dont j'avais avec mépris détruit le frère, *une bête brute* engendrée pour *moi*, — pour moi, homme façonné à l'image du Dieu Très-Haut, — une si grande et si intolérable infortune! Hélas! je ne connaissais plus la béatitude du repos, ni le jour ni la nuit! Durant le jour, la créature ne me laissait pas seul un moment; et, pendant la nuit, à chaque instant, quand je sortais de mes rêves pleins d'une intraduisible angoisse, c'était pour sentir la tiède haleine de *la chose* sur mon visage, et son immense poids, — incarnation d'un Cauchemar que j'étais impuissant à secouer, — éternellement rivé sur mon *cœur!*

Sous la pression de pareils tourments, le peu de bon qui restait en moi succomba. De mauvaises pensées devinrent mes seules intimes, — les plus sombres et les plus mauvaises de toutes les pensées. La tristesse de mon humeur habituelle s'accrut jusqu'à la haine de toutes choses et de toute humanité; cependant ma femme, qui ne se plaignait jamais, hélas! était mon souffre-douleur ordinaire, la plus patiente victime des soudaines, fréquentes et indomptables éruptions d'une furie à laquelle je m'abandonnai dès lors aveuglément.

Un jour, elle m'accompagna pour quelque besogne domestique dans la cave du vieux bâtiment où notre pauvreté nous contraignait d'habiter. Le chat me suivit sur les marches roides de l'escalier, et, m'ayant presque culbuté la tête la première, m'exaspéra jusqu'à la folie. Levant une hache, et oubliant dans ma rage la peur puérile qui jusque-là avait retenu ma main, j'adressai à l'animal un coup qui eût été mortel, s'il avait porté comme je le voulais ; mais ce coup fut arrêté par la main de ma femme. Cette intervention m'aiguillonna jusqu'à une rage plus que démoniaque ; je débarrassai mon bras de son étreinte et lui enfonçai ma hache dans le crâne. Elle tomba morte sur la place, sans pousser un gémissement.

Cet horrible meurtre accompli, je me mis immédiament et très-délibérément en mesure de cacher le corps. Je compris que je ne pouvais pas le faire disparaître de la maison, soit de jour, soit de nuit, sans courir le danger d'être observé par les voisins. Plusieurs projets traversèrent mon esprit. Un moment j'eus l'idée de couper le cadavre par petits morceaux, et de les détruire par le feu. Puis, je résolus de creuser une fosse dans le sol de la cave. Puis, je pensai à le jeter dans le puits de la cour, — puis à l'emballer dans une caisse, comme marchandise, avec les formes usitées, et à charger un commissionnaire de le porter hors de la maison. Finalement, je m'arrêtai à un expédient que je considérai comme le meilleur de tous. Je me déterminai à le murer dans la cave, — comme les moines du moyen âge muraient, dit-on, leurs victimes.

La cave était fort bien disposée pour un pareil dessein. Les murs étaient construits négligemment, et avaient été récemment enduits dans toute leur étendue d'un gros plâtre que l'humidité de l'atmosphère avait empêché de durcir. De plus, dans l'un des murs, il y avait une saillie causée par une fausse cheminée, ou espèce d'âtre, qui avait été comblée et maçonnée dans le même genre que le reste de la cave. Je ne doutais pas qu'il ne me fût facile de déplacer les briques à cet endroit, d'y introduire le corps, et de murer le tout de la même manière, de sorte qu'aucun œil n'y pût rien découvrir de suspect.

Et je ne fus pas déçu dans mon calcul. A l'aide d'une pince, je délogeai très-aisément les briques, et, ayant soigneusement appliqué le corps contre le mur intérieur, je le soutins dans cette position jusqu'à ce que j'eusse rétabli, sans trop de peine, toute la maçonnerie dans son état primitif. M'étant procuré du mortier, du sable et du poil avec toutes les précautions imaginables, je préparai un crépi qui ne pouvait pas être distingué de l'ancien, et j'en recouvris très-soigneusement le nouveau briquetage. Quand j'eus fini, je vis avec satisfaction que tout était pour le mieux. Le mur ne présentait pas la plus légère trace de dérangement. J'enlevai tous les gravats avec le plus grand soin, j'épluchai pour ainsi dire le sol. Je regardai triomphalement autour de moi, et me dis à moi-même : Ici, au moins, ma peine n'aura pas été perdue !

Mon premier mouvement fut de chercher la bête qui avait été la cause d'un si grand malheur ; car, à la fin, j'avais résolu fermement de la mettre à mort. Si j'avais pu la rencontrer dans ce moment, sa destinée était claire ; mais il paraît que l'artificieux animal avait été alarmé par la violence de ma récente colère, et qu'il prenait soin de ne pas se montrer dans l'état actuel de mon humeur. Il est impossible de décrire ou d'imaginer la profonde, la béate sensation de soulagement que l'absence de la détestable créature détermina dans mon cœur. Elle ne se présenta pas de toute la nuit, —

et ainsi ce fut la première bonne nuit, — depuis son introduction dans la maison, — que je dormis solidement et tranquillement; oui, je *dormis* avec le poids de ce meurtre sur l'âme!

Le second et le troisième jour s'écoulèrent, et cependant mon bourreau ne vint pas. Une fois encore je respirai comme un homme libre. Le monstre, dans sa terreur, avait vidé les lieux pour toujours! Je ne le verrais donc plus jamais! Mon bonheur était suprême! La criminalité de ma ténébreuse action ne m'inquiétait que fort peu. On avait bien fait une espèce d'enquête, mais elle s'était satisfaite à bon marché. Une perquisition avait même été ordonnée, — mais naturellement on ne pouvait rien découvrir. Je regardais ma félicité à venir comme assurée.

Le quatrième jour depuis l'assassinat, une troupe d'agents de police vint très-inopinément à la maison, et procéda de nouveau à une rigoureuse investigation des lieux. Confiant, néanmoins, dans l'impénétrabilité de la cachette, je n'éprouvai aucun embarras. Les officiers me firent les accompagner dans leur recherche. Ils ne laissèrent pas un coin, pas un angle inexploré. A la fin, pour la troisième ou quatrième fois, ils descendirent dans la cave. Pas un muscle en moi ne tressaillit. Mon cœur battait paisiblement, comme celui d'un homme qui dort dans l'innocence. J'arpentais la cave d'un bout à l'autre; je croisais mes bras sur ma poitrine, et me promenais çà et là avec aisance. La police était pleinement satisfaite et se préparait à décamper. La jubilation de mon cœur était trop forte pour être réprimée. Je brûlais de dire au moins un mot, rien qu'un mot, en manière de triomphe, et de rendre plus convaincue leur conviction de mon innocence.

— Gentlemen, — dis-je à la fin, — comme leur troupe remontait l'escalier, — je suis enchanté d'avoir apaisé vos soupçons. Je vous souhaite à tous une bonne santé et un peu plus de courtoisie. Soit dit en passant, gentlemen, voilà — voilà une maison singulièrement bien bâtie (dans mon désir enragé de dire quelque chose d'un air délibéré, je savais à peine ce que je débitais) ; — je puis dire que c'est une maison *admirablement* bien construite. Ces murs, — est-ce que vous partez, gentlemen ? — ces murs sont solidement maçonnés !

Et ici, par une bravade frénétique, je frappai fortement avec une canne que j'avais à la main juste sur la partie du briquetage derrière laquelle se tenait le cadavre de l'épouse de mon cœur.

Ah ! qu'au moins Dieu me protége et me délivre des griffes de l'Archidémon ! — A peine l'écho de mes coups était-il tombé dans le silence, qu'une voix me répondit du fond de la tombe ! — une plainte d'abord voilée et entrecoupée, comme le sanglotement d'un enfant, puis, bientôt, s'enflant en un cri prolongé, sonore et continu, tout à fait anormal et antihumain, — un hurlement, — un glapissement, moitié horreur et moitié triomphe, — comme il en peut monter seulement de l'Enfer, — affreuse harmonie jaillissant à la fois de la gorge des damnés dans leur tortures, et des démons exultant dans la damnation !

Vous dire mes pensées, ce serait folie. Je me sentis

défaillir, et je chancelai contre le mur opposé. Pendant un moment, les officiers placés sur les marches restèrent immobiles, stupéfiés par la terreur. Un instant après, une douzaine de bras robustes s'acharnaient sur le mur. Il tomba tout d'une pièce. Le corps, déjà grandement délabré et souillé de sang grumelé, se tenait droit devant les yeux des spectateurs. Sur sa tête, avec la gueule rouge dilatée et l'œil unique flamboyant, était perchée la hideuse bête dont l'astuce m'avait induit à l'assassinat, et dont la voix révélatrice m'avait livré au bourreau. J'avais muré le monstre dans la tombe!

LA
GENÈSE D'UN POËME

LA GENÈSE
D'UN POËME

La poétique est faite, nous disait-on, et modelée d'après les poëmes. Voici un poëte qui prétend que son poëme a été composé d'après sa poétique. Il avait certes un grand génie et plus d'inspiration que qui que ce soit, si par inspiration on entend l'énergie, l'enthousiasme intellectuel, et la faculté de tenir ses facultés en éveil. Mais il aimait aussi le travail plus qu'aucun autre ; il répétait volontiers, lui, un original achevé, que l'originalité est chose d'apprentissage, ce qui ne veut pas dire une chose qui peut être transmise par l'enseignement. Le hasard et l'incompréhensible étaient ses deux grands ennemis. S'est-il fait, par une vanité étrange et amusante, beaucoup moins inspiré qu'il ne l'était naturellement? A-t-il diminué la faculté gratuite qui était en lui pour faire la part plus belle à la volonté? Je serais assez porté à le croire ; quoique cependant il faille ne pas oublier que son génie, si ardent et si agile qu'il fût, était passionnément épris d'analyse, de combinaisons et de calculs. Un de ses axiomes favoris était encore celui-ci : « Tout, dans un poëme comme dans un roman, dans un sonnet comme dans une nouvelle, doit concourir au dénoûment. Un bon auteur a déjà sa dernière ligne en vue quand il écrit la première. » Grâce à cette admirable méthode, le compositeur peut commencer son œuvre par la fin, et travailler, quand il lui plaît, à n'importe quelle partie. Les amateurs du *délire* seront peut-être révoltés par ces *cyniques* maximes; mais chacun en peut prendre ce qu'il voudra. Il sera toujours utile de leur montrer quels bénéfices l'art peut tirer de la délibération, et de faire voir aux gens du monde quel labeur exige cet objet de luxe qu'on nomme Poésie.

Après tout, un peu de charlatanerie est toujours permis au génie, et même ne lui messied pas. C'est, comme le fard sur les pommettes d'une femme naturellement belle, un assaisonnement nouveau pour l'esprit.

Poëme singulier entre tous. Il roule sur un mot mystérieux et profond, terrible comme l'infini, que des milliers de bouches crispées ont répété depuis le commencement des âges, et que, par une triviale habitude de désespoir, plus d'un rêveur a écrit sur le coin de sa table pour essayer sa plume : *Jamais plus!* De cette idée, l'immensité, fécondée par la destruction, est remplie du haut en bas, et l'Humanité, non abrutie, accepte volontiers l'Enfer, pour échapper au désespoir irrémédiable contenu dans cette parole.

Dans le moulage de la prose appliqué à la poésie, il y a nécessairement une affreuse imperfection ; mais le mal serait encore plus grand dans une singerie rimée. Le lecteur comprendra qu'il m'est impossible de lui donner une idée exacte de la sonorité profonde et lugubre, de la puissante monotonie de ces vers, dont les rimes larges et triplées sonnent comme un glas de mélancolie. C'est bien là le poëme de l'insomnie du désespoir ; rien n'y manque : ni la fièvre des idées, ni la violence des couleurs, ni le raisonnement maladif, ni la terreur radoteuse, ni même cette gaieté bizarre de la douleur qui la rend plus terrible. Écoutez chanter dans votre mémoire les strophes les plus plaintives de Lamartine, les rhythmes les plus magnifiques et les plus compliqués de Victor Hugo ; mêlez-y le souvenir des tercets les plus subtils et les plus compréhensifs de Théophile Gautier, — de *Ténèbres*, par exemple, ce chapelet de redoutables concetti sur la mort et le néant, où la rime triplée s'adapte si bien à la mélancolie obsédante, — et vous obtiendrez peut-être une idée approximative des talents de Poë en tant que versificateur, car il est superflu, je pense, de parler de son imagination.

Mais j'entends le lecteur qui murmure comme Alceste : « Nous verrons bien ! » — Voici donc le poëme [1] :

LE CORBEAU

« Une fois, sur le minuit lugubre, pendant que je méditais, faible et fatigué, sur maint précieux et curieux volume d'une doctrine oubliée, pendant que je donnais de la tête, presque assoupi, soudain il se fit un tapotement, comme de quelqu'un frappant doucement, frappant à la porte de ma chambre. « C'est quelque visiteur, — murmurai-je, — qui frappe à la porte de ma chambre ; ce n'est que cela, et rien de plus. »

Ah ! distinctement je me souviens que c'était dans le glacial décembre, et chaque tison brodait à son tour le plancher du reflet de son agonie. Ardemment je désirais le matin ; en vain m'étais-je efforcé de tirer de mes livres un sursis à ma tristesse, ma tristesse pour ma Lénore perdue, pour la précieuse et rayonnante fille que les anges nomment Lénore, — et qu'ici on ne nommera jamais plus.

Et le soyeux, triste et vague bruissement des rideaux pourprés me pénétrait, me remplissait de terreurs fantastiques, inconnues pour moi jusqu'à ce jour ; si bien qu'enfin, pour apaiser le battement de mon cœur, je me dressai, répétant : « C'est quelque visiteur qui sollicite l'entrée à la porte de ma chambre, quelque visiteur attardé sollicitant l'entrée à la porte de ma chambre ; — c'est cela même, et rien de plus. »

---

[1]. Tout ce préambule est écrit par le traducteur. — C. B.

Mon âme en ce moment se sentit plus forte. N'hésitant donc pas plus longtemps: « Monsieur, — dis-je, ou madame, en vérité j'implore votre pardon ; mais le fait est que je sommeillais, et vous êtes venu frapper si doucement, si faiblement vous êtes venu taper à la porte de ma chambre, qu'à peine étais-je certain de vous avoir entendu. » Et alors j'ouvris la porte toute grande ; — les ténèbres, et rien de plus !

Scrutant profondément ces ténèbres, je me tins longtemps plein d'étonnement, de crainte, de doute, rêvant des rêves qu'aucun mortel n'a jamais osé rêver ; mais le silence ne fut pas troublé, et l'immobilité ne donna aucun signe, et le seul mot proféré fut un nom chuchoté : « Lénore ! » — C'était moi qui le chuchotais, et un écho à son tour murmura ce mot : « Lénore ! » — Purement cela, et rien de plus.

Rentrant dans ma chambre, et sentant en moi toute mon âme incendiée, j'entendis bientôt un coup un peu plus fort que le premier. « Sûrement, — dis-je, — sûrement, il y a quelque chose aux jalousies de ma fenêtre ; voyons donc ce que c'est, et explorons ce mystère. Laissons mon cœur se calmer un instant, et explorons ce mystère ; — c'est le vent, et rien de plus. »

Je poussai alors le volet, et, avec un tumultueux battement d'ailes, entra un majestueux corbeau digne des anciens jours. Il ne fit pas la moindre révérence, il ne s'arrêta pas, il n'hésita pas une minute ; mais, avec la mine d'un lord ou d'une lady, il se percha au-dessus de la porte de ma chambre ; il se percha sur un buste de Pallas, juste au-dessus de la porte de ma chambre ; — il se percha, s'installa, et rien de plus.

Alors cet oiseau d'ébène, par la gravité de son maintien et la sévérité de sa physionomie, induisant ma triste imagination à sourire : « Bien que ta tête, — lui dis-je, — soit sans huppe et sans cimier, tu n'es certes pas un poltron, lugubre et ancien corbeau, voyageur parti des rivages de la nuit. Dis-moi quel est ton nom seigneurial aux rivages de la Nuit plutonienne ! » Le corbeau dit : « Jamais plus ! »

Je fus émerveillé que ce disgracieux volatile entendît si facilement la parole, bien que sa réponse n'eût pas un bien grand sens et ne me fût pas d'un grand secours ; car nous devons convenir que jamais il ne fut donné à un homme vivant de voir un oiseau au-dessus de la porte de sa chambre, un oiseau ou une bête sur un buste sculpté au-dessus de la porte de sa chambre, se nommant d'un nom tel que : *Jamais plus !*

Mais le corbeau, perché solitairement sur le buste placide, ne proféra que ce mot unique, comme si dans ce mot unique il répandait toute son âme. Il ne prononça rien de plus ; il ne remua pas une plume, — jusqu'à ce que je me prisse à murmurer faiblement : « D'autres amis se sont déjà envolés loin de moi ; vers le matin, lui aussi, il me quittera comme mes anciennes espérances déjà envolées. » L'oiseau dit alors : « Jamais plus ! »

Tressaillant au bruit de cette réponse jetée avec tant d'à-propos : « Sans doute, — dis-je, — ce qu'il prononce est tout son bagage de savoir, qu'il a pris chez quelque maître infortuné que le Malheur impitoyable a poursuivi ardemment, sans répit, jusqu'à ce que ses chansons n'eussent plus qu'un seul refrain, jusqu'à ce que le *De profundis* de son Espérance eût pris ce mélancolique refrain : Jamais, jamais plus!

Mais, le corbeau induisant encore toute ma triste âme à sourire, je roulai tout de suite un siége à coussins en face de l'oiseau et du buste et de la porte ; alors, m'enfonçant dans le velours, je m'appliquai à enchaîner les idées aux idées, cherchant ce que cet augural oiseau des anciens jours, ce que ce triste, disgracieux, sinistre, maigre et augural oiseau des anciens jours voulait faire entendre en croassant son : *Jamais plus!*

Je me tenais ainsi, rêvant, conjecturant, mais n'adressant plus une syllabe à l'oiseau, dont les yeux ardents me brûlaient maintenant jusqu'au fond du cœur ; je cherchais à deviner cela, et plus encore, ma tête reposant à l'aise sur le velours du coussin que caressait la lumière de la lampe, ce velours violet caressé par la lumière de la lampe que sa tête, à *Elle*, ne pressera plus, — ah ! jamais plus!

Alors il me sembla que l'air s'épaississait, parfumé par un encensoir invisible que balançaient des séraphins dont les pas frôlaient le tapis de la chambre. « Infortuné ! — m'écriai-je, — ton Dieu t'a donné par ses anges, il t'a envoyé du répit, du répit et du népenthès dans tes ressouvenirs de Lénore ! Bois, oh ! bois ce bon népenthès, et oublie cette Lénore perdue ! » Le corbeau dit : « Jamais plus ! »

« Prophète ! — dis-je, — être de malheur ! oiseau ou démon, mais toujours prophète ! que tu sois un envoyé du Tentateur, ou que la tempête t'ait simplement échoué, naufragé, mais encore intrépide, sur cette terre déserte, ensorcelée, dans ce logis par l'Horreur hanté, — dis-moi sincèrement, je t'en supplie, existe-t-il, existe-t-il ici un baume de Judée? Dis, dis, je t'en supplie! » Le corbeau dit : « Jamais plus! »

« Prophète! — dis-je, — être de malheur! oiseau ou démon! toujours prophète! par ce Ciel tendu sur nos têtes, par ce Dieu que tous deux nous adorons, dis à cette âme chargée de douleur si, dans le Paradis lointain, elle pourra embrasser une fille sainte que les anges nomment Lénore, embrasser une précieuse et rayonnante fille que les anges nomment Lénore? » Le corbeau dit : « Jamais plus! »

« Que cette parole soit le signal de notre séparation, oiseau ou démon! — hurlai-je en me redressant. — Rentre dans la tempête, retourne au rivage de la Nuit plutonienne; ne laisse pas ici une seule plume noire comme souvenir du mensonge que ton âme a proféré; laisse ma solitude inviolée; quitte ce buste au-dessus de ma porte; arrache ton bec de mon cœur et précipite ton spectre loin de ma porte! » Le corbeau dit : « Jamais plus! »

Et le corbeau, immuable, est toujours installé, toujours installé sur le buste pâle de Pallas, juste au-dessus de la porte de ma chambre, et ses yeux ont toute la semblance des yeux d'un démon qui rêve; et la lumière de la lampe, en ruisselant sur lui, projette son ombre sur le plancher; et mon âme, hors du cercle de cette ombre qui gît flottante sur le plancher, ne pourra plus s'élever, — jamais plus!

Maintenant, voyons la coulisse, l'atelier, le laboratoire, le mécanisme intérieur, selon qu'il vous plaira de qualifier la *Méthode de composition* (1).

MÉTHODE DE COMPOSITION

Charles Dickens, dans une note que j'ai actuellement sous les yeux, parlant d'une analyse que j'avais faite du mécanisme de *Barnaby Rudge*, dit : « Savez-vous, soit dit en passant, que Godwin a écrit son *Caleb Williams* à rebours ? Il a commencé par envelopper son héros dans un tissu de difficultés, qui forment la matière du deuxième volume, et ensuite, pour composer le premier, il s'est mis à rêver aux moyens de légitimer tout ce qu'il avait fait. »

Il m'est impossible de croire que tel a été précisément le mode de composition de Godwin, et, d'ailleurs, ce qu'il en avoue lui-même n'est pas absolument conforme à l'idée de M. Dickens ; mais l'auteur de *Caleb Williams* était un trop parfait artiste pour ne pas apercevoir le bénéfice qu'on peut tirer de quelque procédé de ce genre. S'il est une chose évidente, c'est qu'un plan quelconque, digne du nom de plan, doit avoir été soigneusement élaboré en vue du dénoûment, avant que la plume attaque le papier. Ce n'est qu'en ayant sans cesse la pensée du dénoûment devant les yeux que nous pouvons donner à un plan son indispensable physionomie de logique et de causalité, — en faisant que tous les incidents, et particulièrement le ton général, tendent vers le développement de l'intention.

1. Ces trois lignes sont une interpolation du traducteur. — C. B.

Il y a, je crois, une erreur radicale dans la méthode généralement usitée pour construire un conte. Tantôt l'histoire nous fournit une thèse; tantôt l'écrivain se trouve inspiré par un incident contemporain ; ou bien, mettant les choses au mieux, il s'ingénie à combiner des événements surprenants, qui doivent former simplement la base de son récit, se promettant généralement d'introduire les descriptions, le dialogue, ou son commentaire personnel, partout où une crevasse dans le tissu de l'action lui en fournit l'opportunité.

Pour moi, la première de toutes les considérations, c'est celle d'un *effet* à produire. Ayant toujours en vue l'originalité (car il est traître envers lui-même, celui qui risque de se passer d'un moyen d'intérêt aussi évident et aussi facile), je me dis, avant tout : parmi les innombrables effets ou impressions que le cœur, l'intelligence ou, pour parler plus généralement, l'âme est susceptible de recevoir, quel est l'unique *effet* que je dois choisir dans le cas présent? Ayant donc fait choix d'un sujet de roman et ensuite d'un vigoureux effet à produire, je cherche s'il vaut mieux le mettre en lumière par les incidents ou par le ton, — ou par des incidents vulgaires et un ton particulier, — ou par des incidents singuliers et un ton ordinaire, — ou par une égale singularité de ton et d'incidents; — et puis, je cherche autour de moi, ou plutôt en moi-même, les combinaisons d'événements ou de tons qui peuvent être les plus propres à créer l'effet en question.

Bien souvent j'ai pensé combien serait intéressant un article écrit par un auteur qui voudrait, c'est-à-dire qui pourrait raconter, pas à pas, la marche progressive qu'a suivie une quelconque de ses compositions pour arriver au terme définitif de son accomplissement. Pourquoi un pareil travail n'a-t-il jamais été livré au public, il me serait difficile de l'expliquer ; mais peut-être la vanité des auteurs a-t-elle été, pour cette lacune littéraire, plus puissante qu'aucune autre cause. Beaucoup d'écrivains, particulièrement les poëtes, aiment mieux laisser entendre qu'ils composent grâce à une espèce de frénésie subtile ou d'intuition extatique, et ils auraient positivement le frisson s'il leur fallait autoriser le public à jeter un coup d'œil derrière la scène, et à contempler les laborieux et indécis embryons de pensée, la vraie décision prise au dernier moment, l'idée si souvent entrevue comme dans un éclair et refusant si longtemps de se laisser voir en pleine lumière, la pensée pleinement mûrie et rejetée de désespoir comme étant d'une nature intraitable, le choix prudent et les rebuts, les douloureuses ratures et les interpolations, — en un mot, les rouages et les chaînes, les trucs pour les changements de décor, les échelles et les trappes, — les plumes de coq, le rouge, les mouches et tout le maquillage qui, dans quatre-vingt-dix-neuf cas sur cent, constituent l'apanage et le naturel de *l'histrion littéraire*.

Je sais, d'autre part, que le cas n'est pas commun où un auteur se trouve dans une bonne condition pour reprendre le chemin par lequel il est arrivé à son dénoûment. En général, les idées, ayant surgi pêle-mêle, ont été poursuivies et oubliées de la même manière.

Pour ma part, je ne partage pas la répugnance dont je parlais tout à l'heure, et je ne trouve pas la moindre difficulté à me rappeler la marche progressive de toutes mes compositions; et puisque l'intérêt d'une telle analyse ou reconstruction, que j'ai considérée comme un *desideratum* en littérature, est tout à fait indépendant de tout intérêt réel supposé dans la chose analysée, on ne m'accusera pas de manquer aux convenances, si je dévoile le *modus operandi* grâce auquel j'ai pu construire l'un de mes propres ouvrages. Je choisis le *Corbeau* comme très-généralement connu. Mon dessein est de démontrer qu'aucun point de la composition ne peut être attribué au hasard ou à l'intuition, et que l'ouvrage a marché, pas à pas, vers sa solution, avec la précision et la rigoureuse logique d'un problème mathématique.

Laissons de côté, comme ne relevant pas directement de la question poétique, la circonstance ou, si vous voulez, la nécessité d'où est née l'intention de composer un poëme qui satisfît à la fois le goût populaire et le goût critique.

C'est donc à partir de cette intention que commence mon analyse.

La considération primordiale fut celle de la dimension. Si un ouvrage littéraire est trop long pour se laisser lire en une seule séance, il faut nous résigner à nous priver de l'effet prodigieusement important qui résulte de l'unité d'impression ; car, si deux séances sont nécessaires, les affaires du monde s'interposent, et tout ce que nous appelons *l'ensemble*, totalité, se trouve détruit du coup. Mais puisque, *cæteris paribus*, aucun poëte ne peut se priver de tout ce qui concourra à servir son dessein, il ne reste plus qu'à examiner si, dans l'étendue, nous trouverons un avantage quelconque compensant cette perte de l'unité qui en résulte. Et tout d'abord je dis : Non. Ce que nous appelons un long poëme n'est, en réalité, qu'une succession de poëmes courts, c'est-à-dire d'effets poétiques brefs. Il est inutile de dire qu'un poëme n'est un poëme qu'en tant qu'il élève l'âme et lui procure une excitation intense : et, par une nécessité psychique, toutes les excitations intenses sont de courte durée. C'est pourquoi la moitié au moins du *Paradis perdu* n'est que pure prose, n'est qu'une série d'excitations poétiques parsemées *inévitablement* de dépressions correspondantes, tout l'ouvrage étant privé, à cause de son excessive longueur, de cet élément artistique si singulièrement important : totalité ou unité d'effet.

Il est donc évident qu'il y a, en ce qui concerne la dimension, une limite positive pour tous les ouvrages littéraires, — c'est la limite d'une seule séance; — et, quoique, en de certains ordres de compositions en prose, telles que *Robinson Crusoé*, qui ne réclament pas l'unité, cette limite puisse être avantageusement dépassée, il n'y aura jamais profit à la dépasser dans un poëme. Dans cette limite même, l'étendue d'un poëme doit se trouver en rapport mathématique avec le mérite dudit poëme, c'est-à-dire avec l'élévation ou l'excitation qu'il comporte ; en d'autres termes encore, avec la quantité de véritable effet poétique dont il peut frapper les âmes; il n'y a à cette règle qu'une seule condition restrictive, c'est qu'une certaine quantité de durée est absolument indispensable pour la production d'un effet quelconque.

Gardant bien ces considérations présentes à mon esprit, ainsi que ce degré d'excitation que je ne plaçais pas au-dessus du goût populaire non plus qu'au-dessous du critique, je conçus tout d'abord l'idée de la longueur convenable de mon poëme projeté, une longueur de cent vers environ. Or, il n'en a, en réalité, que cent huit.

Ma pensée ensuite s'appliqua au choix d'une impression ou d'un effet à produire ; et, ici, je crois qu'il est bon de faire observer que, à travers ce labeur de construction, je gardai toujours présent à mes yeux le dessein de rendre l'œuvre *universellement* appréciable. Je serais emporté beaucoup trop loin de mon sujet immédiat, si je m'appliquais à démontrer un point sur lequel j'ai insisté nombre de fois, à savoir : que le Beau est le seul domaine légitime de la poésie. Je dirai cependant quelques mots pour l'élucidation de ma véritable pensée, que quelques-uns de mes amis se sont montrés trop prompts à travestir. Le plaisir qui est à la fois le plus intense, le plus élevé et le plus pur, ce plaisir-là ne se trouve, je crois, que dans la contemplation du Beau. Quand les hommes parlent de Beauté, ils entendent, non pas précisément une qualité, comme on le suppose, mais une impression ; bref, ils ont justement en vue cette violente et pure élévation de l'*âme*, — non pas de l'intellect, non plus que du cœur, — que j'ai déjà décrite, et qui est le résultat de la contemplation du Beau. Or, je désigne la Beauté comme le domaine de la poésie, parce que c'est une règle évidente de l'Art que les effets doivent nécessairement naître de causes directes, que les objets doivent être conquis par les moyens qui sont le mieux appropriés à la conquête desdits objets, — aucun homme ne s'étant encore montré assez sot pour nier que l'élévation singulière dont je parle soit plus facilement à la portée de la Poésie. Or, l'objet Vérité, ou satisfaction de l'intellect, et l'objet Passion, ou excitation du cœur, sont, — quoiqu'ils soient aussi, dans une certaine mesure, à la portée de la poésie, — beaucoup plus faciles à atteindre par le moyen de la prose. En somme, la Vérité réclame une précision, et la Passion une *familiarité* (les hommes vraiment passionnés me comprendront), absolument contraires à cette Beauté qui n'est autre chose, je le répète, que l'excitation ou le délicieux enlèvement de l'âme. De tout ce qui a été dit jusqu'ici, il ne suit nullement que la passion, ou même la vérité, ne puisse être introduite, et même avec profit, dans un poëme ; car elles peuvent servir à élucider ou à augmenter l'effet général, comme les dissonances en musique, par contraste ; mais le véritable artiste s'efforcera toujours, d'abord de les réduire à un rôle favorable au but principal poursuivi, et ensuite de les envelopper, autant qu'il le pourra, dans ce nuage de beauté qui est l'atmosphère et l'essence de la poésie.

Regardant conséquemment le Beau comme ma province, quel est, me dis-je alors, le *ton* de sa plus haute manifestation ; tel fut l'objet de ma délibération suivante. Or, toute l'expérience humaine confesse que ce ton est celui de la tristesse. Une beauté de n'importe quelle famille, dans son développement suprême, pousse inévitablement aux larmes une âme sensible. La mélancolie est donc le plus légitime de tous les tons poétiques.

La dimension, le domaine et le ton étant ainsi déterminés, je me mis à la recherche, par la voie de l'induction ordinaire, de quelque curiosité artistique et piquante, qui me pût servir comme de clef dans la construction du poëme, — de quelque pivot sur lequel pût tourner toute la machine. Méditant soigneusement sur tous les effets d'art connus, ou plus proprement sur tous les moyens d'*effet*, le mot étant entendu dans le sens scénique, je ne pouvais m'empêcher de voir immédiatement qu'aucun n'avait été plus généralement employé que celui du *refrain*. L'universalité de son emploi suffisait pour me convaincre de sa valeur intrinsèque et m'épargnait la nécessité de le soumettre à l'analyse. Je ne le considérai toutefois qu'en tant que susceptible de perfectionnement, et je vis bientôt qu'il était encore dans un état primitif. Tel qu'on en use communément, le refrain non seulement est limité aux vers lyriques, mais encore la vigueur de l'impression qu'il doit produire dépend de la puissance de la monotonie dans le son et dans la pensée. Le plaisir est tiré uniquement de la sensation d'identité, de répétition. Je résolus de varier l'effet, pour l'augmenter, en restant généralement fidèle à la monotonie du son, pendant que j'altérerais continuellement celle de la pensée ; c'est-à-dire que je me promis de produire une série continue d'effets nouveaux par une série d'applications variées du refrain, le refrain en lui-même restant presque toujours semblable.

Ces points établis, je m'inquiétai ensuite de la *nature* de mon refrain. Puisque l'application en devait être fréquemment variée, il est clair que ce refrain devait lui-même être bref ; car il y aurait eu une insurmontable difficulté à varier fréquemment les applications d'une phrase un peu longue. La facilité de variation serait naturellement en proportion de la brièveté de la phrase. Cela me conduisit tout de suite à prendre un mot unique comme le meilleur refrain.

Alors s'agita la question relative au *caractère* de ce mot. Ayant arrêté dans mon esprit qu'il y aurait un refrain, la division du poëme en stances apparaissait comme un corollaire nécessaire, le refrain formant la conclusion de chaque stance. Que cette conclusion, cette chûte, pour avoir de la force, dût nécessairement être sonore et susceptible d'une emphase prolongée, cela n'admettait pas le doute, et ces considérations me menèrent inévitablement à l'*o* long, comme étant la voyelle la plus sonore, associé à l'*r*, comme étant la consonne la plus vigoureuse.

Le son du refrain étant bien déterminé, il devenait nécessaire de choisir un mot qui renfermât ce son, et qui, en même temps, fût dans le plus complet accord possible avec cette mélancolie que j'avais adoptée comme ton général du poëme. Dans une pareille enquête, il eût été absolument impossible de ne pas tomber sur le mot *nevermore*, — *jamais plus*. En réalité, il fut le premier qui se présenta à mon esprit.

Le *desideratum* suivant fut : Quel sera le prétexte pour l'usage continu du mot unique *jamais plus?* Observant la difficulté que j'éprouvais à trouver une raison plausible et suffisante pour cette répétition continue, je ne manquai pas d'apercevoir que cette difficulté surgissait uniquement de l'idée préconçue que ce mot, si opiniâtrément et monotonement répété, devait être proféré par un être *humain;* qu'en somme, la difficulté consistait à concilier cette monotonie avec l'exercice de la raison dans la créature chargée de répéter le mot. Alors se dressa tout de suite l'idée d'une créature non raisonnable et cependant douée de parole, et très-naturellement, un perroquet se présenta d'abord ; mais il fut immédiatement dépossédé par un corbeau, celui-ci étant également doué de parole et infiniment plus en accord avec le *ton* voulu.

J'étais donc enfin arrivé à la conception d'un corbeau, — le corbeau, oiseau de mauvais augure ! — répétant opiniâtrement le mot *jamais plus* à la fin de chaque stance, dans un poëme d'un ton mélancolique et d'une longueur d'environ cent vers. Alors, ne perdant jamais de vue le superlatif ou la perfection dans tous les points, je me demandai : De tous les sujets mélancoliques, quel est *le plus* mélancolique selon l'intelligence *universelle* de l'humanité ? — La Mort, réponse inévitable. — Et quand, me dis-je, ce sujet, le plus mélancolique de tous, est-il le plus poétique ? — D'après ce que j'ai déjà expliqué assez amplement, on peut facilement deviner la réponse : — C'est quand il s'allie intimement à la Beauté. Donc, la *mort* d'une *belle femme* est incontestablement le plus poétique sujet du monde, et il est également hors de doute que la bouche la mieux choisie pour développer un pareil thème est celle d'un amant privé de son trésor.

J'avais dès lors à combiner ces deux idées : un amant pleurant sa maîtresse défunte, et un corbeau répétant continuellement le mot *jamais plus*. Il fallait les combiner, et avoir toujours présent à mon esprit le dessein de varier à chaque fois l'application du mot répété; mais le seul moyen possible pour une pareille combinaison était d'imaginer un corbeau se servant du mot dont il s'agit pour répondre aux questions de l'amant. Et ce fut alors que je vis tout de suite toute la facilité qui m'était offerte pour l'effet auquel mon poëme était suspendu, c'est-à-dire l'effet à produire par la variété dans l'application du refrain. Je vis que je pouvais faire prononcer la première question par l'amant, — la première à laquelle le corbeau devait répondre : *jamais plus*, — que je pouvais faire de la première question une espèce de lieu commun, — de la seconde quelque chose de moins commun, — de la troisième quelque chose de moins commun encore, et ainsi de suite, jusqu'à ce que l'amant, à la longue tiré de sa nonchalance par le caractère mélancolique du mot, par sa fréquente répétition, et par le souvenir de la réputation sinistre de l'oiseau qui le prononce, se trouvât agité par une excitation superstitieuse et lançât follement des questions d'un caractère tout différent, des questions passionnément intéressantes pour son cœur; — questions faites, moitié dans un sentiment de superstition, et moitié dans ce désespoir singulier qui puise une volupté dans sa torture; — non pas seulement parce que l'amant croit au caractère prophétique ou démoniaque de l'oiseau (qui, la raison le lui démontre, ne fait que répéter une leçon apprise par routine), mais parce qu'il éprouve une volupté frénétique à formuler ainsi ses questions et à recevoir du *jamais plus* toujours attendu une blessure répétée, d'autant plus délicieuse qu'elle est plus insupportable. Voyant donc cette facilité qui m'était offerte, ou, pour mieux dire, qui s'imposait à moi dans le progrès de ma construction, j'arrêtai d'abord la question finale, la question suprême à laquelle le *jamais plus* devait, en dernier lieu, servir de réponse, — cette question à laquelle le *jamais plus* fait la réplique la plus désespérée, la plus pleine de douleur et d'horreur qui se puisse concevoir.

Ici donc je puis dire que mon poëme avait trouvé son commencement, — par la fin, comme devraient commencer tous les ouvrages d'art; — car ce fut alors, juste à ce point de mes considérations préparatoires, que, pour la première fois, je posai la plume sur le papier pour composer la stance suivante :

« Prophète! — dis-je, — être de malheur! oiseau ou démon! toujours prophète! par ce Ciel tendu sur nos têtes, par ce Dieu que tous deux nous adorons, dis à cette âme chargée de douleur si, dans le Paradis lointain, elle pourra embrasser une fille sainte que les anges nomment Lénore, embrasser une précieuse et rayonnante fille que les anges nomment Lénore. » Le corbeau dit : « Jamais plus! »

Ce fut alors seulement que je composai cette stance, d'abord pour établir le degré suprême et pouvoir ainsi, plus à mon aise, varier et graduer, selon leur sérieux et leur importance, les questions précédentes de l'amant et, en second lieu, pour arrêter définitivement le rhythme, le mètre, la longueur et l'arrangement général de la stance, ainsi que graduer les stances qui devaient précéder, de façon qu'aucune ne pût surpasser cette dernière par son effet rhythmique. Si j'avais été assez imprudent, dans le travail de composition qui devait suivre, pour construire des stances plus vigoureuses, *je me serais appliqué, délibérément et sans scrupule, à les affaiblir*, de manière à ne pas contrarier l'effet du *crescendo*.

Je pourrais aussi bien placer ici quelques mots sur la versification. Mon premier but était (comme toujours) l'originalité. Jusqu'à quel point la question de l'originalité en versification a été négligée, c'est une des choses du monde les plus inexplicables. En admettant qu'il y ait peu de variété possible dans le rhythme pur, toujours est-il évident que les variétés possibles de mètre et de stance sont absolument infinies, — et toutefois, pendant des siècles, aucun homme n'a jamais fait en versification, ou même n'a jamais paru vouloir faire quoi que ce soit d'original. Le fait est que l'originalité (excepté dans des esprits d'une force tout à fait insolite) n'est nullement, comme quelques-uns le supposent, une affaire d'instinct ou d'intuition. Généralement, pour la trouver, il faut la chercher laborieusement, et, bien qu'elle soit un mérite positif du rang le plus élevé, c'est moins l'esprit d'invention que l'esprit de négation qui nous fournit les moyens de l'atteindre.

Il va sans dire que je ne prétends à aucune originalité dans le rhythme ou dans le mètre du *Corbeau*. Le premier est trochaïque; le second se compose d'un vers octomètre acatalectique, alternant avec un heptamètre catalectique, — qui, répété, devient refrain au cinquième vers, — et se termine par un tétramètre catalectique. Pour parler sans pédanterie, les pieds employés, qui sont des trochées, consistent en une syllabe longue suivie d'une brève : le premier vers de la stance est fait de huit pieds de cette nature; le second de sept et demi;

le troisième, de huit; le quatrième, de sept et demi; le cinquième, de sept et demi, également; le sixième, de trois et demi. Or, chacun de ces vers, pris isolément, a déjà été employé, et toute l'originalité du *Corbeau* consiste à les avoir combinés dans la même stance; rien de ce qui peut ressembler, même de loin, à cette combinaison, n'a été tenté jusqu'à présent. L'effet de cette combinaison originale est augmenté par quelques autres effets inusités et absolument nouveaux, tirés d'une application plus étendue de la rime et de l'allitération.

Le point suivant à considérer était le moyen de mettre en communication l'amant et le corbeau, et le premier degré de cette question était naturellement le *lieu*. Il semblerait que l'idée qui doit, en ce cas, se présenter d'elle-même, est une forêt ou une plaine : mais il m'a toujours paru qu'un espace étroit et resserré est absolument nécessaire pour l'effet d'un incident isolé ; il lui donne l'énergie qu'un cadre ajoute à une peinture. Il a cet avantage moral incontestable de concentrer l'attention dans un petit espace, et cet avantage, cela va sans dire, ne doit pas être confondu avec celui qu'on peut tirer de la simple unité de lieu.

Je résolus donc de placer l'amant dans sa chambre, — dans une chambre sanctifiée pour lui par les souvenirs de celle qui y a vécu. La chambre est représentée comme richement meublée, — et cela est en vue de satisfaire aux idées que j'ai déjà expliquées au sujet de la Beauté, comme étant la seule véritable thèse de la Poésie.

Le lieu ainsi déterminé, il fallait maintenant introduire l'oiseau, et l'idée de le faire entrer par la fenêtre était inévitable. Que l'amant suppose, d'abord, que le battement des ailes de l'oiseau contre le volet est un coup frappé à sa porte, c'est une idée qui est née de mon désir d'accroître, en la faisant attendre, la curiosité du lecteur, et aussi de placer l'effet incidentel de la porte ouverte toute grande par l'amant, qui ne trouve que ténèbres, et qui dès lors peut adopter, en partie, l'idée fantastique que c'est l'esprit de sa maîtresse qui est venu frapper à sa porte.

J'ai fait la nuit tempêtueuse, d'abord pour expliquer ce corbeau cherchant l'hospitalité, ensuite pour créer l'effet du contraste avec la tranquillité matérielle de la chambre.

De même j'ai fait aborder l'oiseau sur le buste de Pallas pour créer le contraste entre le marbre et le plumage ; on devine que l'idée du buste a été suggérée uniquement par l'oiseau ; le buste de *Pallas* a été choisi d'abord à cause de son rapport intime avec l'érudition de l'amant, et ensuite à cause de la sonorité même du mot Pallas.

Vers le milieu du poëme, j'ai également profité de la force du contraste dans le but de creuser l'impression finale. Ainsi j'ai donné à l'entrée du corbeau une allure fantastique, approchant même du comique, autant du moins que le sujet le pouvait admettre. Il entre *avec un tumultueux battement d'ailes*.

« *Il ne fit pas la moindre révérence ;* il ne s'arrêta pas, il n'hésita pas une minute ; mais, *avec la mine d'un lord ou d'une lady*, il se percha au-dessus de la porte de ma chambre... »

Dans les deux stances qui suivent, le dessein devient même plus manifeste :

« Alors cet oiseau d'ébène, *par la gravité de son maintien et la sévérité de sa physionomie*, induisant ma triste imagination à sourire : « Bien que ta tête, — lui dis-je, — soit *sans huppe et sans cimier*, tu n'es certes pas un poltron, lugubre et ancien corbeau, voyageur parti des rivages de la Nuit. Dis-moi quel est ton nom seigneurial aux rivages de la Nuit plutonienne ! » Le corbeau dit : « Jamais plus ! »

« Je fus émerveillé que *ce disgracieux volatile* entendît si facilement la parole, bien que sa réponse n'eût pas un bien grand sens et ne me fût pas d'un grand secours ; car nous devons convenir que jamais *il ne fut donné* à un homme vivant *de voir un oiseau au-dessus de la porte de sa chambre, un oiseau ou une bête sur un buste sculpté au-dessus de la porte de sa chambre*, se nommant d'un nom tel que : *Jamais plus.* »

Ayant ainsi préparé l'effet du dénoûment, j'abandonne immédiatement le ton fantastique pour celui du sérieux le plus profond : ce changement de ton commence avec le premier vers de la stance qui suit la dernière citée :

« Mais le Corbeau, perché solitairement sur le buste placide, ne proféra, etc. »

A partir de cet instant, l'amant ne plaisante plus ; il ne voit même plus rien de fantastique dans la conduite de l'oiseau. Il parle de lui comme d'un *triste, disgracieux, sinistre, maigre et augural oiseau des anciens jours*, et il sent les *yeux ardents* qui le brûlent *jusqu'au fond du cœur*. Cette évolution de pensée, cette imagination dans l'amant, a pour but d'en préparer une analogue dans le lecteur, d'amener l'esprit dans une situation favorable pour le *dénoûment*, qui maintenant va venir aussi rapidement et aussi *directement* que possible.

Avec le dénoûment proprement dit, exprimé par le *Jamais plus* du corbeau, réponse lancée à la question finale de l'amant, — s'il retrouvera sa maîtresse dans un autre monde? — le poëme, dans sa phase la plus claire, la plus naturelle, celle d'un simple récit, peut être considéré comme fini. Jusqu'à présent, chaque chose est restée dans les limites de l'explicable, du réel. Un corbeau a appris par routine le seul mot *Jamais plus*, et, ayant échappé à la surveillance de son propriétaire, est réduit, à minuit, par la violence de la tempête, à demander un refuge à une fenêtre où brille encore une lumière, la fenêtre d'un étudiant plongé à moitié dans ses livres, à moitié dans les souvenirs d'une bien-aimée défunte. La fenêtre étant ouverte au battement des ailes de l'oiseau, celui-ci va se percher sur l'endroit le plus convenable hors de la portée immédiate de l'étudiant, qui, s'amusant de l'incident et de la bizarre conduite du visiteur, lui demande son nom en manière de plaisanterie et sans s'attendre à une réponse. Le corbeau, interrogé, répond par son mot habituel *Jamais plus*, — mot qui trouve immédiatement un écho mélancolique dans le cœur de l'étudiant; et celui-ci, exprimant tout haut les pensées qui lui sont suggérées par la circonstance, est frappé de nouveau par la répétition du *Jamais plus*. L'étudiant se livre aux conjectures que lui inspire le cas présent; mais il est poussé bientôt par l'ardeur du cœur humain à se torturer soi-même, et aussi, par une sorte de superstition, à proposer à l'oiseau des questions choisies de telle sorte que la réponse attendue, l'intolérable *Jamais plus*, doit lui apporter, à lui, l'amant solitaire, la plus affreuse moisson de douleurs. C'est dans cet amour du cœur pour sa torture, poussé à la dernière limite, que le récit, dans ce que j'ai appelé sa première phase, sa phase naturelle, trouve sa conclusion naturelle, et jusqu'ici rien ne s'est montré qui dépasse les limites de la réalité.

Mais, dans des sujets manœuvrés de cette façon, avec quelque habileté qu'ils le soient, avec quelque luxe d'incidents qu'on le suppose, il y a toujours une certaine âpreté, une nudité qui choque un œil d'artiste. Deux choses sont éternellement requises : l'une, une certaine somme de complexité, ou, plus proprement, de combinaison; l'autre, une certaine quantité d'esprit suggestif, quelque chose comme un courant souterrain de pensée, non visible, indéfini. C'est cette dernière qualité qui donne à un ouvrage d'art cet air opulent, cette apparence *cossue* (pour tirer de la conversation journalière un terme efficace), que nous avons trop souvent la sottise de confondre avec l'*idéal*. C'est l'*excès* dans l'expression du *sens* qui ne doit être qu'*insinué*, c'est la manie de faire du courant souterrain d'une œuvre le courant visible et supérieur, qui change en prose, et en prose de la plus plate espèce, la prétendue poésie des soi-disant transcendantalistes.

Fort de ces opinions, j'ajoutai les deux stances qui ferment le poëme, leur qualité suggestive étant destinée à pénétrer tout le récit qui les précède. Le courant souterrain de la pensée se laisse voir pour la première fois dans ces vers :

« Arrache ton bec *de mon cœur*, et précipite ton spectre loin de ma porte! » Le corbeau dit : « Jamais plus! »

On remarquera que les mots *de mon cœur* renferment la première expression métaphorique du poëme. Ces mots, avec la réponse *Jamais plus*, disposent l'esprit à chercher un sens moral dans tout le récit développé antérieurement. Le lecteur commence dès lors à considérer le Corbeau comme emblématique ; — mais ce n'est que juste au dernier vers de la dernière stance qu'il lui est permis de voir distinctement l'intention de faire du Corbeau le symbole du *Souvenir funèbre et éternel :*

« Et le corbeau, immuable, est toujours installé, toujours installé sur le buste pâle de Pallas, juste au-dessus de la porte de ma chambre, et ses yeux ont toute la semblance des yeux d'un démon qui rêve ; et la lumière de la lampe, en ruisselant sur lui, projette son ombre sur le plancher ; et mon âme, *hors du cercle de cette ombre* qui gît flottante sur le plancher, ne pourra plus s'élever, — jamais plus! »

FIN

TABLE

	Pages.
Double Assassinat dans la rue Morgue.	1
La Vérité sur le cas de M. Valdemar	57
La Lettre volée	75
Le Portrait ovale	107
Une Descente dans le Maelström	115
Le roi Peste, histoire contenant une allégorie	145
Le Puits et le Pendule	167
Bérénice	195
Petite discussion avec une Momie	213
Le Cœur révélateur	243
L'Homme des Foules	259
Le Scarabée d'or	277
Metzengerstein	337
Le Chat noir	355
La Genèse d'un Poème	373

SOCIÉTÉ DES AMIS DES LIVRES

COMITÉ

Président :

M. Eugène PAILLET, ✻.

Vice-Présidents :

MM. HENRI BERALDI, ✻.
PARRAN, ✻.

Archiviste-Trésorier :

M. BILLARD.

Secrétaire :

M. Alfred BÉGIS.

Assesseurs :

MM. Henry HOUSSAYE, ✻, I. ✻.
Charles GRONDARD.
Victor MERCIER.

LISTE

DES

MEMBRES DE LA SOCIÉTÉ

Membres titulaires :

Mme ADAM (Juliette), boulevard Malesherbes, 190.

MM. ARNAL (Albert), avocat à la Cour d'Appel, *fondateur*, avenue d'Antin, 57

BAPST (Germain), ✻, *fondateur*, rue Boissière, 4.

BÉGIS (Alfred), avocat, *fondateur*, boulevard Sébastopol, 16.

BERALDI (Henri), ✻, *fondateur*, avenue de Messine, 10.

BESSAND (Charles, Alloend), O. ✻, ancien président du Tribunal de Commerce de la Seine, rue du Pont-Neuf, 2 bis.

BILLARD (Armand), ancien président de section au Tribunal de Commerce de la Seine, *fondateur*, rue d'Assas, 88.

BONAPARTE (S. A. le Prince Roland), avenue d'Iéna, 10.

BORMANS (de) (Paul Van-der-Vrecken), à Paris, rue Saint-Pétersbourg, 7.

BRIVOIS (Jules), *fondateur*, rue Montpensier, 10.

CHERRIER (Henri), notaire, *fondateur*, rue du Louvre, 44.

CHRISTOPHLE (Albert), O. ✻, Député de l'Orne, avenue d'Iéna, 88.

MM. CLÉMENT (Lucien), avocat, *fondateur*, avenue des Champs-Élysées, 21.

COLLIN (Émile), ingénieur, rue de Miromesnil, 49.

DELAFOSSE (Charles), avocat, rue de Berlin, 45.

DÉSÉGLISE (Victor), ✾, ancien membre du Tribunal de Commerce de la Seine, *fondateur*, à Frapesle, près Issoudun (Indre).

DROIN (Ernest), ✾, ancien président de section au Tribunal de Commerce de la Seine, boulevard de Courcelles, 50.

DRUJON (Fernand), ✾, I. ✪, chef de bureau à la Préfecture de Police, *fondateur*, rue du Vieux-Colombier, 17.

GALICHON (Roger), rue des Écuries-d'Artois, 29.

GALLIMARD (Paul), architecte, *fondateur*, rue Saint-Lazare, 79.

GAUTIER (Ferdinand), *fondateur*, rue de la Boétie, 19.

GIRARD, boulevard Saint-Germain, 142.

GIRAUDEAU (Abel), docteur en médecine, *fondateur*, boulevard Haussmann, 174.

GRONDARD (Charles), rue de Miromesnil, 86.

HOUSSAYE (Henry), ✾, I. ✪, membre de l'Académie française, avenue Friedland, 39.

LACOMBE (Paul), rue de Moscou, 5.

LAUGEL (Auguste), ingénieur des Mines, *fondateur*, rue d'Anjou-Saint-Honoré, 12.

LEBEUF DE MONTGERMONT (Comte), rue de Varenne, 72.

LEMARCHAND (Charles), ✾, *fondateur*, rue Franklin, 7.

LUCAS (Paul), rue Richepanse, 5.

MASSON (Georges), O. ✾, membre de la Chambre de Commerce, *fondateur*, boulevard Saint-Germain, 120.

MEILHAC (Henri), O. ✾, membre de l'Académie française, place de la Madeleine, 10.

MERCIER (Victor), conseiller à la Cour d'Appel de Paris, rue Volney, 1.

MM. OUACHÉE (Charles), O. ✼, ancien président de section au Tribunal de Commerce de la Seine, *fondateur*, quai Conti, 17.

PAILLET (Eugène), ✼, conseiller à la Cour de Paris, *fondateur*, rue de Berlin, 40.

PARRAN (Alphonse), ✼, ingénieur en chef des Mines, rue des Saints-Pères, 56.

PIET (Alfred), avocat, *fondateur*, boulevard de la Madeleine, 17.

PORTALIS (baron Roger), *fondateur*, avenue de Wagram, 117.

POUGNY (Ernest), ✼, rue de Monceau, 14.

RIBOT (Henri), avenue d'Antin, 37.

RIVOLI (Masséna, duc de), rue Jean-Goujon, 8.

ROBERT (Nicolas-Éloi), ancien notaire, avenue d'Antin, 61.

RODRIGUES (Eugène), avocat à la Cour d'appel, rue de Berlin, 40.

SAVIGNY DE MONCORPS (Vicomte de), avenue de l'Alma, 6.

SIX-DENIERS (Albert), chef de bureau à la Banque de France, *fondateur*, rue de Beaune, 6.

SOLACROUP (Émile), ✼, ingénieur en chef adjoint du chemin de fer d'Orléans, boulevard Malesherbes, 56.

TUAL (Léon), ✼, commissaire-priseur, *fondateur*, rue de la Victoire, 56.

VAUTIER (A.), ✼, manufacturier, rue Ampère, 32, à Paris, et à Maubeuge (Nord).

VILLEBŒUF (Paul), avoué à la Cour d'appel de Paris, rue Louis-le-Grand, 3.

N...

Membres honoraires :

S. M. la Reine Élisabeth, de ROUMANIE, à Bucarest.

MM. TRUCHY (Émile), ✻, ancien président de section au Tribunal de Commerce de la Seine, rue Duphot, 9.

　TRUELLE SAINT-ÉVRON, à Nantes (Loire-Inférieure), boulevard Saint-Aignan, 20.

Membres correspondants :

MM. ARBAUD (Paul), à Aix (Bouches-du-Rhône), rue du Quatre-Septembre.

　ASHBEE (Henry-Spencer), Fowler's Park, Hawkhurst Kent (England), et à Paris, rue des Jeûneurs, 38.

　BIBESCO (Prince Alexandre), ✻, rue de Courcelles, 69.

　BORDES (Henri), quai Louis XVIII, à Bordeaux (Gironde).

　CLARETIE (Jules), O. ✻, membre de l'Académie française, administrateur général du Théâtre-Français, rue de Douai, 10.

　CLAPIERS-VAUVENARGUES (Comte de), rue de Grenelle-Saint-Germain, 71.

　DESCAMPS-SCRIVE (R.), boulevard Vauban, 23, à Lille (Nord).

　DESTOMBES (Pierre), boulevard de Paris, 47, à Roubaix (Nord).

　DUPUICH (Georges), O. ✻, rue Fénelon, 7.

　GIRAUDEAU (Léon), agent de change, à Paris, rue Laffitte, 36.

　HOÉ (Robert), ancien président du Grolier club, Grant Street, 504, à New-York.

MM. HUVÉ (Jules), à Montmorency (Seine-et-Oise), et à Paris, rue Joubert, 20.

LACHENAL, ancien président de la Confédération Suisse, à Berne.

MANCHON, ancien notaire, rue du Rocher, 56.

MATHEVON (Octave), avocat à la Cour d'Appel, ancien bâtonnier, route de Bourgogne, 71, à Lyon (Rhône).

MATTY-HUTCHINSON, rue de la Renaissance, 3.

MORIZET, notaire à Reims (Marne).

PAILLET (Jean-Marie-Gabriel), avocat à la Cour d'Appel, rue de Saint-Pétersbourg, 2.

RAISIN ✻, avocat du Consulat général de France, 30, rue du Rhône, à Genève (Suisse).

ROBERT (Julien), à Font-Lade, par Brignoles (Var).

SARCEY (Francisque), homme de lettres, rue de Douai, 59.

SILVESTRE DE SACY (Jules), rue d'Angivilliers, 2 *bis*, à Versailles (Seine-et-Oise).

Mme TERAH-HAGGIN, 5e avenue, 28, à New-York et à Paris, chez MM. Kane et Cie, banquiers, rue Scribe, 19.

MM. TRICAUD (Auguste), avoué près le Tribunal civil de la Seine, boulevard Poissonnière, 17.

WERLÉ (comte Alfred), à Reims (Marne).

Achevé d'imprimer à Paris

le 15 Mai 1897

POUR LA SOCIÉTÉ DES AMIS DES LIVRES

par les soins de

MM. CH. DELAFOSSE ET E. RODRIGUES

sur les presses de

MM. CHAMEROT ET RENOUARD

———

Les clichés des en-têtes et des culs-de-lampe gravés par

MM. DUCOURTIOUX ET HUILLARD

———

Le tirage des planches en taille-douce exécuté par

MM. PORCABEUF FRÈRES

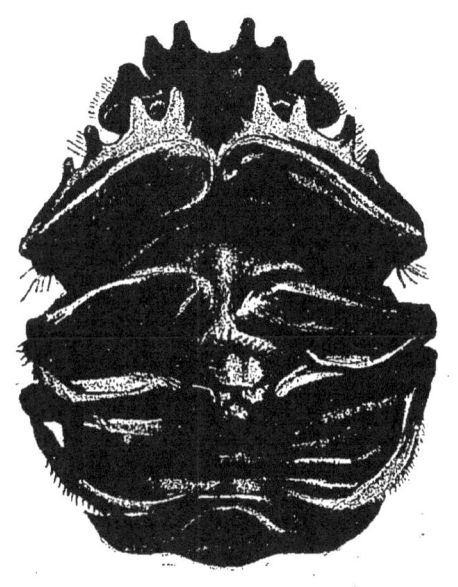

www.ingramcontent.com/pod-product-compliance
Lightning Source LLC
Chambersburg PA
CBHW072113220426
43664CB00013B/2107